Encore Tricolore 4
nouvelle édition

Copymasters & Assessment

Heather Mascie-Taylor and Sylvia Honnor

Text © Heather Mascie-Taylor and Sylvia Honnor 2002
Original illustrations © Nelson Thornes Ltd 2002

The right of Heather Mascie-Taylor and Sylvia Honnor to be identified as authors of this work has been asserted by them in accordance with the Copyright, Designs and Patents Act 1988.

All rights reserved. The copyright holders authorise ONLY users of *Encore Tricolore 4 nouvelle édition Copymasters and Assessment* to make photocopies of *pages 5-231* for their own or their students' immediate use within the teaching context. No other rights are granted without permission in writing from the publisher or under licence from the Copyright Licensing Agency Limited. Further details of such licenses (for reprographic reproduction) may be obtained from the Copyright Licensing Agency Limited of 90 Tottenham Court Road, London W1T 4LP.

Copy by any other means or for any other purpose is strictly prohibited without prior written consent from the copyright holders. Application for such permission should be addressed to the publisher.

Any person who commits any unauthorised act in relation to this publication may be liable to criminal prosecution and civil claims for damages.

Published in 2002 by:
Nelson Thornes Ltd
Delta Place
27 Bath Road
CHELTENHAM
GL53 7TH
United Kingdom

02 03 04 05 06 / 10 9 8 7 6 5 4 3 2 1

A catalogue record for this book is available from the British Library

ISBN 0 17 440346 1

Illustrations by Arlene Adams; Gary Andrews; Art Construction; Ray Corbishley; Philip Burrows; Judy Byford; Phil Garner; David Horwood; Geoff Jones; Julia King; David Lock; Jeremy Long; Graham McKay Black; Jack Pennington; Andy Peters; Jane Randfield; Lisa Smith; Peter Smith; Ken Vail Graphic Design; Mike Whelan.

Page make-up by AMR Ltd

Printed and bound in Great Britain by Antony Rowe

Table des matières

		Page	TB
1/1	Voici la carte	5	21
1/2	Quatre profils	6	24
1/3	Jeux de mots	7	25
1/4	On écrit des lettres	8	26
1/5	Les événements de familia	9	26
1/6	La vie quotidienne	10	31
1/7	Débrouille-toi!	11	36
1/8	Tu comprends?	12	37
1/9	Presse-Jeunesse: Ados-Vacances	13	38
1/10	**Épreuve 1** Écouter – Partie A	14	38
1/11	**Épreuve 1** Écouter – Partie B	15	39
1/12	**Épreuve 1** Parler – Role Play (1)	16	40
1/13	**Épreuve 1** Parler – Role Play (2)	17	40
1/14	**Épreuve 1** Conversation and discussion	18	41
1/15	**Épreuve 1** Lire – Partie A (1)	19	41
1/16	**Épreuve 1** Lire – Partie A (2)	20	41
1/17	**Épreuve 1** Lire – Partie B (1)	21	41
1/18	**Épreuve 1** Lire – Partie B (2)	22	41
1/19	**Épreuve 1** Lire – Partie B (3)	23	41
1/20	**Épreuve 1** Écrire – Partie A	24	41
1/21	**Épreuve 1** Écrire – Partie B	25	41
2/1	Mots croisés – en ville	26	45
2/2	En ville	27	47
2/3	Un emploi pour les vacances	28	49
2/4	Des touristes à Paris	29	50
2/5	Vol à la banque	30	50
2/6	Accident de rivière	31	51
2/7	La vie à la campagne	32	54
2/8	À la maison	33	56
2/9	L'esprit négatif	34	53,61
2/10	Tu comprends?	35	61
2/11	Presse-Jeunesse: L'environnement	36	62
2/12	**Épreuve 2** Écouter – Partie A	37	63
2/13	**Épreuve 2** Écouter – Partie B	38	63
2/14	**Épreuve 2** Parler – Role Play (1)	39	64
2/15	**Épreuve 2** Parler – Role Play (2)	40	65
2/16	**Épreuve 2** Conversation and discussion	41	65
2/17	**Épreuve 2** Lire – Partie A (1)	42	65
2/18	**Épreuve 2** Lire – Partie A (2)	43	65
2/19	**Épreuve 2** Lire – Partie B (1)	44	65
2/20	**Épreuve 2** Lire – Partie B (2)	45	66
2/21	**Épreuve 2** Écrire – Partie A	46	66
2/22	**Épreuve 2** Écrire – Partie B	47	66
3/1	Le tunnel sous la Manche	48	69
3/2	Presse-Jeunesse: Les transports	49	70
3/3	Avez-vous fait bon voyage?	50	71
3/4	Des jeux de vocabulaire	51	72
3/5	Vendredi soir	52	76
3/6	À la gare	53	80
3/7	Un accident	54	83
3/8	Voyager en avion	55	85
3/9	Tu comprends?	56	86
3/10	**Épreuve 3** Écouter – Partie A (1)	57	87
3/11	**Épreuve 3** Écouter – Partie A (2)	58	87
3/12	**Épreuve 3** Écouter – Partie B (1)	59	88
3/13	**Épreuve 3** Écouter – Partie B (2)	60	88
3/14	**Épreuve 3** Parler – Role Play (1)	61	89
3/15	**Épreuve 3** Parler – Role Play (2)	62	89
3/16	**Épreuve 3** Conversation and discussion	63	89
3/17	**Épreuve 3** Lire – Partie A (1)	64	89
3/18	**Épreuve 3** Lire – Partie A (2)	65	89
3/19	**Épreuve 3** Lire – Partie B (1)	66	90
3/20	**Épreuve 3** Lire – Partie B (2)	67	90
3/21	**Épreuve 3** Lire – Partie B (3)	68	90
3/22	**Épreuve 3** Écrire – Partie A	69	90
3/23	**Épreuve 3** Écrire – Partie B	70	90
4/1	Des projets d'avenir	71	94
4/2	Ça dépend du temps	72	96
4/3	Infos-langue	73	99
4/4	Au travail	74	103
4/5	Une enquête	75	104
4/6	Au bureau des objets trouvés	76	106
4/7	Des objets perdus et retrouvés	77	109
4/8	Chez une famille	78	111
4/9	On a perdu quelque chose	79	111
4/10	Tu comprends?	80	111
4/11	Presse-Jeunesse: Un restaurant pas comme les autres	81	112
4/12	**Épreuve 4** Écouter – Partie A	82	112
4/13	**Épreuve 4** Écouter – Partie B (1)	83	113
4/14	**Épreuve 4** Écouter – Partie B (2)	84	114
4/15	**Épreuve 4** Parler – Role Play (1)	85	114
4/16	**Épreuve 4** Parler – Role Play (2)	86	114
4/17	**Épreuve 4** Conversation and discussion	87	115
4/18	**Épreuve 4** Lire – Partie A (1)	88	115
4/19	**Épreuve 4** Lire – Partie A (2)	89	115
4/20	**Épreuve 4** Lire – Partie B (1)	90	115
4/21	**Épreuve 4** Lire – Partie B (2)	91	115
4/22	**Épreuve 4** Écrire – Partie A	92	115
4/23	**Épreuve 4** Écrire – Partie B	93	115
5/1	Mots croisés – au collège	94	120
5/2	Une semaine au collège	95	120
5/3	Le Petit Nicolas (1)	96	124
5/4	Le Petit Nicolas (2)	97	124
5/5	Le premier jour comme au-pair	98	126
5/6	Le shopping	99	128
5/7	Aux magasins	100	133
5/8	Le plaisir de lire	101	135
5/9	Tu comprends?	102	135
5/10	Presse-Jeunesse: L'argent	103	136
5/11	**Épreuve 5** Écouter – Partie A	104	137
5/12	**Épreuve 5** Écouter – Partie B	105	138
5/13	**Épreuve 5** Parler – Role Play (1)	106	138
5/14	**Épreuve 5** Parler – Role Play (2)	107	139
5/15	**Épreuve 5** Conversation and discussion	108	139
5/16	**Épreuve 5** Lire – Partie A	109	139
5/17	**Épreuve 5** Lire – Partie B (1)	110	139
5/18	**Épreuve 5** Lire – Partie B (2)	111	139
5/19	**Épreuve 5** Écrire – Partie A	112	140
5/20	**Épreuve 5** Écrire – Partie B	113	140
6/1	Écrivez une lettre	114	144
6/2	Hier, avez-vous bien mange?	115	147
6/3	Jeux de mots – les magasins	116	148
6/4	On achète des provisions	117	148
6/5	Jeux de mots – au café	118	152
6/6	Les pronoms sont utiles	119	154

Table des matières

		Page	TB
6/7	La Patate	120	158
6/8	Mots croisés – au restaurant	121	159
6/9	C'est bon à manger!	122	160
6/10	Tu comprends?	123	160
6/11	Presse-Jeunesse: Un peu d'histoire	124	161
6/12	**Épreuve 6** Écouter – Partie A	125	162
6/13	**Épreuve 6** Écouter – Partie B (1)	126	163
6/14	**Épreuve 6** Écouter – Partie B (2)	127	163
6/15	**Épreuve 6** Parler – Role Play (1)	128	164
6/16	**Épreuve 6** Parler – Role Play (2)	129	164
6/17	**Épreuve 6** Conversation and discussion	130	165
6/18	**Épreuve 6** Lire – Partie A (1)	131	165
6/19	**Épreuve 6** Lire – Partie A (2)	132	165
6/20	**Épreuve 6** Lire – Partie B (1)	133	165
6/21	**Épreuve 6** Lire – Partie B (2)	134	165
6/22	**Épreuve 6** Écrire – Partie A	135	165
6/23	**Épreuve 6** Écrire – Partie B	136	165
7/1	Mots croisés – les loisirs	137	169
7/2	Faire – un verbe utile	138	171
7/3	Inventez des conversations	139	179
7/4	C'est le meilleur!	140	180
7/5	On parle des films	141	181
7/6	C'était un désastre	142	183
7/7	Un week-end récent	143	183
7/8	Tu comprends?	144	183
7/9	Presse-Jeunesse: Le Tour de France	145	184
7/10	**Épreuve 7** Écouter – Partie A	146	185
7/11	**Épreuve 7** Écouter – Partie B (1)	147	185
7/12	**Épreuve 7** Écouter – Partie B (2)	148	186
7/13	**Épreuve 7** Parler – Role Play (1)	149	187
7/14	**Épreuve 7** Parler – Role Play (2)	150	187
7/15	**Épreuve 7** Conversation and discussion	151	187
7/16	**Épreuve 7** Lire – Partie A (1)	152	187
7/17	**Épreuve 7** Lire – Partie A (2)	153	187
7/18	**Épreuve 7** Lire – Partie B (1)	154	188
7/19	**Épreuve 7** Lire – Partie B (2)	155	188
7/20	**Épreuve 7** Lire – Partie B (3)	156	188
7/21	**Épreuve 7** Écrire – Partie A	157	188
7/22	**Épreuve 7** Écrire – Partie B	158	188
8/1	Jeux de vocabulaire – les vacances	159	194
8/2	Amboise	160	197
8/3	À l'hôtel	161	199
8/4	Vive les vacances!	162	203
8/5	Des vacances jeunes	163	208
8/6	Mots croisés – les vacances	164	211
8/7	Assassinée	165	212
8/8	Tu comprends?	166	212
8/9	Presse – Jeunesse: Les Alpes	167	213
8/10	**Épreuve 8** Écouter – Partie A	168	213
8/11	**Épreuve 8** Écouter – Partie B	169	214
8/12	**Épreuve 8** Parler – Role Play (1)	170	215
8/13	**Épreuve 8** Parler – Role Play (2)	171	215
8/14	**Épreuve 8** Conversation and discussion	172	216
8/15	**Épreuve 8** Lire – Partie A (1)	173	216
8/16	**Épreuve 8** Lire – Partie A (2)	174	216
8/17	**Épreuve 8** Lire – Partie B (1)	175	216
8/18	**Épreuve 8** Lire – Partie B (2)	176	216

		Page	TB
8/19	**Épreuve 8** Écrire – Partie A	177	216
8/20	**Épreuve 8** Écrire – Partie B	178	216
9/1	Jeux de vocabulaire	179	220
9/2	Le corps humain	180	222
9/3	Sur l'ordinateur	181	223
9/4	Premiers soins	182	227
9/5	On se fait soigner	183	229
9/6	Comment cesser de fumer?	184	233
9/7	Tu comprends?	185	236
9/8	**Épreuve 9** Écouter – Partie A	186	238
9/9	**Épreuve 9** Écouter – Partie B	187	239
9/10	**Épreuve 9** Parler – Role Play (1)	188	240
9/11	**Épreuve 9** Parler – Role Play (2)	189	240
9/12	**Épreuve 9** Conversation and discussion	190	241
9/13	**Épreuve 9** Lire – Partie A (1)	191	241
9/14	**Épreuve 9** Lire – Partie A (2)	192	241
9/15	**Épreuve 9** Lire – Partie B (1)	193	241
9/16	**Épreuve 9** Lire – Partie B (2)	194	241
9/1	**Épreuve 9** Lire – Partie B (3)	195	241
9/18	**Épreuve 9** Écrire – Partie A	196	241
9/19	**Épreuve 9** Écrire – Partie B	197	241
10/1	Deux verbes dans une phrase (1)	198	246
10/2	Deux verbes dans une phrase (2)	199	246
10/3	Deux verbes dans une phrase (3)	200	246
10/4	Mots croisés – les métiers	201	250
10/5	Jeux de mots – les métiers	202	250
10/6	On cherche de renseignements	203	253
10/7	Je peux lui laisser un message?	204	255
10/8	Tu comprends?	205	261
10/9	**Épreuve 10** Écouter – Partie A	206	263
10/10	**Épreuve 10** Écouter – Partie B (1)	207	264
10/11	**Épreuve 10** Écouter – Partie B (2)	208	265
10/12	**Épreuve 10** Parler – Role Play (1)	209	266
10/13	**Épreuve 10** Parler – Role Play (2)	210	266
10/14	**Épreuve 10** Conversation and discussion	211	266
10/15	**Épreuve 10** Lire – Partie A (1)	212	266
10/16	**Épreuve 10** Lire – Partie A (2)	213	266
10/17	**Épreuve 10** Lire – Partie B (1)	214	266
10/18	**Épreuve 10** Lire – Partie B (2)	215	266
10/19	**Épreuve 10** Lire – Partie B (3)	216	266
10/20	**Épreuve 10** Écrire – Partie A	217	267
10/21	**Épreuve 10** Écrire – Partie B	218	267
G/1	Comment ça se dit (1)	219	268
G/2	Comment ça se dit (2)	220	269
G/3	Comment ça se dit (3)	221	270
G/4	Rubrics and instructions	222	270
G/5	Lexique informatique	223	270
G/6	Trois acrostiches	224	270
G/7	Prefixes and suffixes	225	270
G/8	English and French spelling patterns (1) – Reference	226	271
G/9	English and French spelling patterns (2) – Practice tasks	227	271
G/10	C'est masculin ou féminin?	228	271
G/11	Tips for tests (1) Reading and vocabulary	229	271
G/12	Tips for tests (2) Writing	230	271
G/13	How to enter accents	231	271

Encore Tricolore 4

UNITÉ 1 1/1

Voici la carte

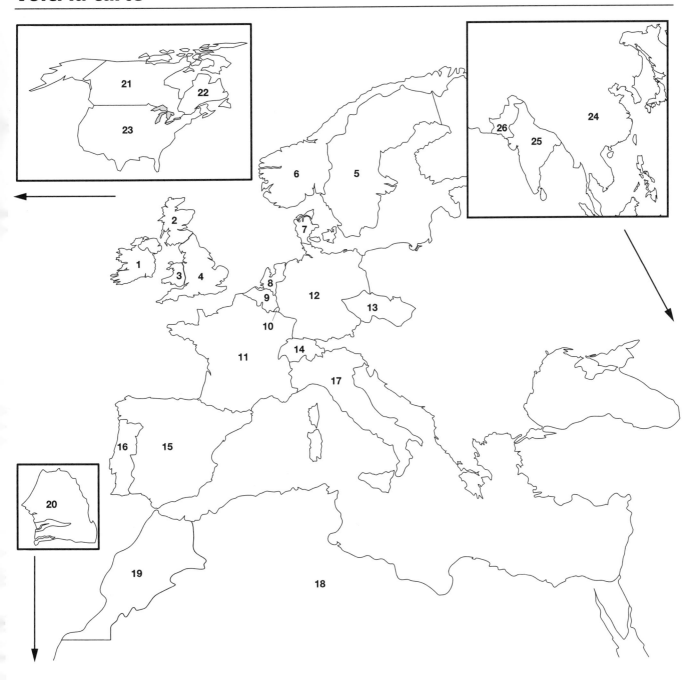

Écrivez le numéro correct.

Ex. l'Afrique ….*18*..

Les pays et les continents			
l'Afrique …………	le Danemark …………	l'Italie …………	le pays de Galles …………
l'Allemagne …………	l'Écosse …………	le Luxembourg …………	le Québec …………
l'Angleterre …………	l'Espagne …………	le Maroc …………	le Sénégal …………
l'Asie …………	les États-Unis …………	la Norvège …………	la Suède …………
l'Autriche …………	la France …………	le Portugal …………	la Suisse …………
la Belgique …………	l'Inde …………	le Pakistan …………	
le Canada …………	l'Irlande …………	les Pays-Bas …………	

Encore Tricolore 4

Quatre profils

1 C'est qui?

Écrivez les initiales.
Exemple: 1 FS

1 Il aime le sport. ....
2 Il parle trois langues. ....
3 Elle travaille tout le temps. ....
4 Il s'intéresse aux voitures. ....
5 Il voudrait travailler à l'étranger. ....
6 Ses frères sont plus jeunes que lui. ....
7 Il a une femme et des enfants. ....
8 Elle habite au Canada. ....
9 Il n'habite pas dans le pays où il est né. ....
10 Elle travaille avec les plantes et les fleurs. ....

2

Répondez aux questions.
Exemple: 1 Il a 19 ans.

1 Frédéric a quel âge? ....
2 Il est né pendant quel mois? ....
3 Et Rachel, elle a quel âge? ....
4 Combien de frères et sœurs a-t-elle? ....
5 De quelle nationalité sont les deux jeunes? ....
6 Ils habitent dans quel pays? ....
7 Quelle est la couleur la plus populaire? ....
8 Juliette est mariée depuis quand? ....
9 Augustin fait quoi comme passe-temps? ....
10 Juliette, pourquoi est-ce qu'elle n'a pas de loisirs? ....

1

Nom	Frédéric Sérey
Âge	19 ans
Anniversaire	17 avril
Famille	aîné; 2 frères, Michel et Eric, 1 sœur, Isabelle
Nationalité	français
Domicile	Lyon
Loisirs	le rugby, la natation
Aime	les chiens
Couleur favorite	le rouge et le vert
Métier	travaille dans un garage
Rêve	de conduire une voiture de course

2

Nom	Rachel Bussière
Âge	18 ans
Anniversaire	31 juillet
Famille	enfant unique
Nationalité	française
Domicile	Saint-Tropez
Loisirs	la musique, le jardinage
Animal préféré	le chat
Couleur favorite	le pourpre
Métier	étudiante (en botanique et biologie)
Rêve	de travailler pour la protection de l'environnement

3

Nom	Augustin Forestier
Âge	27 ans
Anniversaire	1 06
Famille	marié; deux fils, Albert et Olivier; femme, Marie-Laure
Nationalité	suisse (parle français, allemand et italien)
Domicile	Paris (habite à Paris depuis 3 ans)
Loisirs	jouer aux échecs, faire la cuisine
Animal préféré	les serpents
Couleur favorite	le vert
Métier	scientifique
Rêve	de travailler aux États-Unis

4

Nom	Juliette Gonfreville
Âge	30 ans
Anniversaire	24 10
Famille	depuis 5 ans, mariée avec Christian, jumelles, Béatrice et Pétronille;
Nationalité	canadienne
Domicile	Montréal
Loisirs	pas de loisirs! aime dîner au restaurant
Aime	tous les animaux
Couleur favorite	le jaune
Métier	vétérinaire
Rêve	d'avoir du temps libre

Encore Tricolore 4

Jeux de mots

1 Ma famille

David parle de sa famille. Complétez les phrases
Exemple: 1 *tante*

1. La sœur de ma mère est ma ....
2. Le mari de ma tante est mon ....
3. J'ai une seule tante et elle a une sœur. C'est ma ....
4. Le père de mon père est mon ....
5. La femme de mon grand-père est ma ....
6. Le fils de ma sœur et de mon beau-frère est mon ....
7. Mes deux sœurs ont la même date de naissance. Elles sont ....
8. C'est le fils de mon père et il n'a pas de frères. C'est ....

2 Chasse à l'intrus

Soulignez le mot qui ne va pas avec les autres.
Exemple: 1 fille, homme, <u>ami</u>, femme

1. fille, homme, ami, femme
2. fille, enfant, fils, cousin
3. oncle, tante, père, frère
4. La France, l'Europe, l'Allemagne, l'Italie
5. chien, gerbille, perroquet, chat
6. pays, anglais, français, allemand
7. veuve, belle-sœur, grand-mère, beau-frère
8. Le pays de Galles, l'Écosse, l'Angleterre, la Belgique

3 Les mots mêlés – les animaux domestiques

Écrivez les noms français de ces animaux. Trouvez les noms de ces animaux dans la case.

1 .... 2 .... 3 .... 4 ....
5 .... 6 .... 7 ....
8 .... 9 .... 10 ....

S	E	R	P	E	N	T	Y
S	C	H	E	V	A	L	E
O	H	A	M	S	T	E	R
U	I	Q	R	N	O	H	T
R	E	E	M	I	R	J	A
I	N	G	S	P	T	U	H
S	X	E	Y	A	U	S	C
Z	A	T	V	L	E	Q	O
U	P	O	I	S	S	O	N

4 Ce sont les voyelles qui manquent

Complétez les mots et écrivez l'anglais.
Exemple: 1 <u>u</u>n<u>e</u> f<u>e</u>mm<u>e</u>   *woman/wife*

1. _n_ f_mm_ ....
2. _n fr_r_ ....
3. _n n__c_ ....
4. _n v_ v_ ....
5. _n_ m_r_ ....
6. _n_ b_ll_-f_ll_ ....
7. l_s b__x-p_r_nts ....
8. _n_ d_m_-s__r ....
9. _n n_v__ ....
10. _n f__nc_ ....

Encore Tricolore 4

On écrit des lettres

UNITÉ 1 — 1/4

1 Writing an informal letter

Below is an example of an informal letter.
La première lettre à un(e) correspondant(e)

Write your address in English and the date in French.
Cher/Chère …

(1 Toi et ta famille)
Je me présente. Je m'appelle … J'ai …
J'habite à … avec … (ta famille).
Nous avons (tes animaux domestiques, etc.).

(2 Ta vie et tes préférences)
J'aime/ je n'aime pas tellement … Je m'intéresse à (passe-temps, musique, sports, etc.) …

(3 Au collège)
Mes matières préférées sont … Je n'aime pas beaucoup le …, etc.

(4 Ask one or two questions)
As-tu …?
Qu'est-ce que tu aimes comme …?
Ton anniversaire, c'est quand?

(5 Sign off)
Réponds-moi vite!
À bientôt!

Useful phrases

Beginning your letter
(Mon) cher/(Ma) chère/ Chers ami(e)s
Salut! (Hi!)

Expressing thanks
Merci (beaucoup) de ta/votre lettre.
J'ai bien reçu ta/votre lettre.
Ta lettre m'a fait beaucoup de plaisir.

Rounding off your letter
Maintenant, je dois: terminer ma lettre/faire mes devoirs/sortir.
Ecris-/moi /réponds-moi bientôt

Signing off
Unemotional: *(Meilleures) amitiés/Ton/ta correspondant(e)/Affectueusement/À bientôt!*
More affectionate, but still fairly casual: *Bisous!/ Je t'embrasse*

2 Replying to a letter

- Plan your letter by writing short headings or notes **in French**, before you begin, e.g.
  1 Merci.
  2 Moi – e.g. beaucoup de choses à faire/en vacances, etc.
  3 Réponses aux questions
  4 Posez des questions
- Use your friend's letter to help you but don't copy out bits of the actual letter.
- Answer all the questions (in an exam you will lose marks unless you do this). Look for the questions and make a note of them when planning your letter so you don't miss any.
- Answer in the same tense as the question, e.g.
  Aimes-tu …? *J'aime …* **As-tu vu …?** *Oui, j'ai vu …*
- Link your letter together and set it out in paragraphs.
- Check what you have written.
- Read the letter through and see if it sounds like a real letter.

Here is an example of the type of letter you might be asked to reply to in an exam. You would need to write about 70 to 80 words **in French**.

Salut!
Merci de ta lettre. La description de tes animaux était très amusante. Si tu veux, je vais t'envoyer une photo de mes lapins – ils sont mignons! Tu aimes les lapins, toi?
Alors, samedi dernier, c'était ton anniversaire – j'espère que tu as reçu mon petit cadeau. Qu'est-ce que tu as fait? Qu'est-ce que tu as reçu comme cadeaux? Raconte-moi tout!
Qu'est-ce que tu vas faire pendant les vacances? Nous allons chez mon oncle dans la Dordogne. Il a une ferme et mon frère et moi, on va l'aider un peu – c'est toujours intéressant!
As-tu déjà passé des vacances à l'étranger? Mon rêve est d'aller au Canada ou en Australie. Est-ce qu'il y a un pays que tu voudrais visiter?
Écris-moi bientôt!
Alex

Replying to the letter

1 Thank your friend for the letter and reply to the questions about animals.
2 Write about your birthday:
  Mon anniversaire était …
  Write about your presents (*mes cadeaux d'anniversaire*) and say what you did and with whom (e.g. *un repas spécial/avec mes amis/mes grand-parents*, etc.)
  (Say thank you for the present.)
3 Reply to the questions about holidays:
  Oui, nous allons partir … On va …
  Cette année, on ne part pas en vacances, parce que …
  Moi aussi, je voudrais visiter…/Mon rêve est d'aller en …
4 Ask a few questions and sign off.

Encore Tricolore 4

UNITÉ 1 — 1/5

Les événements de famille

Lisez ces annonces, puis faites les activités en dessous.

Le carnet du jour

Naissances

Sophie, la fille de M. et Mme André MASSON est fière d'annoncer l'arrivée de son petit frère
Kévin
le 7 août.

M. et Mme Robert Michelin ont la joie d'annoncer que leur première petite-fille
Mélanie
a mis ses petits pieds sur la terre le 27 juillet chez Jean-Luc Michelin et Isabelle, née Guillaume. Toute la famille est aux anges!

Fiançailles

On nous prie d'annoncer les fiançailles de
Mlle Julie Barrière
fille de M. Jacques Barrière et de Mme, née Monique Platon, avec
M. Arnaud Debreu
fils du Docteur Henri Debreu et de Mme, née Chantal Houlon.

Mariages

M. et Mme Henri LEGRAND
Le colonel et Mme MARTIAL
sont heureux de vous faire part du mariage de leurs enfants
Agnès et Bernard
qui sera célébré le 29 août, à 16 heures en l'église Saint-Ambroise à Paris.

Deuils

Mme Gérard Vincent, son épouse
Mlle Collette Vincent, sa fille
M. Jean Vincent, son fils
M. et Mme Pierre Le Verger et leurs enfants,
sœur et beau-frère, neveux et nièces et toute la famille
ont la douleur de vous faire part du décès de
M. Gérard Vincent
survenu le 20 août
Les obsèques auront lieu le 24 août au cimetière du Père-Lachaise.

1 Comprenez-vous le carnet du jour?

Lisez les phrases et écrivez V (vrai) F (faux) ou PM (pas mentionné).
Exemple: 1 V

1 Les Masson ont deux enfants. ......
2 Avant son mariage, la mère de Julie s'appellait Monique Platon. ......
3 Le frère de Robert Michelin s'appelle Christophe. ......
4 Isabelle Michelin est la grand-mère de Mélanie. ......
5 Kévin Masson est l'aîné de la famille. ......
6 La sœur de Gérard Vincent est mariée. ......
7 Gérard Vincent est mort le 24 août. ......
8 Julie Barrière a un frère qui s'appelle Richard. ......
9 Mélanie Michelin est plus âgée que Kévin Masson. ......
10 Gérard Vincent était veuf. ......

2 Cartes de vœux

Pour qui sont ces cartes? **Exemple: a** *M. et Mme Masson*

a *Félicitations pour la naissance de votre deuxième enfant!*

b *Félicitations à votre fils! (Nous avons vu l'annonce de ses fiançailles dans le journal ce soir.)*

c *Félicitations à toi et à ton mari pour la naissance de votre fille.*

d *Nos condoléances après la mort de votre cher mari, Gérard.*

e *Une petite-fille! Quelle joie! Mais tu sembles trop jeune pour être grand-mère!*

f *Tous nos vœux de bonheur à toi et à ton fiancé pour votre mariage, le 29.*

Encore Tricolore 4

UNITÉ 1   1/6

La vie quotidienne

1 Des conversations

Complétez ces phrases.

A

1 – Vous **Ex.** *habitez* près d'ici? (habiter)
2 – Oui, nous .... à Sèvres, pas loin de Paris. (habiter)
3 – Nous .... nos vacances ici. (passer)
4 – Tu .... qu'on mange bien en France? (trouver)
5 – Oui, j'.................. beaucoup la cuisine française. (aimer)
6 – Est-ce que tu .... français depuis longtemps? (parler)
7 – Oui, ça fait cinq ans que je l'.................. . (apprendre)
8 – Ton frère m'a dit qu'il .... ici en ce moment. (travailler)
9 – Oui, il travaille ici tout le mois de juillet et comme ça, il .... assez d'argent pour payer ses vacances. (gagner)

B

1 – Vous allez en ville? **Ex.** *Attends* -moi, je viens tout de suite. (attendre)
2 – Tu es prêt? Sinon on ne t'.................. plus! (attendre)
3 – Oui, ça y est! On .... l'autobus? (prendre)
4 – D'accord, mais nous .... à la bibliothèque. (descendre)
5 – Moi aussi. Je .... ces deux livres. (rendre)

C

1 – Regarde les affiches et **Ex.** *choisis* le film que tu veux voir. (choisir)
2 – Celui-ci, je .... toujours par choisir une comédie. (finir)
3 – Mais ce film a déjà commencé: il .... à quelle heure? (finir)
4 – Regardez, il y a deux ou trois films qui .... (finir) dans un quart d'heure. Si nous .... un de ceux-là, on va entrer bientôt. (choisir)

2 Mots croisés

Horizontalement
1 Si nous g... beaucoup d'argent, nous achèterons une nouvelle voiture. (7)
4 Le prof ... beaucoup de questions. (4)
5 Mes cours finissent à cinq heures et je ... le collège tout de suite après. (6)
7 Il c... une carte d'anniversaire pour son amie. (7)
8 Je p... seulement deux jours à Paris. (5)
9 Qu'est-ce que vous ch... ? Vous avez perdu quelque chose? (8)

Verticalement
2 Céline Dion est ... au Québec. (3)
3 Alors, vous commencez le matin à huit heures et vous f... le soir à dix-huit heures. Ça fait long comme journée! (8)
4 Pour son petit déjeuner, mon frère ... du chocolat chaud et un croissant. (5)
6 Tu e... ce bruit? Je ne sais pas ce que c'est! (7)
7 Ça c... combien, ce pantalon, s'il vous plaît? (5)

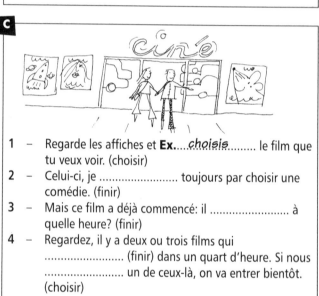

Encore Tricolore 4

Débrouille-toi!

Écoute, et participe à la conversation.

A Le téléphone sonne.

- Salut! C'est Jean-Luc à l'appareil. Écoute, tu es libre ce soir?
- *Tu es libre.*
- Formidable! C'est mon anniversaire et j'organise une boum avec des copains. Tu vas venir, n'est-ce pas?
- *Tu lui souhaites un bon anniversaire et tu acceptes son invitation.*
- Excellent. Eh bien, si tu viens à partir de vingt heures.
- *Tu es d'accord. Demande son adresse.*
- Mon adresse, c'est 19, rue du château. Allez, au revoir, et à ce soir.
- *Dis au revoir/à bientôt.*

B C'est le soir. Tu es chez Jean-Luc.

1 *Jean-Luc te présente un(e) ami(e). Il/Elle te pose ces questions, et tu réponds:*
   - Tu viens d'où en Angleterre ... de Londres?
   - ...
   - Tu parles bien français. Tu l'apprends au collège?
   - ...
   - Tu viens souvent en France?
   - ...
   - Tu restes encore combien de temps?
   - ...

   Maintenant, écris trois questions pour continuer la conversation.
   - ....
   - ....
   - ....

2 *Tu veux savoir si Chantal (15 ans, aux cheveux longs et aux yeux verts) est à la boum.*
   - *Demande à la personne avec qui tu parles.*
   - ...
   - Je ne sais pas. Elle est comment?
   - ...

3 *Tu parles maintenant à une jeune fille. Elle n'est pas française, mais tu ne sais pas de quelle nationalité elle est: demande-lui.*
   - ...
   - Je suis allemande.
   - *Maintenant pose-lui encore deux questions.*

4 *Quelqu'un(e) que tu n'aimes pas beaucoup te parle maintenant. Quand il/elle demande si vous allez vous revoir, tu refuses poliment.*
   - Tu es libre, demain? On pourrait peut-être se revoir?
   - ...

5 *Tu vas partir, et tu ne trouves pas ton manteau bleu marine.*
   - Il est comment, ton manteau?
   - ...

6 *Tu dis au revoir et merci à Jean-Luc.*
   - ...
   - Au revoir. Dis, tu peux me donner ton adresse en Angleterre?

Encore Tricolore 4

Tu comprends?

1 Comment ça s'écrit?

Écoutez et écrivez les détails.
Exemple: Ma correspondante s'appelle ...Vanessa...... .
1 Son nom de famille est ....
2 Sa sœur s'appelle ....
3 Son frère s'appelle ....
4 Ils habitent à ....
   en ....
5 Son numéro de téléphone est ....

2 C'est quelle image?

Écoutez et écrivez la bonne lettre (A–G).

Exemple: B 1 ☐ 2 ☐ 3 ☐ 4 ☐ 5 ☐

3 Mes préférences

Écoutez ces jeunes et complétez la grille.

	Vêtement	Couleur	Activité
Ex. Christelle	A	bleu	I
1 Djamel			
2 Jasmine			
3 Jean-Marc			

Les vêtements

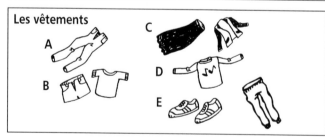

Les couleurs
rouge vert bleu gris violet noir et blanc

Les activités

F ⚽ G 🎸🥁 H 💿🎮
I 👥 J 🛍️Magasins K 🚲
L 📖 M 🍳

4 Des conversations

*Écoutez les conversations et cochez (✔) les bonnes cases.
Il y a deux conversations.*

Conversation 1: Toi et ta famille
Exemple: – Quel âge as-tu, Thomas?
  – J'ai A ☐ 15 B ✔ 16 C ☐ 17 ans
1 – C'est quand, ton anniversaire?
  – C'est le A ☐ 19 B ☐ 17 C ☐ 18 janvier.
2 – Tu as des frères et sœurs?
  – J'ai A ☐ un frère B ☐ une sœur C ☐ une sœur et un frère.
3 – Tu t'entends bien avec ta famille?
  – Je m'entends bien avec A ☐ mes parents B ☐ ma sœur C ☐ mon frère, mais pas tellement avec A ☐ mes parents B ☐ ma sœur C ☐ mon frère. On se dispute assez souvent.
4 – Est-ce que tu as un animal à la maison?
  – Oui, j'ai un A ☐ chat B ☐ lapin C ☐ chien. Il s'appelle Dodu.
5 – Tes animaux préférés sont quoi?
  – Mes animaux préférés sont A ☐ les chats B ☐ les chiens C ☐ les lapins.

Conversation 2: Tes passe-temps
 – Salut, Sophie, je peux te poser des questions?
 – Bien sûr!
1 – Qu'est-ce que tu fais comme sports?
  – Je A ☐ joue au tennis B ☐ fais de la natation C ☐ regarde le football à la télévision, j'aime bien ça.
2 – Quels sont tes loisirs favoris?
  – J'aime A ☐ jouer à l'ordinateur B ☐ écouter de la musique C ☐ faire du dessin et de la peinture et je joue du violon dans un orchestre.
3 – Quel est ton jour préféré?
  – C'est le A ☐ samedi B ☐ dimanche C ☐ mercredi.
4 – Le week-end, qu'est-ce que tu fais, normalement?
  – Le samedi, je A ☐ vais en ville avec mes amis B ☐ regarde la télé C ☐ vais à la piscine. Le dimanche je A ☐ me repose B ☐ vais à l'église C ☐ fais du sport.
5 – Le week-end dernier, qu'est-ce que tu as fait avec tes amis ou ta famille?
  – Le samedi, je suis allée A ☐ au cinéma B ☐ au match C ☐ en ville avec ma meilleure amie.
6 – Le dimanche, je suis A ☐ restée à la maison B ☐ allée chez mes grands-parents C ☐ sortie avec mes cousins.

Encore Tricolore 4

Presse-Jeunesse: Ados-Vacances

UNITÉ 1 — 1/9

Quiz – vacances en Europe

1. Les Européens passent leurs vacances, le plus souvent…
   - a dans le même pays où ils habitent.
   - b pas dans leur propre pays, mais en Europe.
   - c à l'étranger mais pas en Europe.

2. Les Européens préfèrent les vacances…
   - a à la campagne. b au bord de la mer.
   - c à la montagne.

3. Quel pays du monde est le plus populaire pour les vacances et le tourisme?
   - a L'Amérique b L'Espagne, c La France

4. Quel monument en Europe a le plus grand nombre de visiteurs?
   - a La Tour Eiffel à Paris
   - b La cathédrale de Cologne en Allemagne
   - c L'Alhambra à Grenade en Espagne

5. Quel musée européen est le plus populaire?
   - a Le musée du Louvre à Paris
   - b Le *British Museum* à Londres
   - c Le musée du Prado à Madrid

6. En France, il y a combien de plages?
   - a 200 km
   - b 2 000 km
   - c 20 000 km

Jeu-Test: Les vacances en groupe, c'est pour vous?

1. En faisant votre valise, vous choisissez …
   - **A** plutôt des vêtements pratiques avec une ou deux choses très à la mode pour des occasions spéciales.
   - **B** tous vos meilleurs vêtements de marque, surtout les plus chers.

2. Quand vous voyagez en car, …
   - **A** vous aimez bavarder un peu et essayez de faire la connaissance des autres jeunes.
   - **B** vous écoutez de la musique sur votre baladeur, ou vous dormez.

3. À l'auberge de jeunesse ou au camping, …
   - **A** vous aidez à faire le travail – ça va vite si tout le monde s'en occupe.
   - **B** vous essayez d'éviter trop de vaisselle, etc. et quand on range le matériel vous avez l'habitude de disparaître!

4. Si c'est un séjour linguistique dans un pays étranger, …
   - **A** vous essayez de parler le plus possible, même si vous faites des erreurs.
   - **B** vous n'osez pas parler parce que vous avez peur qu'on se moque de vous.

5. Après quelques jours, on s'ennuie un peu, et on ne sait pas quoi faire le soir.
   - **A** Vous organisez un concours de volley ou un pique-nique nocturnel sur la plage et tout le monde s'amuse.
   - **B** Vous jouez avec votre Gameboy ou vous vous couchez de bonne heure avec un bon livre.

6. **A** À la fin des vacances vous écrivez les coordonnés de vos nouveaux copains pour échanger des coups de téléphone ou des e-mails.
   B Les vacances, ça va, mais vous êtes content de retourner à la maison.

La couleur dans votre vie

Vous allez bien, aujourd'hui, vous êtes de bonne humeur? Non? C'est peut-être à cause de la couleur de vos vêtements ou de votre chambre! Beaucoup de gens, même des médecins, disent que les couleurs ont une grande influence sur nos réactions, et même sur notre santé.

A Est-ce que vous êtes un peu timide, par exemple vous ne savez pas quoi dire aux étrangers? Alors mettez des vêtements turquoises – on dit que la turquoise est la couleur de la communication!

B Des fabricants de bonbons ont découvert que les clients préfèrent les bonbons dans un papier rouge ou jaune et qu'ils choisissent très rarement les bonbons en papier vert. Curieux, non?

C Un certain psychologue américain a décidé de colorier des plats de tous les jours en couleurs différentes mais pas du tout dangereuses. Mais qui a mangé ces beaux plats multicolores? Personne! On a trouvé que même quelqu'un qui a faim refuse absolument de manger des frites vertes, un œuf bleu ou des macaronis violets!

D On dit que le bleu et le vert apportent du calme, mais que le rouge nous excite. Au Japon, on a mis un groupe de personnes, qui ne se connaissaient pas, d'abord dans une salle rouge et ensuite dans une salle bleue. Dans la salle rouge, ils ont tout de suite commencé à parler ensemble et à rire, mais dans la salle bleue ils étaient calmes et presque silencieux.

Voici les titres des paragraphes de A à D. Trouvez le titre correct pour chaque paragraphe:
1. C'est le papier qui compte!
2. Vous évitez les étrangers?
3. C'est le rouge qui fait rire!
4. Les œufs bleus – c'est délicieux!

Solutions:

Un jeu sur les vacances en Europe:
1 a 50 % d'Européens choisissent des vacances dans leur pays et seulement 10 % voyagent hors d'Europe.
2 b 60% préfèrent la mer.
3 c 1 touriste sur 10 choisit la France pour ses vacances
4 a La Tour Eiffel avec plus de 6 millions de visiteurs par an
5 b 5,4 millions de visiteurs (Le Louvre, 5,2 millions et le Prado, en a 1,8 million.)
6 b En France, on aime se baigner!

Jeu-Test – Les vacances en groupe, c'est pour vous?
Vous avez une majorité de A: Très bien! Pour vous les vacances en groupe seront idéales.
Vous avez une majorité de B: Évidemment, les vacances en groupe ce n'est pas pour vous. Vous ferez mieux de partir en famille ou avec un ou deux amis.

La Couleur dans votre vie
1B 2A 3D 4C

ÉPREUVE 1 Écouter Partie A 1/10

F **1 Les animaux à la maison**

Some young French people are talking about their pets.
Listen to what they say and answer the questions **in English**.

Exemple: What kind of pets does Patrick especially like? ..... *cats* .....

1. How many pets does he have at home? ....
2. What colour is the biggest one? ....
3. Which of Élise's pets live in the house? ....
4. How does she describe her guinea pigs? ....
5. Why can't Marc have a dog? ....
6. Which word does he use to describe his hamster? ....
7. What is **one** disadvantage he mentions? ....

F **2 Questions et réponses**

Écoutez et pour chaque question et à chaque fois, trouvez la bonne réponse.

A Je voudrais travailler dans l'informatique.
B Mes sports préférés sont le football et la natation.
C Français et allemand.
D Je m'appelle Jean-Pierre.
E Oui, oui, j'adore le sport.
F Oui, elle est infirmière.
G Il a quinze ans.
H Depuis cinq ans.
I J'ai seize ans.

Exemple: ...*D*...

1 .... 2 .... 3 .... 4 .... 5 .... 6 .... 7 .... 8 ....

F/H **3 Des interviews**

Écoutez et complétez la grille.

prénom	nom	âge	anniversaire	frères et sœurs	passe-temps
(**Ex.**) Caroline	Saumier	16	6 juin	1F 0S	musique
Patrick					
Angèle					

Total: Partie A:

ÉPREUVE 1   Écouter   Partie B

1 Les photos de Christophe

Écoutez et remplissez les blancs avec les bons mots dans la case.

Exemple: Nicolas porte un T-shirt ...F... .

1 En plus, il a une .... bleu-marine.
2 L'autre garçon, Étienne, a les cheveux .... et .... [2 marks]
3 Nicolas est plus .... que son frère.
4 L'aîné de la famille a .... ans.
5 Laura est la sœur .... de Nicolas.
6 Sandrine est .... de Laura.
7 Elle porte une .... très coloriée.
8 En plus, elle porte des ....
9 Christophe trouve qu'elle est ....

A casquette	B l'amie	C lunettes de soleil	D jolie	E dix-huit
F vert	G jeune	H blonds	I frisés	J jupe	K jumelle

[10]

2 Élodie et ses parents

Élodie is talking with her friend. Listen to their conversation and reply to the questions **in English**.

Example: In general, how does Élodie get on with her mother? ...(quite) well...

1 What does Élodie sometimes do that annoys her mother?

2 What is her mother's attitude to Élodie's friends?

3 What does Élodie's mother usually pay for?

4 What is it about Kémi that annoys Élodie's father? (**mention two things**) ...... [2]

5 What does Élodie's friend think about the situation?

6 How does Élodie think her brother will help?

[7]

3 La famille et les amis

Écoutez Alain, Sandrine et Magali. Il y a deux parties.

a Lisez les phrases et écrivez **V** (vrai), **F** (faux) ou **PM** (pas mentionné) dans la grille.

Alain	**Exemple:** Il a deux sœurs	F
	1 Il s'entend bien avec sa famille.	
Sandrine	2 Elle trouve que la famille est importante.	
	3 Elle téléphone souvent à ses correspondants anglais et allemands.	
Magali	4 Sa famille habite en Guadeloupe.	
	5 Sa meilleure amie s'appelle Marianne.	

b Pour chaque personne, choisissez la bonne phrase.

Alain .... **Sandrine** .... **Magali** ....

A Un(e) vrai(e) ami(e) peut vous servir de famille.
B Pour moi, la famille est plus importante que les amis.
C Avoir beaucoup d'amis, c'est bien, mais pour discuter des problèmes, c'est la famille qui compte.
D Pour moi, avoir beaucoup d'amis, c'est ça qui est essentiel.

a 5 b 3 = [8]

Total: Partie B: [25]

ÉPREUVE 1 **Parler** Role Play (1)

A1 Au bureau de poste (Carte A)

You are at the post office in France and want to buy some stamps. Say how many you want, ask the cost and end the conversation politely. Your teacher or another person will play the part of the post office employee and will speak first.

1 Ask how much it costs to send a postcard to England.

2 Say how many stamps you need and ask how much that is.

3 Ask where the post box is.

4 Say thank you and goodbye.

A1 Au bureau de poste (Carte B)

Vous êtes au bureau de poste. Moi, je suis l'employé(e).

1 **Exam:** **Bonjour. Je peux vous aider?**
 Cand: C'est combien pour envoyer une carte postale en Angleterre, s'il vous plaît?

2 **Exam:** **C'est 50 cents.**
 Cand: Deux/Trois/Quatre timbres, s'il vous plaît. Ça fait combien?

3 **Exam:** **Voilà vos timbres. Ça fait 1 euro/1 euro, 50/2 euros**
 Cand: Où est la boîte aux lettres s'il vous plaît?

4 **Exam:** **Elle est dehors, à gauche de la porte.**
 Cand: Merci, au revoir.
 Exam: **Au revoir.**

B1 En France (Carte A)

You are chatting to a French teenager. Your teacher or another person will play the part of the French teenager and will speak first. Mention the following:

1 Your age
2 Your nationality
3 Details about your family
4 Answer the question
  !

B1 En France (Carte B)

Vous parlez avec un(e) jeune Français(e). Je suis le/la jeune Français(e).

1 **Exam:** **Quel âge as-tu?**

2 **Exam:** **Tu es de quelle nationalité?**

3 **Exam:** **Tu as des frères et sœurs?**

4 **Exam:** **C'est quand, ton anniversaire?**

ÉPREUVE 1 Parler — Role Play (2)

B2 On va se revoir — Carte A

You arrange to see a French friend again later in the week. Your teacher or another person will begin the conversation. Mention the following:

1 Say when you are free.

vendredi ✗
samedi ✓

2 Suggest where you could go.

3 Suggest where you could meet.

4 Answer the question.
!

B2 On va se revoir — Carte B

Vous parlez à un(e) ami(e). Je suis l'ami(e).

1 Exam: **Tu es libre, vendredi?**
  Cand: Désolé(e), vendredi je ne suis pas libre, mais je suis libre samedi.

2 Exam: **Alors, samedi, oui ça va. Qu'est-ce qu'on va faire?**
  Cand: On pourrait peut-être aller …?

3 Exam: **Oui, bonne idée. Où est-ce qu'on se retrouve?**
  Cand: Au café, près du cinéma.

4 Exam: **Alors, au café près du cinéma. À quelle heure?**
  Cand: À sept heures et demie, etc.
  Exam: **D'accord. À samedi alors.**

C1 À la fête — Carte A

[When you see this – ! – you will have to respond to a question you have not prepared.]

You are talking in French to a teenager at a party. Your teacher or another person will take the part of the French teenager and will speak first.

1 Domicile
2 !
3 langues étrangères
4 !
5 loisirs

C1 À la fête — Carte B

Vous êtes à une fête. Vous parlez avec un(e) jeune Français(e) en français. Je suis le/la jeune Français(e).

1 Exam: **Tu viens d'où?**
  Cand: …

2 Exam: **Comment ça s'écrit?**
  Cand: …

3 Exam: **Qu'est-ce que tu apprends comme langues étrangères?**
  Cand: …

4 Exam: **Qu'est-ce que tu aimes, comme sport?**
  Cand: …

5 Exam: **Quels sont tes loisirs favoris?**
  Cand: …

ÉPREUVE 1 — Conversation and discussion

Moi-même
- Quel âge as-tu?
- Tu es de quelle nationalité?
- Ton nom, comment ça s'écrit?
- Quelle est ta date de naissance? C'est quand, ton anniversaire?
- Qu'est-ce que tu fais normalement pour fêter ton anniversaire?

La famille
- Tu as des frères et sœurs?
- Il y a combien de personnes dans ta famille?
- Décris quelqu'un dans ta famille.
- Tu t'entends bien avec ta famille?
- Tu as des problèmes avec tes parents quelquefois, par exemple, à propos des vêtements, de la musique, de la nourriture?

Les animaux
- Tu aimes les animaux?
- Quel est ton animal préféré?
- Tu as un animal ou tu connais quelqu'un qui a un animal?
- Qu'est-ce que c'est? Il/Elle est comment? Comment s'appelle-t-il/elle?

Les pays, les langues
- Tu as déjà visité un pays étranger?
- Depuis combien de temps apprends-tu le français?
- As-tu un(e) correspondant(e) dans un autre pays? Ça fait longtemps que tu lui écris?
- Quel pays voudrais-tu visiter?
- Quel est ton rêve?

Les copains, les amis
- Qu'est-ce que tu fais avec tes amis pendant la pause-déjeuner?
- Qu'est-ce que tu as fait récemment avec tes amis ou ta famille? C'était bien?
- Qu'est-ce que tu vas faire avec tes amis pendant le week-end ou les vacances?
- Tu vas sortir avec tes copains le week-end prochain? Qu'est-ce que vous allez faire?
- Quelles sont les qualités d'un(e) bon(ne) ami(e)?
- Décris ton ami(e) idéal(e).

Les loisirs
- Qu'est-ce que tu fais comme loisirs?
- Qu'est-ce que tu aimes porter comme vêtements?
- Quel est ton jour préféré? Pourquoi?

ÉPREUVE 1   Lire   Partie A (1)

1 Vous faites votre valise

Vous préparez votre valise pour les vacances. Qu'est-ce que vous prenez? Écrivez la bonne lettre dans la case.

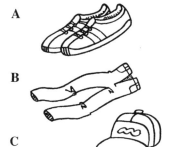

A

B

C

D

E

F

Exemple:	mon jean	B
1	mes chaussettes	
2	mes baskets	
3	des chaussures	
4	une casquette	
5	ma veste	

2 Lisa se présente

Lisez le texte et, pour chaque question, cochez ✔ la bonne case.

Salut!

Je m'appelle Lisa et je suis contente d'être ta correspondante.

J'ai quinze ans et j'habite avec mes parents et mon frère, qui s'appelle Frédéric. Nous avons une maison à la campagne, dans un petit village, assez joli.

À la maison, nous avons trois lapins, mais ni chats ni chiens parce que ma belle-mère ne veut pas d'animaux dans la maison.

J'ai ma propre chambre avec une télé et beaucoup de livres, car j'adore la lecture. Mon frère adore jouer sur l'ordinateur et il joue aussi du violon et du piano. Il aime beaucoup la musique, mais moi, je suis plutôt sportive.

À bientôt, Lisa

Exemple: L'âge de Lisa est

     A ☐ 13 ans   B ☐ 14 ans   C ✔ 15 ans

1 Lisa a   A ☐ un frère   B ☐ une sœur   C ☐ un frère et une sœur

2 Elle habite dans

3 Ses animaux domestiques sont

4 Dans sa chambre, Lisa a

5 Le passe-temps favori de Lisa est

     A ☐ 📖   B ☐ 💻   C ☐ 🐕

6 Le passe-temps favori de Frédéric est

     A ☐ 📖   B ☐ 💻   C ☐ 🐕

7 Lisa aime beaucoup

     A ☐ la musique   B ☐ le sport   C ☐ l'informatique

édition © Mascie-Taylor, Honnor, Nelson Thornes 2002

ÉPREUVE 1 Lire Partie A (2)

F/H 3 C'est quel pays?

Regardez les pays et lisez les phrases. Écrivez la bonne lettre dans chaque case.

Exemple: Ici, on parle français et la capitale s'appelle Paris.		E
1	J'habite dans ce pays au sud de la France. Nous parlons espagnol et la capitale, c'est Madrid.	
2	Ce pays est en Europe et on parle allemand ici. La capitale s'appelle Berlin.	
3	Notre pays n'est pas très grand et il est entouré d'autres pays. Les principales langues sont le français, l'allemand et l'italien. Moi, j'habite à la montagne et je fais du ski en hiver.	
4	Mon pays fait partie du Royaume-Uni et je parle anglais. J'habite au centre du pays, dans une ville qui s'appelle Birmingham.	
5	Moi je parle anglais et j'habite à Washington, qui est la capitale de mon pays. Ce pays est vraiment énorme et il y a beaucoup d'états différents.	

A L'Allemagne B L'Espagne C La Suisse
D L'Angleterre E La France F Les États-Unis

F/H 4 Échanges

Voici quatre annonces d'un magazine pour les jeunes. Lisez les annonces, puis faites l'activité

(64119) J'ai 15 ans et je voudrais correspondre avec des jeunes de 14–17 ans, de tous pays. Vous pouvez m'écrire en français ou en anglais. J'aime m'amuser, la musique, lire, mes ami(e)s et je suis branchée sur plein d'autres choses. Si vous voulez mieux me connaître, écrivez-moi!
Jennifer (Ile Maurice)

(64120) Nous sommes deux amies de 16–17 ans. Nous aimerions correspondre avec des jeunes Français(es) de notre âge, en langue française. Nous aimons la littérature, la télévision, la musique, en somme, la culture. En revanche, nous détestons le racisme, l'injustice sociale, l'hypocrisie, la violence et l'intolérance.
Maguy et Awa (Sénégal)

(6430) J'ai 15 ans et j'habite la plus belle île du Pacifique. Je voudrais correspondre avec des jeunes de mon âge. Que vous habitiez en Angleterre ou partout ailleurs dans le monde, vous pouvez m'écrire. Je suis un passionné de plongée sous-marine et de balades en forêt. Je collectionne les timbres et les pièces de monnaie. Ah oui! J'allais oublier: je parle français, anglais et j'étudie le japonais.
Laurent (Nouvelle-Calédonie)

(6438) J'ai 12 ans et j'adore le sport (équitation, natation, gym, basket, foot …), la mer (beaucoup plus que la piscine), les animaux (les chevaux surtout) et lire. Je n'aime pas les gens violents. Je voudrais correspondre avec des filles françaises ou anglaises de 11 ou 12 ans étudiant l'anglais (pour les Françaises) ou le français (pour les Anglaises).
Claire (Loire-Atlantique)

Science et Vie Junior

Voici des descriptions qui correspondent à un(e) ou plusieurs des jeunes qui ont écrit ces annonces.
Écrivez le(s) prénom(s) correct(s).

Exemple: ......*Laurent*...... est collectionneur.

1 .... sont sérieux/sérieuses.
2 .... comprennent au moins une autre langue. [2 marks]
3 .... aiment la lecture. [2 marks]
4 .... aime la mer et les bêtes.
5 .... sont tolérants/tolérantes.
6 .... est fier/fière de son pays.

Total: Partie A:

ÉPREUVE 1   Lire   Partie B (1)

1 Profil d'un jeune chanteur

Lisez l'article et cochez ✔ les bonnes cases.

Fiche d'identité
Nom: Luc Daniel
Date et lieu de naissance: Paris, 17 janvier 1979
Famille: Ses parents sont divorcés et sa mère a épousé un Canadien, chanteur, lui aussi. Depuis l'âge de dix ans, il habite près de Montréal avec sa mère et son demi-frère Mathieu, huit ans. Sa sœur aînée, Isabelle, est mariée et habite aussi au Québec. Il s'entend bien avec son père, qui est ingénieur, mais comme celui-ci travaille toujours en France, il ne le voit pas très souvent.
Passe-temps: Il aime faire de l'équitation en été, du ski en hiver et écouter tous les nouveaux CDs.
Carrière: À l'âge de seize ans, il a enregistré la chanson, *La vie m'attend*, écrite exprès pour lui par son beau-père. Un producteur québécois l'a remarqué et maintenant, il prépare son troisième album, *Vive la vie!*
Rêve: Retourner à Paris et chanter un jour au Stade de France.

Exemple: Luc Daniel est né   **A** ✔ en France   **B** ☐ au Canada   **C** ☐ au Québec.

1. Son anniversaire tombe
   - **A** ☐ en automne
   - **B** ☐ en hiver
   - **C** ☐ en été.

2. Sa sœur habite
   - **A** ☐ au Canada
   - **B** ☐ en France
   - **C** ☐ à Paris.

3. Le deuxième mari de sa mère est
   - **A** ☐ ingénieur
   - **B** ☐ producteur
   - **C** ☐ chanteur.

4. Luc ne voit pas souvent son père
   - **A** ☐ parce qu'ils ne s'entendent pas très bien
   - **B** ☐ parce que son père habite à Montréal
   - **C** ☐ parce que son père n'habite pas au Canada.

5. Luc est
   - **A** ☐ plus âgé que sa sœur
   - **B** ☐ moins âgé que sa sœur
   - **C** ☐ plus jeune que son demi-frère.

6. Comme loisirs, il aime
   - **A** ☐ écrire des chansons
   - **B** ☐ se promener à cheval
   - **C** ☐ aller à la piscine.

7. Le troisième album de Luc Daniel
   - **A** ☐ va bientôt sortir
   - **B** ☐ est sorti récemment
   - **C** ☐ a eu un grand succès.

8. Son ambition est de/d'
   - **A** ☐ regarder un match au Stade de France
   - **B** ☐ être vedette d'un concert en France
   - **C** ☐ faire un troisième album.

ÉPREUVE 1   Lire   Partie B (2)

2 Séjours linguistiques

Lisez l'article, puis lisez les phrases et écrivez la lettre du mot qui correspond.

Séjours linguistiques

Pour améliorer ses connaissances en anglais, le choix ne manque pas. Mais justement, comment choisir?

Où aller? – En Angleterre, le Sud est peut-être à éviter. Les possibilités sont nombreuses, mais la population locale un peu blasée. Essayez plutôt le Nord du pays, plus accueillant, ou lancez-vous dans l'aventure avec des familles américaines ou canadiennes. Ces deux destinations, cependant, s'adressent à ceux qui s'intéressent plus aux grands espaces qu'à la culture.

Que choisir? – Tout dépend de vos besoins. Si vous cherchez les vacances, optez pour l'immersion totale en famille, idéale pour les personnes sociables mais pas particulièrement motivées par leur progrès en grammaire. Si vous êtes plutôt intello, choisissez un organisme où des cours intensifs s'ajoutent à la vie en famille. Pour une bonne moyenne, la formule classique cours/loisirs/famille est idéale.

Quel prix? – Lisez les contrats de très près. Les forfaits comprennent normalement les frais de voyage aller-retour jusqu'au pays d'accueil et les frais de résidence, les activités organisées et les assurances. Cependant, les trajets sur place sont-ils couverts? Quelle somme prévoir pour l'argent de poche? Y a-t-il des suppléments pour les activités non obligatoires?

A	la culture	B	le pays	C	conseils
D	les sportifs	E	les intellectuels	F	prendre son temps
G	les voyages dans le pays étranger	H	sympathiques	I	les activités au choix

Exemple: Cet article donne des ……C…… pour bien choisir un séjour linguistique.

1. D'abord, il faut bien choisir ……………… .
2. En Angleterre, le Nord est peut-être préférable au Sud car les gens sont plus ……………… .
3. L'Amérique n'est pas recommandée à ceux qui s'intéressent surtout à ……………… .
4. Les cours de langue intensifs sont l'idéal pour ……………… .
5. À part l'argent de poche, il est parfois nécessaire aussi de prévoir de l'argent supplémentaire pour ……………… .
6. Côté transports, certains contrats n'incluent pas ……………… .
7. D'après le ton de l'article, quand on choisit un séjour linguistique, il est donc préférable de ……………… .

ÉPREUVE 1   Lire   Partie B (3)

3   Christophe apprend à conduire

Lisez cette lettre et répondez aux questions en français.

> Sceaux   dimanche 23 mai
>
> Salut!
>
>   Ça y est! J'apprends à conduire! En France, il y a maintenant la conduite accompagnée depuis l'âge de seize ans. Donc, depuis mon anniversaire d'il y a deux semaines, je conduis la petite voiture de ma mère, aussi fréquemment que possible.
>
>   Il y a, quand même, quelques inconvénients! D'abord, les autres membres de la famille manquent d'enthousiasme quand il s'agit de m'accompagner! En plus, mon père s'énerve très vite; il dit que je suis obstiné et que je conduis trop vite. Ma mère essaie de m'aider, mais elle a tellement peur que ça me fait peur, à moi aussi. Quant à mon frère, d'abord, il ne veut pas faire l'effort de sortir et, deuxièmement, il se croit le meilleur conducteur qui existe. Ma sœur Brigitte est la meilleure, elle ne s'excite pas et elle n'est pas impatiente. Cependant, elle rentre tellement tard de son travail à Paris qu'elle ne peut pas m'accompagner très souvent.
>
>   L'autre inconvénient, c'est qu'on n'a pas le droit de passer le permis avant son anniversaire de dix-huit ans, pas dix-sept ans, comme chez toi, donc, encore presque deux ans à attendre!
>
> Je te quitte maintenant, j'ai promis de laver la voiture!
>
>   À bientôt!
>
>   Christophe

Exemple: Christophe a quel âge maintenant? ..*16*..

1. Son anniversaire est pendant quel mois? ....
2. On peut passer le permis de conduite à quel âge, en France? ....
3. En général, quelle est l'attitude de la famille de Christophe envers ses sorties en voiture?
   ....
   ....

Choisissez, dans la case, les adjectifs qui, selon Christophe décrivent le mieux ces membres de sa famille:

4. son père ....
5. sa mère ....
6. son frère [2 mots] ....
7. sa sœur ....

> patient(e)   enthousiaste   pessimiste   impatient(e)   arrogant(e)
> inquiet(ète)   obstiné(e)   paresseux(euse)   ambitieux(euse)

8. Pourquoi est-ce que sa sœur ne l'accompagne pas très souvent?
   ....
9. Qu'est-ce que Christophe a l'intention de faire, après avoir fini sa lettre?
   ....

10/25

Total: Partie B:

Encore Tricolore 4 nouvelle édition © Mascie-Taylor, Honnor, Nelson Thornes 2002

ÉPREUVE 1   Écrire   Partie A 1/20

F 1 Questionnaire

Fill in this questionnaire about yourself.

Langues parlées:	Ex. ......anglais.. [2 langues]
	....
Anniversaire:	....
Nationalité:	....
Sport préféré:	....
Animal préféré:	....
Couleur préférée:	....
Pays préféré:	....
Loisirs préférés:	.... [2 choses]
	....
Déteste:	....

F 2 Des phrases

Complete the information in Alex's letter **in French**.

Exemple:	J' (AVOIR)		deux bons amis.
	J' ..ai...		deux bons amis.
1	Thomas (ÊTRE)		dans la même classe que moi.
	Thomas		dans la même classe que moi.
2	Il (FAIRE)		beaucoup de sport.
	Il		beaucoup de sport.
3	Nous (JOUER)		au tennis ensemble.
	Nous		au tennis ensemble.
4	Sophie (HABITER)		dans la même rue que moi.
	Sophie		dans la même rue que moi.
5	Elle (ADORER)		les animaux.
	Elle		les animaux.
6	Quelquefois, on (ALLER)	au parc avec son	.
	Quelquefois, on .... au parc avec son	.... [2 marks]
7	Le samedi, je (METTRE)	mes vêtements préférés: un jean et	.
	Le samedi, je	mes vêtements préférés: un jean et	.... [2 marks]
8	Je (REGARDER)		souvent la télévision.
	Je		souvent la télévision.

ÉPREUVE 1   Écrire   Partie B   1/21

3 Une description

Write **30** to **40** words **in French**.

Give the following details:
- name, age
- who the person is (member of the family, friend, neighbour)
- physical description
- personality
- likes and dislikes

4 On répond à Dominique

Write a letter in reply to Dominique. Write about **70** to **80** words **in French**. Answer all the questions.

> Salut!
>   Je m'appelle Dominique Legrand, j'ai quinze ans et mon anniversaire est le 23 septembre. J'ai un frère et une demi-sœur. Et toi, est-ce que tu as des frères et sœurs?
>   Est-ce que tu aimes les animaux? Nous avons un lapin qui s'appelle Friski et un cochon d'Inde qui s'appelle Noisette.
>   Mon père est prof de sport et ma mère travaille dans l'informatique.
>   Ça fait longtemps que tu apprends le français?
>   Qu'est-ce que tu fais comme sports au collège? Dans mon collège, on fait de la natation, du basket et de la gymnastique.
>   Qu'est-ce tu vas faire pendant les vacances? Mon rêve est de visiter le Canada. Tu as un rêve aussi?
>   Amitiés,
>   Dominique

5 Une lettre

Vous écrivez à votre ami(e) français(e). Écrivez **120** à **140** mots. Répondez à ces questions.

- Comment as-tu fêté ton anniversaire?
- C'était comment?
- Es-tu sorti(e) avec tes ami(e)s ou ta famille?
- Qu'est-ce que tu fais normalement le week-end?
- Qu'est-ce qu'on t'a offert?
- Tu t'entends bien avec ta famille?
- Qu'est-ce que tu vas faire à Noël?
- Tu aimes les fêtes en famille?

Encore Tricolore 4 nouvelle édition © Mascie-Taylor, Honnor, Nelson Thornes 2002

Encore Tricolore 4

Mots croisés – en ville

Horizontalement

1. Pour contacter la police, allez au … (12)
5. C'est dans un grand b… au coin de la rue. (8)
8. Pour aller … stade, s'il vous plaît? (2)
9. C'… assez loin. (3)
11. Il n'y a pas grand chose à faire ici, ni cinéma, … café. (2)
14. On va … théâtre ce soir. (2)
15. Est-ce qu'… y a un supermarché en ville? (2)
16. Une … est entourée d'eau. (3)
17. On a planté des arbres … des fleurs au centre-ville. (2)
18. Mes amis habitent dans c… quartier. (2)
20. Est-ce que tu habites au centre-ville ou dans la b…? (8)
21. Dans ce bâtiment, on peut emprunter des livres, des CDs et des vidéos. (12)
23. Il y a quatre … importants en France: la Loire, la Seine, la Garonne et le Rhône. (7)
27. Tu as visité le musée? Non, … est fermé en ce moment. (2)
29. Si vous aimez l'histoire, … manquez pas de visiter le château. (2)
30. On va ici pour nager. (7)
31. Dans la … principale, il y a beaucoup de magasins et de restaurants. (3)

Verticalement

1. Nice et Cannes se trouvent sur la … d'Azur. (4)
2. Au centre commercial, il y a beaucoup de …. C'est excellent pour le shopping. (8)
3. La ville de Strasbourg est s… dans l'est de la France. (6)
4. Pour voir le marché aux poissons, il faut se lever …, vers six heures du matin. (3)
6. C'est un autre mot pour l'hôtel de ville. (6)
7. Est-ce qu'il y avait du monde en ville? Oui, et on a … du mal à trouver une place au parking. (2)
9. … été, il y a toujours beaucoup de touristes ici. (2)
10. Dans la zone …, il n'y a pas de voitures. (8)
12. Pour faire du patinage, allez à la … (9)
13. Si vous êtes à vélo, prenez la piste … (8)
19. … vais vous retrouver sur la place principale. (2)
22. Comme industrie, il y a une u… où on fabrique du verre et il y a des entreprises d'informatique. (5)
24. C'est un grand espace d'eau où on peut faire de la planche à voile et du ski nautique. (3)
25. J'habite à Paris maintenant, mais je préfère la v… à la campagne. (3)
26. Chaque vendredi, il y a un marché … la grande place devant la cathédrale. (3)
28. … centre sportif se trouve près du parc, à l'autre côté de la ville. (2)

Encore Tricolore 4

UNITÉ 2 — 2/2

En ville

 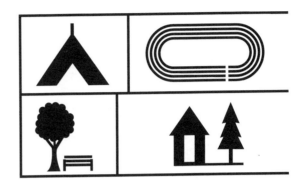

rue du parc

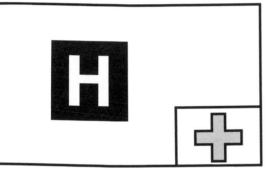 

rue du marché

rue de l'église

rue de France

rue de la gare

Encore Tricolore 4

Un emploi pour les vacances

1 Vendeur de glaces

Trouvez le mot qui manque. **Exemple: 1** *décidé*

| aimé | choisi | commencé | décidé | gagné | goûté | préféré | trouvé | vendu | répondu |

1 L'été dernier, j'ai .... de chercher un emploi pour les vacances.
2 J'ai .... à des annonces d'emploi dans le journal.
3 Enfin, j'ai .... un emploi comme vendeur de glaces.
4 J'ai .... mon travail à 14 heures.
5 J'ai .... beaucoup de glaces l'après-midi.
6 Les enfants ont .... surtout des glaces à la fraise.
7 Les adultes ont .... des glaces à la vanille.
8 Moi, j'ai .... à tous les parfums.
9 Je n'ai pas .... beaucoup d'argent,
10 mais j'ai bien .... mon travail.

2 Qu'est-ce qu'ils ont fait?

Suivez les lignes pour trouver les réponses.
Ex. *Marie a fait du babysitting.*

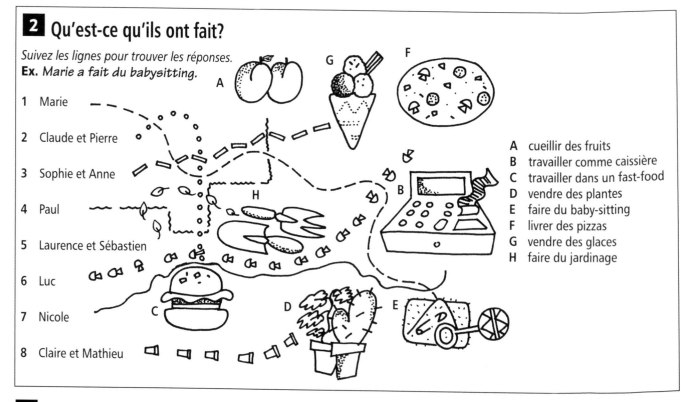

1 Marie
2 Claude et Pierre
3 Sophie et Anne
4 Paul
5 Laurence et Sébastien
6 Luc
7 Nicole
8 Claire et Mathieu

A cueillir des fruits
B travailler comme caissière
C travailler dans un fast-food
D vendre des plantes
E faire du baby-sitting
F livrer des pizzas
G vendre des glaces
H faire du jardinage

3 Conversations au téléphone

Complétez ces conversations. Le passé composé de tous les verbes se forme avec avoir, mais faites attention aux verbes irréguliers!

1 – Qu'est-ce que tu .... samedi soir? (faire)
   – Rien de spécial. J' .... la télévision, j' .... le concert à la radio et j' .... un peu. (regarder, écouter, lire)
   – Est-ce que tu .... le film à la télé? (voir)
   – Non, je ne l' .... pas .... (voir)

2 – Alors, vous .... au restaurant hier soir? (dîner)
   – Oui, c'était excellent. Moi, j' .... de l'agneau et mon mari .... un steak au poivre. (prendre, choisir)
   – Vous .... du vin? (boire)
   – Bien sûr, on .... un bon vin de la région. (choisir)

3 – Est-ce que les Duval .... à louer un appartement à Paris? (réussir)
   – Non, ils .... beaucoup de difficultés. (avoir)
   – Ils .... à deux agences à Paris, mais ils n' .... rien .... (écrire, recevoir)

4 – Allô.
   – Bonjour, Dominique. Tu es là enfin! J' .... de te téléphoner au moins cinq fois aujourd'hui. (essayer)
   – J' .... aller chez maman. J' .... mon frère en ville et il m' .... que maman n'allait pas bien. (devoir, voir, dire)

Encore Tricolore 4

Des touristes à Paris

*Ces touristes logent à l'hôtel Central à Paris. Complétez les descriptions de leur journée à Paris.
Puis décidez dans quel ordre ils sont rentrés à l'hôtel.*

1 Karl Beckbauer

Exemple: 1 *Samedi dernier, Karl est allé au Centre Pompidou.*
1. Samedi dernier, Karl est (allé/allée/allés) au Centre Pompidou.
2. Il est (partis/partie/parti) de l'hôtel à deux heures et il est (allée/allé/allées) à l'arrêt d'autobus.
3. Après cinq minutes, l'autobus est (arrivée/arrivés/arrivé) et Karl est (monté/montée/montées).
4. Quand l'autobus est (arrivée/arrivé/arrivés) près de l'hôtel de ville, Karl est (descendu/descendue/descendus).
5. Il ……………… dans le Centre Pompidou à trois heures. (entrer)
6. Il ……………… au musée d'art moderne tout l'après-midi. (rester)
7. Il ……………… à six heures et il ……………… à l'hôtel trente minutes plus tard. (sortir, rentrer)

2 Christine Ford

Exemple: 1 *Christine est allée à la Tour Eiffel.*
1. Christine est (allé/allée/allés) à la Tour Eiffel.
2. Elle est (parti/partie/partis) de l'hôtel à neuf heures et quart.
3. Elle ……………… à la station de métro la plus proche. (aller)
4. Elle ……………… dans le métro et elle ……………… à Bir Hakeim. (monter, descendre)
5. Heureusement, il faisait beau, Christine a acheté un billet et elle ……………… au deuxième étage de la Tour Eiffel à pied. (monter)
6. Elle ……………… en haut pendant une heure. (rester)
7. Puis, elle ……………… et elle ……………… dans un café. (redescendre, entrer)
8. L'après-midi, elle ……………… aux magasins. (aller)
9. Elle ……………… à l'hôtel à seize heures. (rentrer)

3 M. et Mme Murray

Exemple: 1 *M. et Mme Murray sont allés à Versailles.*
1. M. et Mme Murray sont (allé/allée/allés) à Versailles.
2. Ils sont (parti/partie/partis) de leur hôtel à dix heures et demie.
3. Ils ……………… à la station de métro. (aller)
4. Ils ……………… dans le métro et ils ……………… à Pont de Sèvres. (monter, descendre)
5. Ils ……………… du métro et ils ……………… à l'arrêt d'autobus. (sortir, aller)
6. Au bout de dix minutes, l'autobus est ……………… et M. et Mme Murray ……………… dans l'autobus. (arriver, monter)
7. Ils ……………… à Versailles. (descendre)
8. Ils ont visité tout le château, ils ont pris beaucoup de photos. Ils y ……………… toute la journée. (rester)
9. Enfin, à seize heures ils ……………… et, après une heure de voyage, ils ……………… à leur hôtel. (sortir, rentrer)

4 Et vous?

*Vous aussi, vous logez à l'hôtel Central à Paris.
Décrivez votre journée à Paris.
Où êtes-vous allé(e)?
Avez-vous pris le métro/le bus?
Combien de temps y êtes-vous resté(e)?
Quand êtes-vous rentré(e)?*

Encore Tricolore 4

Vol à la banque

1 Le vol

Read the article and answer in English.
1 When did the robbery take place? (day and time)
   ....
2 What kind of building was it?
   ....
3 What was unusual about the robbery?
   ....
4 Where were the robbers hidden?
   ....
5 Who pursued them?
   ....
6 What was found later?
   ....

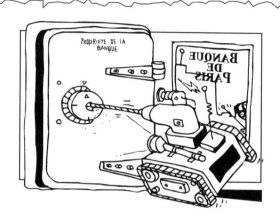

Surprise pour les gendarmes appelés samedi soir à onze heures à se rendre à une banque aux Champs Elysées: le voleur n'était qu'un robot armé d'une perceuse. Les vrais voleurs étaient cachés dans une camionnette d'où ils manœuvraient le robot. Ils sont partis en camionnette, poursuivis par les gendarmes. Les voleurs se sont échappés, mais on a trouvé la camionnette abandonnée plus tard.

2 🎧 Au commissariat

Dans la camionnette, par terre, on a trouvé un reçu du restaurant 'Le lapin vert' et un billet du cinéma Gaumont. Au commissariat, on a interrogé trois personnes: Luc Dupont, Monique Laroche et Pierre Roland.
Écoutez les interviews et notez les détails. Puis décidez si chaque personne est innocente ou suspecte.

1 Nom: ...Luc Dupont...........
2 A quelle heure est-il/elle sorti(e)? ....
3 Où est-il/elle allé(e)? ....
4 Il/elle est resté(e) là jusqu'à quand? ....
5 Ensuite, est-il/elle allé(e) autre part? ....
   ....
6 A quelle heure est-il/elle rentré(e)?............

1 Nom: ...Monique Laroche......
2 A quelle heure est-il/elle sorti(e)? ....
3 Où est-il/elle allé(e)? ....
4 Il/elle est resté(e) là jusqu'à quand? ....
5 Ensuite, est-il/elle allé(e) autre part? ....
   ....
6 A quelle heure est-il/elle rentré(e)?............

1 Nom: ...Pierre Dupont.........
2 A quelle heure est-il/elle sorti(e)? ....
3 Où est-il/elle allé(e)? ....
4 Il/elle est resté(e) là jusqu'à quand? ....
5 Ensuite, est-il/elle allé(e) autre part? ....
   ....
6 A quelle heure est-il/elle rentré(e)?............

3 🎧 La conclusion

Complétez le texte avec les mots dans la case. Puis écoutez pour vérifier.

| accusés | billet | camionnette | deux |
| garçon | l'heure | reçu | |

Dans la camionnette, on a trouvé deux indices importants: le
1 .... du restaurant 'Le Lapin Vert' et aussi le
2 .... du cinéma Gaumont. Personne n'est allé au restaurant et au cinéma ce soir-là, donc il est probable qu'il y a eu 3 .... voleurs.
Le détective a téléphoné au cinéma Gaumont pour demander
4 .... des séances du film 'Le Monde des Robots'.
Il a découvert que la séance de 20h05 a fini à 22h05. Quand on a posé des questions au 5 .... de café au Lapin Vert, il a dit qu'en sortant du restaurant, Luc Dupont est monté dans une 6 ...., conduite par une jeune femme. Selon la description, c'était Monique Laroche. C'est pourquoi Luc Dupont et Monique Laroche ont été
7 .... du délit*.

*délit (m) = offence

Encore Tricolore 4

UNITÉ 2 — 2/6

Accident de rivière

Sophie Dupont, jeune fille de quinze ans, doit souvent s'occuper de son petit frère Claude pendant les vacances.
Complétez cette petite histoire, où Sophie raconte ce qui s'est passé l'autre jour.

1 Complétez les phrases avec la bonne forme d'**avoir** ou **être**.

L'autre jour, ma mère **1** .... allée au bureau. Mon frère et moi, nous **2** .... restés à la maison à regarder la télé. L'émission était intéressante, mais soudain Claude **3** .... crié: 'J'en ai assez; je veux aller à la pêche! Allons à la pêche!' Et il **4** .... éteint la télé. Très en colère, j' **5** .... préparé des sandwichs, j' **6** .... mis de la limonade dans mon sac, j' **7** .... emporté quelques affaires, et nous **8** .... allés au bord de la rivière, qui se trouve près de chez nous.

2 Complétez les phrases avec le participe passé.

Quand nous y sommes **1** .... (arriver), Claude a **2** .... (prendre) son ballon et a **3** .... (crier): 'Je veux jouer au ballon. Sophie, joue avec moi!' J'ai **4** .... (penser): 'Oh là là, il est vraiment insupportable.' Mais pour être tranquille, j'ai **5** .... (jouer) au ballon avec lui. Puis nous avons **6** .... (manger). Enfin, Claude a **7** .... (manger)!
Moi, j'ai **8** .... (avoir) un petit sandwich et un peu de limonade. Ensuite, Claude a **9** .... (commencer) à pêcher et moi, j'ai **10** .... (pouvoir) lire mon journal.

3 Complétez les phrases avec la bonne forme du verbe au passé composé.
1. Soudain, j' .... un cri et un grand 'Plouf'. (entendre)
2. C'était Claude! Il .... dans l'eau! C'était la troisième fois en une semaine! (tomber)
3. Je n' .... pas .... attention et j' .... à lire. (faire, continuer)
4. Deux pêcheurs .... en courant. (arriver)
5. Ils .... dans l'eau pour aller chercher Claude. (sauter)
6. Mais Claude, qui a l'habitude, ... tout seul. (sortir)
7. Les deux pêcheurs .... pas très contents. (repartir)
8. Quand Claude ...., il .... 'Brrr! Il ne fait pas chaud. Rentrons à la maison.' (revenir, dire)
9. Alors, nous .... à la maison. (rentrer)
10. À la télé, il y avait une émission sur la pêche, mais Claude, qui n'aime plus ça, ... se coucher. (partir)

Encore Tricolore 4 nouvelle édition © Mascie-Taylor, Honnor, Nelson Thornes 2002

Encore Tricolore 4

UNITÉ 2

La vie à la campagne

1 Jeu des définitions: les animaux de la ferme

Identifiez chaque animal.

A   B   C  D   E

1	D	C'est un animal blanc qui nous donne la laine.	un mouton
2		Cet animal, qui peut être brun, noir ou blanc, nous donne le lait.	
3		On achète quelquefois le lait de cet animal, mais le plus souvent, le lait est transformé en fromage. Son nom commence avec un **c**.	
4		On voit souvent ce grand animal à la ferme, mais on le voit ailleurs aussi, par exemple, aux courses et même au cirque.	
5		Cet animal, de couleur rose, beige ou blanche, n'est pas très joli. Malheureusement pour lui, on se sert de son nom pour insulter quelqu'un!	
6		On mange très souvent les œufs de cet oiseau, qu'on trouve dans presque toutes les fermes.	
7		Cet oiseau ne vole pas souvent. Il passe la plupart de son temps dans l'eau.	

F   G   H

2 Un acrostiche

1 On y cultive des céréales et on y voit des tracteurs.
2 C'est comme un fleuve, mais en moins grand.
3 C'est fatigant de marcher quand on doit monter une …
4 Dans les champs et dans les bois, on voit souvent des … sauvages.
5 Ça pousse dans les champs et dans les prairies. Les vaches et les moutons la mangent.
6 On y voit des arbres et des buissons. C'est comme un bois, mais en plus grand.
7 C'est un autre nom pour un fermier.

3 On parle de la campagne

Écoutez les conversations et faites les activités.

A Thomas et Céline
Complétez les phrases de Céline.
1 J'ai passé beaucoup de mon enfance là-bas, car mes .... y habitent.
2 J'aime bien le .... , faire de grandes promenades en ....
3 Je trouve ça ...., c'est naturel.
4 J'aime bien marcher ou même faire des randonnées à ...., en VTT.

B Hélène et Damien
Answer in English.
Summer holidays
1 Why does Hélène spend all her holidays in the country?
....
2 Where does her uncle work?
....
3 The three boys work in the fields, but what does Hélène do?
....
4 What does Damien do, when he's staying in the country?
....

Town and country
5 Where does Damien prefer living?
....
6 What advantages does he give a) of the town?
....
b) of the country?
....
7 What does Hélène suggest as an ideal solution?
....

Encore Tricolore 4

À la maison

1 🎧 Loco-service

Vous travaillez pour une agence de location. Écoutez les conversations et notez les détails.

nom du propriétaire	numéro de téléphone	Détails de l'appartement à louer							
		nombre de pièces	étage	cuisine	salle de bains	garage	meublé (m) ou vide (v)	loyer	+ charges
Moreau	04 78 47 08 23								

2 5-4-3-2-1

Trouvez: 5 meubles
  4 choses qu'on trouve souvent dans la salle de bains
  3 choses qu'on trouve dans un immeuble
  2 choses qu'on trouve dans le jardin
  1 chose qu'on trouve par terre.

une armoire	une douche	un lit
un ascenseur	un escalier	la moquette
une baignoire	un fauteuil	une pelouse
un bureau	des fleurs	une porte
un canapé	un lavabo	des robinets

3 Ça commence avec la lettre 'c'

Exemple: 1 *chambre*

1 une pièce ....
2 un meuble ....
3 un appareil électrique ....
4 un ustensile ....
5 un animal domestique ....
6 un animal de ferme ....
7 un aspect du paysage ....
8 un pays ....

4 Un acrostiche

Regardez les images et complétez l'acrostiche.

5 Jeu des définitions

Trouvez la bonne définition pour chaque dessin.

A C'est un article de vaisselle qui est rond et plat. **Ex..** *2* ....

B C'est un appareil qui marche à l'électricité ou au gaz qu'on trouve dans toutes les cuisines. ......

C On met les surgelés dans cet appareil. ......

D C'est un appareil très pratique quand on fait le ménage. ......

E On y met les déchets, par exemple des cartons et des bouteilles vides. ......

F Ça vous permet de brancher un appareil électrique. ......

G C'est un ustensile de table qui commence avec la lettre **f**. ......

H C'est un ustensile de cuisine en métal qu'on utilise pour faire une omelette. ......

Encore Tricolore 4

L'esprit négatif

Dossier-langue: More negative expressions

Je n'aime ni le poisson ni les carottes.

Et il n'y a aucun restaurant au village.

ne … ni … ni … = neither … nor
Ni … ni … go before the words they refer to:
Je **n'**aime **ni** le tennis, **ni** le badminton.
I like neither tennis nor badminton.
or   I don't like tennis or badminton.
Je **ne** connais **ni** sa mère, **ni** son père.
I know neither his mother nor his father.
or   I don't know his mother or his father.

ne … aucun = no …
Aucun is an adjective and agrees with the noun which follows:
Il **n'**y a **aucun** café dans le village.
There's no café in the village.
Ça **n'a aucune** importance.
It's of no importance.
It can also be used on its own:
– Qu'est-ce que tu veux faire?
– What do you want to do?
– **Aucune** idée.
– No idea.

1 Les vacances de Claudine

Lisez la lettre de Claudine et les phrases.
a Écrivez vrai (V) ou faux (F).
b Corrigez les phrases fausses.

Chère Lucie,
Je ne m'amuse pas beaucoup ici. Je ne connais personne. Il n'y a rien à faire – aucun cinéma, aucune piscine.
En plus, il n'est pas facile d'aller en ville – je n'ai ni une voiture, ni un vélo et il n'y a qu'un bus par jour. Décidément, la vie à la campagne, ce n'est pas pour moi!
Claudine

1 [F] Claudine est contente. *Claudine n'est pas contente.*
2 [ ] Elle passe des vacances à la montagne. ....
3 [ ] Elle connaît tous les gens du village. ....
4 [ ] Il y a beaucoup de choses à faire. ....
5 [ ] Il n'y a ni cinéma, ni piscine. ....
6 [ ] Il est difficile d'aller en ville. ....
7 [ ] Il n'y a qu'un bus. ....
8 [ ] Elle n'a pas de voiture. ....
9 [ ] Mais elle peut aller en ville à vélo. ....
10 [ ] Elle aime bien la tranquillité de la campagne. ....

2 Français–anglais

Trouvez les paires. **Exemple: 1** *b*

1 Je ne connais personne ici.
2 Elle n'aime que le poulet.
3 Il n'aime que toi.
4 Ça n'a aucune importance.
5 Ça ne fait rien.
6 Rien de plus facile.
7 Je ne le vois que rarement.
8 Elle n'aime ni les chiens, ni les chats.

a Nothing simpler.
b I don't know anyone here.
c It's of no importance.
d She doesn't like dogs or cats.
e He only loves you.
f She only likes chicken.
g It doesn't matter.
h I only see him rarely.

Lexique

Il ne reste que ça.	That's all that's left.
Il n'y a aucun doute.	There's no doubt.
Je n'en ai aucune idée.	I've no idea.
Ni l'un ni l'autre.	Neither one nor the other.
Moi non plus.	Nor me.

Encore Tricolore 4

Tu comprends?

1 En ville

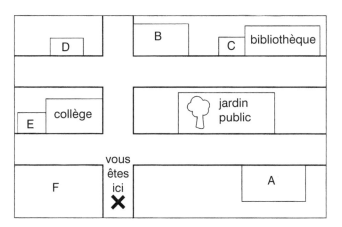

Écoutez et écrivez la bonne lettre (A–F).

Exemple: E 🛒

1 ☐ 🏊
2 ☐ 👥
3 ☐ P
4 ☐ ⛸
5 ☐ M

3 Un parc d'attractions

Écoutez la conversation et cochez (✔) les bonnes cases.
Exemple: – Tu as visité un parc d'attractions?
– Oui, l'année dernière, j'ai visité le parc
Astérix en A ☐ juin B ✔ juillet C ☐ août.
1 – Comment avez-vous voyagé?
– Nous sommes allés au parc A ☐ en car B ☐ en voiture
C ☐ en train et en bus.
2 – Et qu'est-ce que vous avez fait?
– A ☐ Nous avons fait beaucoup d'attractions. B ☐
On a vu des spectacles. C ☐ On a participé aux jeux.
3 – Et à midi, pour manger, qu'est-ce que vous avez fait?
– A ☐ On est allé au restaurant. B ☐ On a ramené un
pique-nique. C ☐ On a mangé dans un fast-food.
4 – Est-ce que tu as acheté un souvenir?
– A ☐ Oui, j'ai acheté un poster. B ☐ Oui, j'ai acheté un T-shirt.
C ☐ Non, je n'ai rien acheté.
5 – Vous êtes restés longtemps au parc?
– Nous sommes partis A ☐ vers six heures et demie
B ☐ vers cinq heures et demie C ☐ vers sept heures et demie.
6 – Comment as-tu trouvé ça?
– A ☐ C'était intéressant. B ☐ C'était amusant.
C ☐ C'était fatigant.

2 Un appartement de vacances

Écoutez la conversation et complétez la grille.

situation (plage/ville)	Ville
pièces (combien?)	
personnes (combien?)	
balcon (✔/✗)	
c'est à quel étage	
ascenseur (✔/✗)	
quartier (magasins (✔/✗)) (restaurants (✔/✗))	
on peut le voir (jour/heure)	

4 Trois questions sur l'environnement

Écoutez la discussion et complétez le texte.

A boîtes	B bouteilles	C énergie	D jardin
E journaux	F pièce	G pistes	H pollue
I radio	J vélo	K voiture	

– Qu'est-ce qu'on peut faire pour protéger l'environnement?
– On peut faire du recyclage, par exemple, on peut mettre les **Ex B** en verre dans des containers de recyclage. On peut réduire la pollution en laissant sa **1** .... à la maison et on peut économiser de l'**2** ....

– Qu'est-ce que tu fais pour protéger l'environnement?
– Moi, je suis contre la voiture. Ça **3** .... et on peut prendre d'autres moyens de transport.
– Chez moi, on met tout ce qui peut être recyclé, comme les épluchures de légumes, dans le **4** .... On fait du compost.
– Moi, quand je sors d'une **5** ...., j'éteins la lumière, la télévision et la **6** ....

– Qu'est-ce qu'on fait dans ta ville?
– Dans notre ville, on organise une collecte sélective. Alors, il faut trier ses déchets. On doit mettre les **7** .... et les magazines dans un bac, les bouteilles en plastique et les **8** .... de conserve dans un bac différent, etc. Comme ça, une partie des déchets est recyclable.
– Oui, et dans notre ville, on a créé des **9** .... cyclables pour encourager les gens à sortir à **10** .... au lieu de prendre la voiture. C'est une bonne idée, à mon avis.

Encore Tricolore 4 nouvelle édition © Mascie-Taylor, Honnor, Nelson Thornes 2002

Encore Tricolore 4

Presse-Jeunesse: L'environnement

Voilà des extraits de la presse sur l'environnement.
1 Inventez un titre pour chaque extrait.
   Voilà des idées:

> Attention aux piles!
> Le mercure – un métal très toxique
> On récupère 90% des déchets
> La mer n'est pas une poubelle
>
> La vaisselle jetable – à jeter par la fenêtre!
> Le recyclage du plastique, sans le trier
> Un moyen plus facile pour recycler le plastique

2 Pour chaque extrait, répondez aux questions.

A
Le fabricant Quaker Oats en Ontario a décidé d'éliminer les tasses en polystyrène et d'acheter des tasses en céramique et un lave-vaisselle pour ses employés. Dès la première année, la compagnie fait des économies importantes et réduit ses déchets.

1 Qu'est-ce que la compagnie a décidé d'acheter?
2 Qu'est-ce que ça a remplacé?

B
Au collège Rosemont à Montréal, 90% des déchets sont récupérés. Dans la cafétéria, les étudiants doivent séparer leurs déchets. Il y a des poubelles séparées pour l'aluminium, le plastique, le verre et les déchets organiques. On fabrique du compost de très bonne qualité à partir des déchets organiques de la cafétéria. Le compost est analysé par les étudiant(e)s en chimie, puis il est vendu au jardin botanique de Montréal.

1 Qu'est-ce qu'on fait avec des déchets organiques?

C
À Mèze, près de Montpellier, il existe une usine à la pointe du progrès. C'est la seule usine en Europe à pouvoir recycler tous les déchets en plastique sans les trier. Avant, il était impossible de traiter en même temps les bouteilles de soda et les bidons de produits vaisselle qui ne sont pas faits dans le même plastique. Dans cette usine, tout peut être fondu ensemble facilement pour donner un nouveau plastique.

Okapi No. 541 1-15
Dossier 'La Science au secours de la planète'

1 Qu'est-ce qu'on recycle dans cette usine?
2 Quel est un des avantages du système de recyclage adopté par cette usine?

D
On a trouvé toute une collection de chaises et de bancs de jardin dans la mer Méditerranée, près de Nice. On les a remontés lors d'une grande opération de nettoyage de la mer. Chaque été, des bateaux dépollueurs sont mis en service pour aspirer et récupérer les déchets.

Et dans la région de Marseille, une nouvelle entreprise, 'les éboueurs de la mer', se spécialise dans le nettoyage de la mer. Des hommes-grenouilles plongent pour repêcher des quantités importantes de déchets et d'objets.

Okapi No. 519 1-15
Dossier 'La Méditerranée, peut-elle être sauvée?'

1 Qu'est-ce qu'on nettoie avec des bateaux dépollueurs?
2 Comment s'appellent les gens qui nettoient la mer?

E
Les habitants d'une île japonaise, Minimata, ont été contaminés par le mercure contenu dans les poissons qu'ils mangeaient, mercure provenant des décharges industrielles.

Le mercure est un poison particulièrement toxique, qu'on trouve dans les piles électriques. Il pollue l'air, le sol et l'eau et il se dégrade très lentement.

Il est donc préférable d'utiliser des piles vertes (sans mercure ni cadmium) ou d'autres formes d'énergie (solaire ou mécanique) afin d'éviter au maximum la pollution de notre environnement.

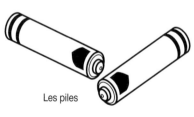

Les piles

1 Le mercure est un métal très toxique. Les Japonais de l'île Minimata ont mangé quelque chose qui avait été contaminé par le mercure. C'était quoi?
2 Dans quel objet utilisé souvent est-ce qu'on trouve le mercure?

ÉPREUVE 2 Écouter — Partie A

1 Dans la rue

Écoutez et écrivez la bonne lettre (A–G).

Exemple: *A*

A   B   C   D

E   F   G

1 .... 2 .... 3 .... 4 .... 5 .... 6 ....

2 Dans la cuisine

Luc et sa mère vérifient les objets dans la cuisine de leur appartement de vacances.
Écrivez:

- **T** (si l'objet est sur la table)
- **P** (si l'objet est dans le placard)
- **X** (si l'objet n'est pas là)

Exemple: 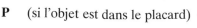 *T*

1 ☐   4 ☐    7 ☐

2 ☐   5 ☐    8 ☐

3 ☐   6 ☐    9 ☐

3 Suivez le guide

Écoutez le guide et complétez les détails avec la lettre du mot qui correspond.

ville:	Annecy
situation:	dans ..Ex..C...... , près des **1** ....
caractère:	ville **2** ....
à visiter:	le **3** .... et son musée la **4** .... ville, des
	5 .... historiques et la **6** ....
en ville:	beaucoup de **7** .... , un cinéma, des cafés et des restaurants
dans la région:	**8** .... de ski, promenades sur **9** .... et excursions
	10 ....

A Alpes   **B** cathédrale   **C** ~~le sud-est~~   **D** vieille   **E** château   **F** le lac
G magasins   **H** stations   **I** bâtiments   **J** en car   **K** touristique

Total: Partie A:

ÉPREUVE 2 Écouter Partie B

F/H 1 La ville ou la campagne

Écoutez la discussion de Jean-Luc, Magali, Vivienne et Fabien. Pour chaque personne, cochez les bonnes cases.

	habite en ville	habite à la campagne	préfère la ville	préfère la campagne	pas de préférence
Exemple: *Jean-Luc*		✓			
1 Magali					
2 Vivienne					
3 Fabien					

H 2 On parle de la maison

Michel et Caroline parlent de leur maison. Il y a deux parties – **a** et **b**. Répondez à toutes les questions.

a Qu'est-ce qu'il y a de positif ou de négatif? Écoutez et remplissez la grille **en français**.

Quelle est leur opinion sur ...		positif	négatif
1 la situation de la maison?	Michel	Ex. *bien placée*	
	Caroline		
2 la maison?	Michel		
	Caroline		
3 leur chambre?	Michel		
	Caroline		

b Answer the questions **in English**.

4 Why does Caroline say they need a house of this size?

.... [1]

5 How many people live in Caroline's house? (Say who they are.)

.... [2]

6 Why does Caroline have a room to herself?

.... [1]

7 What especially annoys Michel about sharing with his brother?

.... [1]

a5 + b5 = Total

H 3 La nature et nous

You hear this programme about nature. Answer the questions **in English**.

Example: What subject are the three students discussing? ...*problems of the environment*...

1 What will have happened to the world's forests by 2010? ....

2 How can we help to prevent this? ....

3 What is Christine especially interested in? ....

4 How do insects communicate with each other? ....

5 Why are many species of insects disappearing? ....

6 What is Lucien's special interest? ....

7 What uses most water, having a bath or doing the washing in a machine? ....

8 Give one way in which Lucien suggests that people can save water. ....

Total: Partie B:

ÉPREUVE 2 Parler — Role Play (1)

A1 Dans la rue (Carte A)

You are talking to a French person in the street. You want to find the way to one of the places shown. Ask if it's far and if there's a bus. Then end the conversation politely. Your teacher or another person will play the part of the French person and will speak first.

1 Ask the way to one of these places.

2 Ask if it's far.

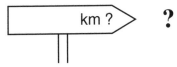

3 Ask if there's a bus.

4 Say thank you and goodbye.

A1 Dans la rue (Carte B)

Vous parlez à une personne dans la rue. Je suis la personne.

1 **Exam:** Je peux vous aider?
  Cand: Pour aller à la poste/à l'office de tourisme/au supermarché, s'il vous plaît?

2 **Exam:** Ah oui, continuez tout droit.
  Cand: C'est loin?

3 **Exam:** Oui, c'est assez loin.
  Cand: Est-ce qu'il y a un bus?

4 **Exam:** Oui, prenez le bus numéro 8.
  Cand: Merci, au revoir.
  Exam: Au revoir.

B1 Un appartement de vacances (Carte A)

You are talking to a French person about a holiday flat. Your teacher or another person will play the part of the French person and will speak first. Ask the following:

1 Is the flat near the beach?

2 How many rooms are there?

3 Which floor is it on?

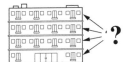

4 Answer the question
!

B1 Un appartement de vacances (Carte B)

Vous parlez avec le/la propriétaire d'un appartement de vacances. Je suis le/la propriétaire.

1 **Exam:** Bonjour. J'ai un appartement de vacances à louer.
  Cand: C'est près de la plage?

2 **Exam:** Oui, c'est tout près – à deux minutes de la plage.
  Cand: Il y a combien de pièces/chambres?

3 **Exam:** Il y a trois pièces principales – deux chambres et une salle de séjour avec coin cuisine. Il y a une salle de bains aussi, bien sûr, et un petit balcon.
  Cand: C'est à quel étage?

4 **Exam:** C'est au troisième étage. Vous cherchez un appartement pour combien de temps?
  Cand: Une/deux/trois semaine(s)/un mois, etc.
  Exam: Bon, on va voir ça.

ÉPREUVE 2 Parler — Role Play (2)

B2 À l'office de tourisme — Carte A

You are in a tourist office in a town in French-speaking Switzerland. Your teacher or another person will play the part of the employee and will speak first. Mention the following:

1 Ask if there's one of these places in the town.

2 Ask if it's open today.

3 Ask if it's far.

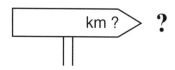

4 Answer the question.
 !

B2 À l'office de tourisme — Carte B

Vous êtes à l'office de tourisme. Je suis l'employé(e).

1 **Exam:** Oui, monsieur/mademoiselle?
 Cand: Est-ce qu'il y a une piscine/une patinoire/un musée dans la ville?

2 **Exam:** Oui, c'est près du lac.
 Cand: C'est ouvert aujourd'hui?

3 **Exam:** Oui, c'est ouvert tous les jours.
 Cand: C'est loin?

4 **Exam:** C'est à un kilomètre, environ. Vous y allez comment?
 Cand: En voiture/à vélo/à pied, etc.
 Exam: Ah bon, alors c'est facile à trouver.

C1 Un parc d'attractions — Carte A

[When you see this – ! – you will have to respond to a question you have not prepared.]

You are talking to a French friend about a recent visit to a theme park in France. Your teacher or another person will play the part of the French teenager and will speak first.

1 *Parc Astérix* *Disneyland* Futuroscope

2 !

3

4

5 !

C1 Un parc d'attractions — Carte B

Vous parlez avec un(e) ami(e) français(e). Je suis l'ami(e).

1 **Exam:** Tu as visité quel parc d'attractions en France?
 Cand: J'ai visité le Parc Astérix/Disneyland/Futuroscope.

2 **Exam:** Comment es-tu allé(e) au parc?
 Cand: En car/en métro et en bus/en voiture, etc.

3 **Exam:** Qu'est-ce que tu as mangé à midi?
 Cand: J'ai mangé …

4 **Exam:** Est-ce que tu as acheté un souvenir?
 Cand: Oui, j'ai acheté un livre/une BD/un stylo/un T-shirt/des cartes postales, etc.

5 **Exam:** Qu'est-ce que tu as pensé du parc?
 Cand: C'était …

ÉPREUVE 2 Conversation and discussion

Ma ville/Ma région
- Où habites-tu?
- Depuis combien de temps habites-tu ici?
- C'est où exactement?
- Décris la ville/la région.
- Qu'est-ce qu'il y a dans ta ville pour les jeunes/les touristes?
- Qu'est-ce qu'on peut faire/voir dans la région?
- Qu'est-ce que tu as fait la dernière fois que tu es sorti(e) dans la région?
- Qu'est-ce que tu penses de ta ville/ta région?
- Si tu avais le choix, où voudrais-tu habiter? Pourquoi?

La ville et la campagne
- Préfères-tu la vie en ville ou à la campagne?
- Quels sont les avantages de vivre en ville/à la campagne?
- Et les inconvénients?

La maison
- Est-ce que tu habites une maison ou un appartement?
- Décris la maison/l'appartement.
- Est-ce que tu as ta propre chambre ou est-ce que tu partages une chambre?
- Ta chambre, elle est comment?

L'environnement
- Est-ce qu'il y a des problèmes de pollution dans ta région?
- Qu'est-ce qu'on peut faire pour protéger l'environnement?
- Qu'est-ce que tu fais pour protéger l'environnement?
- Est-ce que tu as fait quelque chose au collège pour aider l'environnement?
- Qu'est-ce que tu feras à l'avenir pour protéger l'environnement?
- À ton avis, est-ce que les problèmes deviendront plus graves? Pourquoi/Pourquoi pas?

ÉPREUVE 2 Lire   Partie A (1)

1 Un village intéressant

Regardez les images. Écrivez la bonne lettre.

Vallabonnes-les-roses
Village Fleuri
Visitez:

Exemple: ses ruines romaines ....G......

1 ses vieilles maisons ....
2 son église ....
3 son jardin public ....
4 son pont historique ....
5 son château ....
6 ses petites rues pittoresques ....
7 son musée folklorique ....

A   B

C   D

E   F

G   H

I 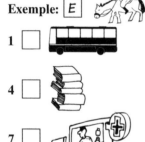   J

2 Des annonces

Lisez les annonces. Écrivez la bonne lettre dans chaque case.

Exemple: E

1 ☐    2 ☐   3 ☐

4 ☐   5 ☐   6 ☐

7 ☐   8 ☐

COURSEULLES-SUR-MER DES ANNONCES

A Pompiers: tél 02 31 37 45 47	F École de voile: initiation et perfectionnement, planches
B Gare routière: tél 02 31 37 95 50	G Jardin public, manèges
C Mairie: tél 02 31 37 47 59 samedi, de 10h à 12h	H Pharmacie
D Maison de la Mer: aquarium, musée du coquillage	I Bibliothèque: portes ouvertes l'après-midi
E Club hippique: cours d'équitation, promenades	

ÉPREUVE 2 Lire — Partie A (2) 2/18

H 3 Une visite au Futuroscope

Lisez cette lettre, puis faites les activités.

> Chère Hélène,
>
> Samedi dernier, nous avons visité le Futuroscope qui est un parc d'attractions pas loin de Poitiers. Nous y sommes allés en voiture, c'était facile parce que le parc est très près de l'autoroute.
>
> Comme il pleuvait à notre arrivée, on a commencé par les attractions à l'intérieur. Ma sœur, Christelle, a trouvé le Tapis Magique excellent. Il y a deux écrans énormes, dont un sous vos pieds, et on a vraiment l'impression de voler! Moi, j'ai adoré le cinéma dynamique, c'est vraiment fantastique! On regarde des films sur un écran géant, mais, en même temps, les sièges où on est assis simulent le mouvement des événements du film – ça fait peur tout d'abord!
>
> Plus tard, il y avait du soleil, donc nous avons essayé des attractions en plein air, des vélos sur l'eau pour commencer. Plus tard, on a fait une promenade en bateau pour voir des panoramas d'Egypte.
>
> Avant de partir, j'ai acheté un poster comme souvenir.
>
> Nous avons passé toute la journée au parc. C'était très amusant.
>
> Si tu aimes le cinéma, il faut absolument y aller.
>
> A bientôt,
> Élise

A Cochez les bonnes cases pour compléter les phrases.

Exemple: Le Futuroscope est …
- A ☐ un cinéma.
- B ✔ un parc d'attractions.
- C ☐ un film.

1 Le Futuroscope est …
- A ☐ au centre de Poitiers.
- B ☐ loin de Poitiers.
- C ☐ près de Poitiers.

2 Élise et sa famille sont allés au parc …
- A ☐ dans le train.
- B ☐ en voiture.
- C ☐ en bateau.

3 Quand ils sont arrivés au parc, le temps était …
- A ☐ assez mauvais.
- B ☐ ensoleillé.
- C ☐ fantastique.

4 Christelle …
- A ☐ a aimé le Tapis magique.
- B ☐ n'a pas aimé le Tapis magique.
- C ☐ a acheté le Tapis magique.

5 La visite a duré …
- A ☐ un jour entier.
- B ☐ tout l'après-midi.
- C ☐ quatre heures.

B Answer the questions **in English**.

6 Why was the **Cinéma dynamique** a bit frightening?

....

7 Which was the first outdoor attraction that Élise and her sister tried?

....

8 What did they see on the boat trip?

....

9 What did Élise buy as a souvenir of the visit?

....

10 What was Élise's overall impression of the visit to Futuroscope?

....

10

Total: Partie A: 25

ÉPREUVE 2 Lire Partie B (1)

F/H 1 C'est où? Un jeu de définitions

Lisez les définitions. Écrivez la lettre du mot qui correspond.

Les définitions

Exemple: Ici, on vous prête des livres et quelquefois des CDs.	C
1 Ici, on peut acheter des timbres et envoyer des paquets.	
2 Ici, on peut acheter presque tout.	
3 C'est ici qu'on peut obtenir de l'argent, avec des chèques, bien sûr!	
4 Ici, on trouve beaucoup de magasins différents – c'est très pratique.	
5 Beaucoup de jeunes passent quelques nuits ici en vacances – c'est moins cher qu'un hôtel.	
6 Si on a une tente ou une caravane, on peut passer la nuit ici.	
7 Ici, on répond à toutes vos questions sur la ville et la région.	
8 Si on a un accident de voiture on risque de passer quelque temps ici.	
9 Ici, on peut regarder des matchs ou, quelquefois, assister aux spectacles.	

A la banque
B l'auberge de jeunesse
C la bibliothèque
D le camping
E un centre commercial
F l'hypermarché
G la Poste
H l'office de tourisme
I le stade
J l'hôpital

H 2 La Vienne

Lisez ce dépliant sur La Vienne, puis faites l'activité.

La Vienne
Spécial Tourisme

A Visitez Poitiers
Ville d'art et d'histoire, Poitiers est un musée à ciel ouvert avec une rare concentration de monuments d'exception: l'église Notre Dame la Grande, joyau de l'art roman, le Palais de Justice, la cathédrale Saint-Pierre.
Poitiers et sa région peuvent s'enorgueillir d'un passé immensément riche, mais aussi du Futuroscope, Parc européen de l'image.

B Visitez L'Ile aux Serpents à La Trimouille
Le spectacle fascinant des serpents.
L'Ile aux Serpents vous fait découvrir le monde secret et étonnant des serpents en toute sécurité.

C Pas trop loin de la vieille cité de Châtellerault s'étend **le Pinail**, une réserve naturelle au paysage lunaire. La richesse de la faune (oiseaux, cerfs, sangliers...) et de la flore (plantes carnivores, orchidées, gentianes...) est la preuve d'un environnement préservé.

D 100 ans de Cinéma au Futuroscope
Le Parc du Futuroscope accueillera cette année trois millions de visiteurs.
Ils pourront découvrir le nouveau pavillon 'Images Studio' qui célèbre l'histoire du cinéma.

La Vienne Numéro spécial tourisme juin 1995

Pour chaque touriste, choisissez une visite (A, B, C ou D). Vous pouvez utiliser chaque lettre plus d'une fois.

Exemple: Moi, c'est surtout les monuments que j'aime.	A
1 Je m'intéresse beaucoup aux reptiles.	
2 J'aime beaucoup le monde naturel, mais j'ai peur des serpents.	
3 Je m'intéresse à l'histoire et j'adore visiter les vieux bâtiments.	
4 Toutes ces vieilles églises m'ennuient beaucoup, je préférerais aller au cinéma!	
5 Pour moi, l'important, c'est de protéger l'environnement, mais je n'aime pas les animaux en captivité.	
6 J'aimerais visiter une ville où on a le choix entre des endroits historiques et modernes.	
7 Pour mon dossier d'histoire, je voudrais faire des photos de vieilles églises.	
8 Moi, j'adore le cinéma et j'aime bien les parcs d'attractions aussi.	

ÉPREUVE 2 Lire — Partie B (2)

3 Le Calvados fleuri

Lisez l'article et remplissez les blancs en choisissant un mot de la liste ci-dessous.

Le Calvados fleuri

Des élèves du collège Jeanne d'Arc parlent de leur région fleurie.

– Vous aimez les fleurs? Ici, au Calvados, où nous habitons, il y en a beaucoup. Le Calvados fleuri est très célèbre.
– Chaque année, notre région participe au concours national, *Fleurir la France*, pour récompenser les meilleures villes et villages fleuris.
– Il y a aussi un concours régional des 'maisons et jardins fleuris', car les efforts individuels ou publics sont tous très importants pour le paysage et pour améliorer notre environnement.
– Il y a des communes qui font vraiment preuve d'imagination. Par exemple, à Villerville, un hiver sur deux, on plante un arbre pour chaque enfant né dans le village. Comme ça, chaque enfant pourra observer la croissance de 'son' arbre.
– Dans un autre village, Tilly-sur-Seulles, les gens qui sont en retraite vont dans les écoles pour apprendre aux enfants à bien cultiver les plantes. Plus tard, ils en font un jardin public au village.

Le Calvados est célèbre pour ses **Ex.** *fleurs*. Les villes et les **1** .... de la région participent au grand concours national et il y a des **2** .... pour les **3** .... endroits fleuris. Il y a aussi des prix pour les maisons et les **4** .... individuels. Tout le monde fait un effort pour **5** .... le paysage.

Au village de Tilly-sur-Seulles, les personnes **6** .... aident les élèves de l'école du village à **7** .... les fleurs et, dans un autre village, chaque enfant a son **8** .... spécial.

| ~~fleurs~~ | arbre | jardins | prix | âgées |
| cultiver | villages | améliorer | meilleurs |

ÉPREUVE 2 Écrire   Partie A

F 1 Un appartement de vacances

A Write a list of five things you would like to have in a holiday flat. Here are some ideas:

Exemple:	un balcon
1	
2	
3	
4	
5	

B Write a list of five places you would like to have nearby.

Exemple:	un supermarché
6	
7	
8	
9	
10	

F 2 Les vacances

Complete the information **in French** in Sophie's letter. Write all the missing verbs in the perfect tense.

Exemple:	J' (PASSER)	les vacances chez mes grands-parents.
	J' ai passé	les vacances chez mes grands-parents.
1	Ils habitent une ferme à 🌳.	
	Ils habitent une ferme à	
2	Un jour, j' (VISITER)	la ville de Saint-Malo.
	Un jour, j'	la ville de Saint-Malo.
3	Ma tante a 🏢	au centre ville.
	Ma tante a	au centre ville.
4	À midi, on (MANGER)	des crêpes dans un café près du 🏰 .
	À midi, on	des crêpes dans un café près du .... [2 marks]
5	J' (CHOISIR)	une crêpe au jambon.
	J'	une crêpe au jambon.
6	On (PASSER)	l'après-midi sur 🌴 .
	On	l'après-midi sur .... [2 marks]
7	J' (ACHETER)	un T-shirt et des 📇📇 .
	J'	un T-shirt et des .... [2 marks]

ÉPREUVE 2 Écrire   Partie B

3 Chez moi

Write **30** to **40** words **in French**.

Say:
- whether you live in a house or a flat
- what rooms there are
- whether you have a garden or not
- whether you share your bedroom
- what your room is like.

4 On répond à Mathieu

Write a letter in reply to Mathieu.
Write about **70** to **80** words **in French**.
Answer all the questions.

> Salut!
>   Merci pour ta lettre. J'habite à Poitiers, dans l'ouest de la France. C'est une ville moyenne, assez intéressante. C'est comment ta ville? Depuis quand habites-tu là? Qu'est-ce que tu penses de ta ville?
>   Tout près de Poitiers, il y a Futuroscope. C'est un parc d'attractions très intéressant. Il y a des cinémas différents avec des effets spéciaux, etc. et il y a aussi d'autres attractions. Je suis allé au Futuroscope avec un ami pour fêter mon anniversaire. C'était super.
>   Qu'est-ce qu'on peut faire dans ta région? Est-ce que tu as visité un parc d'attractions récemment? Raconte-moi ce que tu as fait.
>   À la fin du mois, je vais passer le week-end à Paris. Ça va être bien. Et toi, tu as des projets pour un week-end dans l'avenir?
>   Écris-moi bientôt.
>   Amitiés,
>   Mathieu

5 Un article

Write an article of about **120** to **140** words **in French**.
Answer either **a** or **b**.

EITHER:

a Êtes-vous 'ville' ou 'campagne'?
- Quels sont les avantages et les inconvénients de la ville et de la campagne?
- Décrivez votre expérience personnelle de la vie en ville ou à la campagne.
- Où voudriez-vous vivre plus tard? Pourquoi?

OR:

b L'environnement – c'est une priorité?
- Quels sont les problèmes de l'environnement?
- Qu'est-ce qu'on a déjà fait dans votre région pour protéger l'environnement?
- Qu'est-ce que vous avez fait récemment pour aider?
- Avez-vous l'intention de faire quelque chose à l'avenir?
- Que peut faire le gouvernement?
- Que peuvent faire les individus pour l'environnement?

Encore Tricolore 4

Le tunnel sous la Manche

Le tunnel sous la Manche

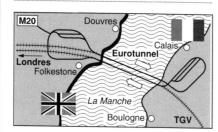

La construction du tunnel sous la Manche était un projet franco-britannique commencé en 1987 et terminé en 1994. Le tunnel va de Folkestone, en Grande Bretagne, à Calais, en France. En effet, ce n'est pas un seul tunnel, mais trois; un tunnel va vers l'Angleterre, un va vers la France et au milieu, il y a un tunnel de service. Pour faire la traversée, il faut environ 35 minutes. C'est le plus long tunnel sous-marin du monde.
Quand on prend le tunnel, on n'a pas l'impression d'être sous la mer. L'embarquement et le débarquement se font loin de l'entrée du tunnel.

Pour creuser le tunnel

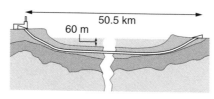

Le tunnel ne va pas tout droit – il monte et il descend pour suivre la couche de craie bleue qui va de Shakespeare Cliff à la falaise de Sangatte. Cette roche est idéale pour creuser.
Pour creuser le tunnel, on a utilisé des tunneliers énormes. Les Français ont baptisé leur premier tunnelier Brigitte, d'après la femme du directeur des travaux.
Un tunnelier britannique a fait le record en creusant 4 cm en une minute. (Un escargot moyen fait 15 cm par minute, alors il va plus de trois fois plus vite!) Avec la terre retirée du tunnel, on a élargi la zone de Folkestone de 45 hectares (l'équivalent de 40 terrains de football).

Des mesures contre la rage

Il y a six barrières anti-renards pour empêcher les animaux du continent, atteints parfois par la rage, de passer en Angleterre par le tunnel.

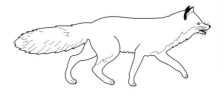

L'effort humain

Au maximum, il y avait 15 000 employés qui travaillaient au tunnel: des ouvriers, des ingénieurs, des électriciens, des géologues, des informaticiens et d'autres spécialistes de toutes les nationalités ont travaillé sur le projet. On organisait des cours de langue pour le personnel et les ingénieurs devaient apprendre les termes techniques en français et en anglais.

Vocabulaire	
la couche	layer
la craie bleue	chalk marl (a mixture of chalk and clay)
creuser	to hollow out, dig out
la falaise	cliff
un niveau	level
la rage	rabies (a disease carried by dogs and foxes)
relier	to link
retirer	to take out
un tunnelier	tunnelling machine

1 C'est quel mot?

a *Trouvez les mots qui veulent dire environ la même chose que les mots ou expressions suivants:*

1 fini ....
2 sous la mer ....
3 entre les deux ....

b *Trouvez le contraire des mots suivants:*

1 la sortie ....
2 l'embarquement ....
3 permettre ....
4 réduit ....
5 le plus court ....

c *Qu'est-ce que c'est?*

1 la mer qui sépare la France et la Grande Bretagne
....
2 un passage souterrain par lequel on va d'un lieu à un autre
....
3 une maladie très sérieuse
....

Encore Tricolore 4

UNITÉ 3 — 3/2

Presse-Jeunesse: Les transports

10 questions sur les transports

1. La distance la plus courte entre la France et l'Angleterre est environ …
   a 30km **b** 50km **c** 80km

2. La première personne à traverser la Manche en avion était…
   a anglaise **b** française **c** américaine

3. En 1936, Clarence Masson a traversé la Manche en matelas pneumatique. Il a mis combien de temps?
   a 5 heures **b** 6 heures **c** 10 heures

4. Le Royaume-Uni est un des seuls pays au monde où on roule à gauche, mais ce n'est pas le seul. Dans lesquels de ces pays est-ce qu'on roule aussi à gauche?
   a l'Australie **b** le Canada **c** l'Espagne **d** l'Irlande **e** le Japon **f** la Nouvelle-Zélande

5. En février 1980, il y avait un embouteillage énorme de 176km (109 miles). C'était dans quel pays?
   a l'Allemagne **b** la France **c** l'Italie

6. La petite reine (*queen*) est un surnom pour quel moyen de transport?
   a la bicyclette **b** la moto **c** la voiture

7. Dans quelle ville française est-ce qu'on peut louer un vélo jaune gratuitement pendant deux heures?
   a Marseille **b** La Rochelle **c** Strasbourg

8. Le musée d'Orsay, un des musées les plus visités à Paris, était autrefois…
   a une gare routière
   b une gare SNCF
   c un garage

9. Le premier métro a été construit à …
   a Londres **b** New York **c** Paris

10. Le boulevard périphérique le plus long se trouve autour de quelle ville?
    a Chicago **b** Londres **c** Paris

Pour traverser la Manche

À la nage

En 1815, un Italien, Jean-Marie Saleffi, soldat de Napoléon et prisonnier des Anglais, s'est échappé d'Angleterre en traversant la Manche à la nage. C'était la première traversée connue.

En 1875, un Anglais, le capitaine Webb, a nagé de l'Angleterre en France. Il a mis 21 heures, 45 minutes pour faire la traversée.

Depuis cette date, il y a eu beaucoup de tentatives de faire la traversée entre le Cap Gris Nez en France et Douvres en Angleterre, en nageant. Le sens France – Grande-Bretagne est, paraît-il, le plus facile, mais le sens Grande-Bretagne – France est le plus populaire. Les nageurs se couvrent de lanoline, de vaseline ou d'huile avant de partir pour se protéger de l'eau froide.

Vrai ou faux?
1. Jean-Marie Saleffi savait bien nager.
2. Il a traversé la Manche dans le sens France – Grande-Bretagne.
3. Webb a traversé la Manche en moins d'une journée.
4. La plupart des nageurs partent de Douvres en Angleterre.

En vélo-avion

Un Américain, Bryan Allen, a traversé la Manche dans une petite machine qui marchait uniquement à l'énergie humaine. C'était une sorte de vélo-avion. La machine, qui avait des ailes énormes, était très légère.

Allen pesait trois fois plus qu'elle. Pendant le voyage, Allen, qui portait un short, un casque, des chaussures de cycliste et un gilet de sauvetage, a dû pédaler fort pour maintenir sa machine en l'air. Il a volé lentement à trois mètres au-dessus de la mer et il est arrivé à sa destination (Cap Gris-Nez) en moins de trois heures.

Répondez par oui ou non.

La machine
1. Est-ce que ça marchait à l'essence?
2. Est-ce que ça pesait beaucoup?
3. Est-ce que ça avait des pédales?
4. Est-ce que ça volait?

Bryan Allen
5. Est-ce qu'il portait un maillot de bains?
6. Est-ce qu'il portait quelque chose aux pieds?
7. Est-ce qu'il portait quelque chose pour se protéger la tête?

Solution – 10 questions sur les transports
1a; 2b; 3b; 4a, d, e, f; 5b; 6a; 7b; 8b; 9a; 10b

Encore Tricolore 4

UNITÉ 3 — 3/3

Avez-vous fait bon voyage?

Écoutez les conversations. Ces personnes sont allées à Paris pour un stage international. Complétez les détails de leur voyage. Si on ne donne pas tous les détails, par exemple, la durée du voyage, écrivez PM (pas mentionné).
Puis répondez à ces questions:

1 Combien de personnes ont eu des problèmes en route? ....
2 Combien de personnes ont utilisé les transports en commun? ....
3 Combien de personnes ont commencé leur voyage en dehors de la France? ....

Nom	Domicile	Moyen de transport	Durée du voyage	Problèmes en route ✔ (oui) ✘ (non) PM (pas mentionné)
1 José				
2 Anne-Marie				
3 Norbert				
4 Jacqueline				
5 Antonio				
6 Philippe et Jean-Claude				

Encore Tricolore 4 nouvelle édition © Mascie-Taylor, Honnor, Nelson Thornes 2002

Encore Tricolore 4

UNITÉ 3 — 3/4

Des jeux de vocabulaire

1 Mots croisés

Horizontalement

1. Il y a beaucoup de c… au centre-ville entre huit heures et neuf heures du matin. (11)
5. Sur l'…, on peut rouler plus vite, mais quelquefois, on doit payer pour prendre ce genre de route. (9)
6. C'est un document important qui indique qu'on a l'autorisation de conduire. (6)
9. C'est un liquide qu'on met quelquefois dans la batterie d'une voiture. (3)
13. C'est un autre mot pour embouteillage. (7)
14. Est-ce que t… frère travaille à la station-service le samedi? (3)
15. Est-ce que … prends ton vélo pour aller à la plage? (2)
17. Beaucoup de voitures ont besoin de ça pour marcher. (7)
18. Les jours fériés, quand tout le monde part en voiture en même temps, il y a souvent un e… sur le boulevard périphérique. (13)

Verticalement

1. Au c…, on peut aller à gauche, à droite ou tout droit. Ça existe quand deux routes se croisent. (9)
2. On voit ça souvent aux carrefours. En français, ça s'écrit avec un trait d'union (-). (4-5)
3. Quand nous partons en vacances, … prenons souvent la voiture. (4)
4. On trouve ça autour d'une roue et on met de l'air dedans. (4)
5. Si la pression des pneus est trop basse, il faut mettre de l'… dans les pneus. (3)
7. … sœur a son permis de conduire, alors elle peut aller me chercher samedi soir. (2)
8. Quelquefois, il y a un b… où on peut s'asseoir si on doit attendre, par exemple à la gare ou à l'arrêt d'autobus. (4)
10. Pour c… en France, il faut avoir 18 ans. (8)
11. En ville et sur les routes, on voit souvent ça. Ça indique ce qu'il faut faire et ne pas faire ou ça donne aussi des renseignements. (7)
12. On voit des véhicules de toutes sortes sur la r… (5)
16. Ici, c'est une r… piétonne, alors il n'y a pas de voitures. (3)

2 Trouvez les mots

1. Un _ _ _ _ unique – ça veut dire qu'on peut rouler dans une direction seulement.
2. Ça permet au chauffeur d'arrêter la voiture. Ce sont les _ _ _ _ _ _ _.
3. C'est un endroit sur l'autoroute où on peut garer la voiture et se reposer un peu. C'est une _ _ _ _ de _ _ _ _ _.
4. En France, on roule à _ _ _ _ _ _ mais au Royaume Uni, on roule à _ _ _ _ _ _ _.
5. C'est quelqu'un qui conduit un véhicule. C'est un _ _ _ _ _ _ _ _ _ _ _ _ _.
6. Ça veut dire rapidement. _ _ _ _ _.
7. En ville, la _ _ _ _ _ _ _ des véhicules est limitée à 30km/h.
8. Ça indique qu'on peut quitter un endroit. C'est la _ _ _ _ _ _.
9. Il y a souvent des _ _ _ _ aux carrefours pour contrôler la circulation. Quand c'est au vert, on peut avancer, mais quand c'est au rouge on doit attendre.
10. Une _ _ _ _ _ cyclable est pour les gens à vélo.

Encore Tricolore 4

Vendredi soir

1 Personne à la maison

Vendredi soir, Mathieu a téléphoné à tous ses copains et copines, mais il n'y avait personne à la maison. Où étaient-ils? Que faisaient-ils? Consultez les listes pour vous aider.

Exemple: Philippe et Jean

Philippe et Jean étaient au parc. Ils jouaient aux boules.

1 Pierre et Nathalie

2 Marc

3 Christophe

4 Françoise

5 Louis et Martin

6 Claude

7 Bruno

8 Magali et Zoé

Lieux
bibliothèque
piscine
au McDonald/Quick
cinéma
supermarché
parc
restaurant
discothèque

Activités
choisir des livres
danser
faire des courses
jouer au football
nager
regarder un film
travailler au restaurant
vendre du fast-food

2 Ce n'était pas toujours comme ça

Au festival de jazz à Montréal, le groupe Estival avait beaucoup de succès. Complétez cette interview avec deux membres du groupe.

– Bonjour, Stéphane. Tu joues de la clarinette. Que **1** (faire) .... -tu avant de devenir musicien professionnel?

– D'abord, après avoir quitté l'école, j'ai vendu des livres dans une librairie. Puis, pendant deux ans, j'ai travaillé dans un bureau.

– As-tu toujours voulu être musicien professionnel?

– Oui, même quand j'**2** (avoir) .... dix ans, je **3** (vouloir) .... être musicien.

– Et toi, Corinne, tu joues du saxophone. Qu'est-ce que tu **4** (faire) .... avant?

– Avant, je **5** (faire) .... un peu de tout. Pendant six mois, j'ai donné des cours de musique. Puis j'ai passé deux ans à Londres où je **6** (travailler) .... dans des clubs et des boîtes. Je ne **7** (gagner) .... pas beaucoup à cette époque. Mais j'**8** (habiter) .... dans un petit studio et ça ne **9** (coûter) .... pas cher. Cependant, je n'**10** (avoir) .... pas beaucoup d'argent pour sortir.

Encore Tricolore 4

UNITÉ 3 — 3/6

À la gare

1 Où doivent-ils aller?

Indiquez à ces personnes quel panneau il faut suivre.

1. [H] Je cherche la consigne.
2. [ ] Où sont les toilettes, s'il vous plaît?
3. [ ] Je dois attendre vingt minutes. Où se trouve la salle d'attente?
4. [ ] Je cherche le buffet.
5. [ ] Où est le bureau de renseignements?
6. [ ] Je dois acheter les billets. Où est le guichet?
7. [ ] Je voudrais téléphoner.
8. [ ] J'ai perdu un parapluie dans le train. Où est le bureau des objets trouvés?
9. [ ] Je voudrais réserver une place.
10. [ ] Je cherche un compartiment non-fumeurs.

2 Mots croisés – à la gare

Horizontalement

1. Pour avoir les détails de tous les trains, on s'adresse à ce bureau. (14)
4. On la cherche quand on veut laisser une valise à la gare. (8)
7. On le consulte si on veut savoir l'heure du départ d'un train. (7)
8. Pour savoir où se trouve un train, il faut savoir le numéro du quai ou de la … (4)
10. C'est le train le plus rapide du monde. (3)
13. Si on a manqué le train, on demande souvent quand va partir le … train. (8)
14. Avant d'aller aux quais, il faut … son billet. Sinon, le billet n'est pas valable. (9)

Verticalement

1. Pour être sûr d'avoir une place, il faut faire une … (11)
2. On y va pour acheter des billets. (7)
3. Ce sont les initiales du chemin de fer français. (4)
5. On y va pour prendre le train. (4)
6. On ne peut pas voyager sans cela. (6)
9. On y va quand on veut manger ou boire quelque chose. (6)
11. Pour trouver son train, on demande: 'Le train … de quel quai?' (4)
12. J'aime voyager … train parce que je peux regarder par la fenêtre ou lire un bon livre. (2)

Encore Tricolore 4

Un accident

1 Un extrait du journal

Read the extract and reply **in English**.

Ex. When did the accident happen? *Wednesday at 5.30pm.*
1. Where did the accident take place?
   a at a roundabout b at a T junction c at a crossroads
2. What sort of vehicles were involved?
3. Was anyone injured?
4. Why are there no details about the car driver?
5. Who is being asked to come forward?

Auto contre vélomoteur

Il était 17h30, mercredi, quand un accident s'est produit au carrefour de la rue Bonaparte et la rue du château. Une voiture sortant de la rue du château est entrée en collision avec un cyclomoteur, piloté par M. Dominique Gaignoux, 20 ans, demeurant place Mirabeau à Tours. M. Gaignoux a été blessé et transporté à la clinique Saint-Cœur. L'automobiliste ne s'est pas arrêté. On recherche des témoins.

2 Un témoin

Vous étiez témoin de cet accident de la route et un agent de police est venu vous interroger. Répondez à ses questions.

Ex. Où étiez-vous quand l'accident s'est produit?

J'étais au café.

1. Quelle heure était-il quand l'accident s'est produit?
2. Et quel temps faisait-il?
3. Est-ce qu'il y avait beaucoup de circulation?
4. Qu'est-ce qui s'est passé?
5. Avez-vous pris le numéro d'immatriculation de la voiture?
6. Pouvez-vous décrire la voiture?
7. Et l'automobiliste?

Encore Tricolore 4

UNITÉ 3 3/8

Voyager en avion

1 🎧 La vie d'une hôtesse de l'air ou d'un steward

Écoutez l'interview. Puis choisissez les bonnes réponses.

1 Quels sont les deux aspects principaux du métier, selon l'interview?
  a ☐ le nettoyage de l'avion
  b ☐ l'accueil des passagers
  c ☐ le contrôle de l'avion
  d ☐ la sécurité des passagers

2 Qu'est-ce que le commandant explique à la réunion? (2 choses)
  a ☐ les conditions climatiques
  b ☐ le prix des billets
  c ☐ les films qu'on va passer
  d ☐ la présence d'une personnalité importante parmi les passagers

3 Qu'est-ce qu'on demande aux passagers de mettre avant le décollage?
  a ☐ leur gilet de sauvetage
  b ☐ leurs écouteurs
  c ☐ leur ceinture de sécurité

4 Comment les passagers sont-ils en général?
  a ☐ Ils sont difficiles et exigeants.
  b ☐ Ils sont de bonne humeur, mais beaucoup ont peur de prendre l'avion.
  c ☐ Ils sont souvent tristes et de mauvaise humeur.

5 Quels sont les principaux inconvénients de ce métier? (3 choses)
  a ☐ Il est fatigant de passer de longues heures dans un avion.
  b ☐ On travaille souvent seul.
  c ☐ Il faut souvent se lever tôt.
  d ☐ On doit remplir beaucoup de formulaires.
  e ☐ Parfois, on doit travailler à Noël ou le Jour de l'An.
  f ☐ C'est ennuyeux comme travail.

6 Quels sont les avantages? (2 choses)
  a ☐ On a droit à une importante réduction sur les billets d'avion.
  b ☐ On a droit à des réductions sur les vêtements.
  c ☐ On travaille en plein air.
  d ☐ C'est un travail créatif.
  e ☐ On voyage beaucoup et quelquefois, on peut aussi faire du tourisme.

2 🎧 Avez-vous peur en avion?

Beaucoup de passagers ont peur de prendre l'avion.
Lisez les phrases. Puis écoutez les six témoignages. Choisissez le texte qui résume le mieux ce que chaque personne a dit.

1 **Ex.** D   2 ☐   3 ☐   4 ☐   5 ☐   6 ☐

A J'aime bien prendre l'avion. Ça ne me fait pas peur du tout.
B Un jour, pendant un vol, l'avion est descendu brusquement. Depuis ce voyage j'ai trop peur de prendre l'avion.
C Je sais que l'avion, c'est plus sûr que la voiture ou le train, mais s'il arrive un accident, on a moins de chance de survivre.
D J'ai le plus peur au début et à la fin du voyage, quand l'avion monte et descend. Quand l'avion vole en altitude, ça va mieux.
E Une fois assise dans la cabine avec la ceinture de sécurité, je commence à avoir peur. Je sais que c'est stupide, mais je n'y peux rien.
F Autrefois, j'avais très peur de prendre l'avion, mais maintenant, ça va mieux. Je ne peux pas dire que je n'ai pas peur du tout mais je suis beaucoup plus calme.

3 Pour bien voyager en avion

Complétez le texte avec des mots dans la case.

A boisson	B bonbon	C~~cabine~~	D centre	E eau	F lisez
G marchez	H montre	I penser	J pieds	K vol	

Pour vaincre sa peur
Une fois dans la **1 Ex. C** occupez-vous, par exemple, écoutez de la musique, faites des mots croisés ou **2 ......** un livre ou le journal.
Pensez aux aspects positifs: deux heures de **3 ......** au lieu de dix heures de train et de bateau, c'est du temps gagné.

Pour éviter le mal de l'air
- Voyagez l'estomac modérément rempli.
- Ne buvez ni alcool, ni **4 ......** gazeuse
- Préférez, si possible, le **5 ......** de l'avion (près des ailes).
- Adoptez une position couchée, si possible.
- Laissez vos lentilles de contact dans leur boîtier.
- Au cours de la descente, pincez-vous le nez ou sucez un **6 ......** .

Pour limiter des problèmes de circulation
- Faites des mouvements de jambes et de **7 ......** .
- Si possible, levez-vous et **8 ......** un peu dans la cabine.
- Évitez de dormir pendant de longues périodes assises.

Pour limiter les effets du décalage horaire *(jet lag)*
- Buvez beaucoup d'**9 ......** .
- Ne consommez pas trop de café ni de thé.
- Mettez votre **10 ......** à l'heure locale dès le départ de votre voyage.

Encore Tricolore 4

Tu comprends?

1 À quelle heure?

Écoutez les conversations et notez l'heure.

Exemple: Le prochain train pour Bordeaux part à
14h30 .

1 Le prochain train pour Strasbourg part à ....
2 Sébastien compte arriver à ....
3 Jean et Émilie sont rentrés à ....
4 Lucie va prendre le car de ....
5 Le prochain bateau part à ....
6 Daniel et Luc vont prendre le train de ....
7 Le vol de Cardiff est arrivé à ....

2 Un accident de la route

Écoutez la conversation et cochez (✔) les bonnes cases.

Exemple: A ☐ (i)   B ✔ ✚   C ☐ 🛒

1 A ☐ /////   B ☐ 🚗   C ☐ ☀
2 A ☐ 10:00   B ☐ 10:30   C ☐ 11:30
3 A ☐ 🚗   B ☐ 🚙   C ☐ 🚘
4 A ☐ (I)   B ☐ (B)   C ☐ (GB)
5 A ☐ S62 RPH   B ☐ F72 RTH   C ☐ S52 RVH
6 A ☐ 👩   B ☐ 👩   C ☐ 👩

3 Un voyage scolaire

Écoutez la conversation et cochez (✔) les bonnes cases.

Exemple: – Est-ce que tu as fait un voyage scolaire?
– Oui, en juillet l'année dernière, je suis allé
   A ☐ en Allemagne
   B ✔ en France
   C ☐ en Belgique.

1 – Comment avez-vous voyagé?
   – Nous avons pris
   A ☐ l'avion et le car
   B ☐ le car et le bateau
   C ☐ le train.
2 – Le voyage a duré combien de temps?
   – Ça a duré environ
   A ☐ 8 heures
   B ☐ 10 heures
   C ☐ 12 heures.
3 – Et qu'est-ce que vous avez fait?
   – Nous avons fait
   A ☐ des excursions.
   B ☐ des activités sportives.
   C ☐ des randonnées.
4 – Le voyage de retour s'est bien passé?
   A ☐ Oui, mais c'était long et ennuyeux.
   B ☐ Non, on est tombé en panne.
   C ☐ Non, il y a eu des délais.
5 – Comment as-tu trouvé ça, en général?
   A ☐ C'était super.
   B ☐ C'était intéressant.
   C ☐ C'était amusant.

4 Les transports en commun

Lisez le texte et devinez les mots qui manquent. Écoutez la discussion et complétez le texte.

A 10	B 20	C 30	D aller-retour	E l'arrêt d'autobus
F gare routière	G parking	H rapide	I supermarché	J tarifs
K ~~vélo~~	L la voiture			

– **Est-ce que tu prends souvent les transports en commun?**
– Moi, je ne prends pas très souvent les transports en commun – j'utilise mon **Ex.**..K...... , parce que ça va plus vite quand on doit faire de petits voyages. Sinon, je prends 1 ...... pour aller plus loin.
– **Qu'est-ce qu'il y a comme transports en commun dans ta ville?**
– En ville, on a le bus, ce qui est très pratique. Il y a un nouveau circuit, maintenant, qui est plus 2 .... Pour aller de chez moi au centre-ville, je mets 3 ...... minutes, maximum.
– **Ça coûte cher?**
– Non, ce n'est pas cher. Il y a des 4 ...... étudiants et on peut acheter des cartes aussi. Une carte de transport est valable pour 5 ...... voyages. On peut l'acheter dans un bureau de tabac ou à la 6 ....
– **Quels sont les avantages du bus?**
– À mon avis, c'est bien, parce que tu n'as pas besoin de déranger d'autres personnes.
– Hmm ... Et puis, il n'y a pas le problème de se garer, de trouver un 7 ....
– Ça ne coûte pas cher, et si tu fais un 8 ...... en une heure, tu as un trajet gratuit. C'est bien.
– **Et quels en sont les inconvénients?**
– Bien sûr, quelquefois, il faut attendre un bon moment pour le bus. Le service n'est pas toujours très fréquent. Puis, le soir, après 9 ...... heures, il n'y a pas de bus.
– Et si on veut faire beaucoup d'achats, si on veut aller au 10 ...... , par exemple, bon, alors le bus n'est pas très pratique, surtout, si 11 ..... n'est pas tout près de la maison.

ÉPREUVE 3 Écouter   Partie A (1) 3/10

1 Comment va-t-on voyager?

Regardez les images. Écoutez et écrivez la bonne lettre.

   A

   E

   B

   F

   C

   G

   D

Exemple: ...*F*... 1 .... 2 .... 3 .... 4 .... 5 .... 6 ....

[6]

2 À la gare routière

Listen to these two conversations at the bus station and answer the questions **in English**.

Conversation A

Example: What does the customer enquire about? ...*Excursions/trips*...

1 What is the customer given? ....

2 What else does she want to know? ....

Conversation B

3 How often do the buses to Boulogne? ....

4 What time does the first bus leave? ....

5 What else does the customer ask? ....

6 What answer is she given? ....

[6]

ÉPREUVE 3   Écouter   Partie A (2)   3/11

F/H 3 Montréal ou la France?

Julie et Thomas discutent de la vie de Thomas en France et à Montréal.
Écoutez et pour chaque phrase, cochez (✔) la bonne case.

Exemple: À Montréal, Thomas habitait dans ...

- A [✔] un appartement.
- B [ ] une maison.
- C [ ] une ferme.

1 À Montréal, sa famille voyageait
- A [ ] tout le temps en voiture.
- B [ ] presque tout le temps en métro.
- C [ ] surtout en métro, mais quelquefois en voiture.

2 En France, il habite
- A [ ] en ville.
- B [ ] dans la banlieue.
- C [ ] à la campagne.

3 En France, sa famille
- A [ ] ne se sert pas beaucoup de la voiture.
- B [ ] s'en sert beaucoup.
- C [ ] s'en sert le week-end seulement.

4 À Montréal, Thomas
- A [ ] ne faisait pas de sport.
- B [ ] faisait du sport en été.
- C [ ] faisait du sport en hiver.

5 En France, Thomas trouve que
- A [ ] sa vie n'est pas assez calme.
- B [ ] il n'y a pas grand chose à faire.
- C [ ] la vie est idéale.

6 Thomas
- A [ ] préfère la vie en France.
- B [ ] préfère la vie à Montréal.
- C [ ] aime les deux.

F/H 4 Un message enregistré

Luc a téléphoné à son ami Patrick pour lui laisser un message.
Remplissez les blancs avec les mots dans la case.

Luc a laissé **Ex.** ...*un message*... pour Patrick. Le voilà:
La voiture est tombée **1** .... à **2** .... km de Poitiers. Patrick doit partir
tout seul à la **3** .... de Richard et lui expliquer que Luc et Linda seront
4 .... Ils vont aller directement au **5** .... et ils espèrent y arriver vers
6 ....
Luc n'a pas parlé à Richard lui-même parce qu'il n'a pas **7** ....

en retard   seize   fête   son numéro de téléphone   en panne   ~~un message~~   restaurant
huit heures et demie

Total: Partie A:

ÉPREUVE 3   Écouter   Partie B (1)

H 1   **On va au concert**

Comment iront-ils au concert? Remplissez les blancs en français.

Exemple: Francine ira ....*en bus*.........

1. Christophe ira ....
2. Pierre ira ....
3. Annette ira ....
4. Lucie ira ....

H 2   **On prend le train**

Écoutez et cochez (✔) la bonne case.
Exemple: Le train part à quelle heure?

A ☐    C ☐

B ☐    D ✔

1. Le train part de quel quai?

    A ☐ **2**   C ☐ **5**

    B ☐ **3**   D ☐ **7**

2. Il y a un retard de combien de minutes?

    A ☐ 10   B ☐ 13   C ☐ 30   D ☐ 50

3. Quel billet est-ce qu'on achète?

    A ☐ ⇒2   C ☐ ⇔2

    B ☐ ⇒1   D ☐ ⇔1

4. Est-ce que le train pour Dieppe est direct?

    A ☐ Oui   B ☐ Non

5. Qu'est-ce qu'on réserve comme place? **Cochez (✔) deux cases.**

    A ☐   C ☐

    B ☐   D ☐

ÉPREUVE 3 — Écouter — Partie B (2)

3 Est-ce qu'elle a son permis?

Élisabeth décrit son examen de conduite. Écoutez et cochez (✔) les cases des phrases qui sont vraies. Sept phrases sont vraies.

Exemple: Élisabeth a passé son permis de conduite ce matin.		✔
1	Élisabeth va passer son permis demain.	
2	Elle avait peur.	
3	Il ne faisait pas beau temps.	
4	Elle conduit toujours très lentement.	
5	Au début de l'examen elle ne conduisait pas très vite.	
6	L'inspecteur était très gentil.	
7	Il y avait beaucoup de circulation au centre ville.	
8	Un piéton a causé un accident.	
9	Élisabeth est très contente parce qu'elle a son permis.	

4 Tu voyages comment?

Listen to the conversation between Céline and Daniel and answer the questions **in English**.

Example: What does Céline first ask Daniel? _Did he come by bus?_

1 How did Daniel come into town today? ....

2 Give one reason why he chose this method of transport. ....

3 Why doesn't Céline like cycling? **(give one reason)** ....

4 What method of transport does she prefer? ....

5 Why does Daniel say Céline is lucky? ....

6 Give one problem that he says car drivers have. ....

7 What advantages does Céline give for travelling by car? **(give one advantage)** ....

8 What is Daniel's favourite way of travelling short distances? ....

9 What reason does he give for this? ....

Total: Partie B:

ÉPREUVE 3 Parler — Role Play (1) 3/14

A1 À la gare (Carte A)

You are buying a train ticket in France. Ask the price, what time the next train leaves and from which platform. Your teacher or another person will take the part of the employee and will speak first.

1 Ask for a train ticket to a town in France.

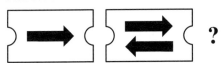

Paris / Calais / Nice

2 Ask how much it is.

3 Ask when the next train is.

4 Ask which platform it is.

?

A1 À la gare (Carte B)

Vous êtes à la gare. Je travaille au guichet.

1 **Exam:** Oui, monsieur/mademoiselle.
　Cand: Un aller simple/Un aller-retour pour Paris/Calais/Nice, s'il vous plaît?

2 **Exam:** Voilà.
　Cand: C'est combien?

3 **Exam: C'est 100/60/250 euros.**
　Cand: Le prochain train est à quelle heure?

4 **Exam: Vous avez un train à midi dix.**
　Cand: C'est quel quai?
　Exam: Quai numéro 11.

B1 Dans la rue (Carte A)

You are talking to a French person in the street. Your teacher or another person will play the part of the French person and will speak first. Ask the following:

1 Ask the way to one of these places.

  ?

2 Ask if there's a bus.

3 Ask where the bus stop is.

 ?

4 Answer the question
!

B1 Dans la rue (Carte B)

Vous parlez à une personne dans la rue. Je suis la personne.

1 **Exam:** Je peux vous aider?
　Cand: Pour aller …, s'il vous plaît?

2 **Exam: C'est assez loin, c'est à 3 km.**
　Cand: Est-ce qu'il y a un bus?

3 **Exam: Oui, prenez le numéro 25.**
　Cand: Où est l'arrêt d'autobus?

4 **Exam: C'est là-bas, près de la boulangerie. Quelle heure est-il maintenant?**
　Cand: Il est …
　Exam: Alors, il y a un bus dans cinq minutes.

ÉPREUVE 3 — Parler — Role Play (2)

B2 Un problème (Carte A)

You have broken down in France and telephone a garage. Your teacher or another person will play the part of the garage employee and will speak first. Mention the following:

1 Say your car has broken down.

2 Say where you are

3 Answer the question.

!

4 Give the registration number.

HCF 235K

B2 Un problème (Carte B)

Vous êtes tombé en panne et vous téléphonez au garage où je travaille.

1 **Exam:** Allô, Garage Dupont.
   Cand: Bonjour. Ma voiture est tombée en panne. Pouvez-vous m'aider?

2 **Exam:** Oui, où êtes-vous exactement?
   Cand: À cinq kilomètres de Calais/À six kilomètres de l'autoroute A6/À sept kilomètres de Boulogne.

3 **Exam:** Et la voiture est de quelle couleur?
   Cand: Rouge, etc.

4 **Exam:** Quel est le numéro d'immatriculation?
   Cand: C'est HCF 235K.
   Exam: Bon, on va envoyer un mécanicien.

C1 Un accident de la route (Carte A)

[When you see this – ! – you will have to respond to a question you have not prepared.]

You are being interviewed about an accident you witnessed. Your teacher or another person will play the part of the police officer and will speak first.

1

2 !

3

4 !

5

C1 Un accident de la route (Carte B)

Vous avez vu un accident de la route. Je suis agent de police et je vous interviewe.

1 **Exam:** Où étiez-vous à l'heure de l'accident?
   Cand: J'étais devant le cinéma.

2 **Exam:** Quel temps faisait-il?
   Cand: …

3 **Exam:** Comment était la voiture?
   Cand: C'était une petite voiture blanche.

4 **Exam:** Et quelle heure était-il?
   Cand: Il était …

5 **Exam:** Il était comment, l'automobiliste?
   Cand: Il avait les cheveux noirs et il portait des lunettes.

ÉPREUVE 3 — Conversation and discussion

Les transports et toi
- Comment viens-tu au collège?
- Comment vas-tu en ville, normalement?
- Est-ce que tu voyages à vélo de temps en temps? Pourquoi? Pourquoi pas?
- Est-ce que tu as pris l'avion? Pour aller où?
- Quel est ton moyen de transport préféré?

Un voyage
- Raconte un voyage que tu as fait.
  Où, quand, comment, avec qui, etc.

Les transports en commun
- Qu'est-ce qu'il y a comme transports en commun dans ta région?
- Quels sont les avantages et les inconvénients des transports en commun?

Les voitures
- Est-ce que tu voyages souvent en voiture?
- Quels sont les avantages et les inconvénients de la voiture?
- À ton avis, est-ce qu'on voyage trop en voiture?
- Qu'est-ce qu'on peut faire pour réduire le nombre de voitures sur les routes?
- Comment peut-on éviter les embouteillages?

ÉPREUVE 3   Lire   Partie A (1)

1 À la gare

Vous êtes à la gare. Écrivez la bonne lettre.

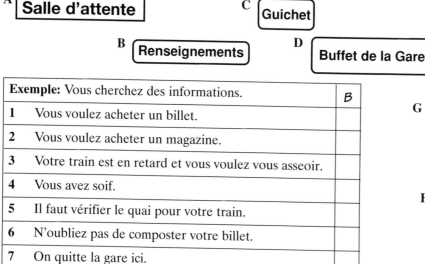

Exemple: Vous cherchez des informations.	B
1 Vous voulez acheter un billet.	
2 Vous voulez acheter un magazine.	
3 Votre train est en retard et vous voulez vous asseoir.	
4 Vous avez soif.	
5 Il faut vérifier le quai pour votre train.	
6 N'oubliez pas de composter votre billet.	
7 On quitte la gare ici.	
8 On ne peut pas fumer dans ce compartiment.	

2 Les petites annonces

SNCF
GRANDES LIGNES
Pour votre '**Guide du Voyageur**'
(nouvelle édition)
téléphonez à la gare

Visitez votre région!
Visites guidées
découvrez la vieille ville historique
Excursions en bateau
départs toutes les demi-heures
Circuits touristiques en car
Rendez-vous à la Mairie
pour des renseignements venez au bureau!

Colomba – Vacances Voyages
Pour s'envoler aux plus bas prix
Des réductions incroyables sur vos billets Air France
– 1 enfant gratuit par adulte

GARAGE Leclerc
À votre service pour
* Location de véhicules et de vélos
* Dépannage 24h/24 et 7J/7
* Mécanique générale sans rendez-vous

Lisez les annonces. Écrivez la lettre du mot qui correspond.

Exemple: Pour un guide de voyages, téléphonez à ....C....

1 Les excursions en bateau partent toutes les ………
2 Pour ……… une voiture, allez chez Leclerc.
3 Les excursions en car partent de ………
4 Si votre voiture tombe en panne, allez ………
5 Pour des réductions sur les vols Air France, allez à ………
6 Pour des ……… sur les visites guidées, on peut ……… à la Mairie.
7 Le Garage Leclerc est ……… tout le temps
8 Pour chaque billet adulte d'Air France, on a droit à un billet ……… pour un enfant.

A trente minutes
B au garage
~~C la gare~~
D l'agence de voyages
E louer
F la Mairie
G téléphoner
H renseignements
I gratuit
J ouvert

ÉPREUVE 3   Lire   Partie A (2) 3/18

H 3 On parle des voyages

Voici des extraits d'un article sur les voyages.

Alice
Je n'aime pas partir en vacances en voiture. On passe des heures dans les embouteillages et le voyage est si lent et ennuyeux. J'aimerais mieux voyager en train, comme ça on peut se promener un peu ou lire un livre ou acheter un snack au buffet.

Luc
Quand j'étais petit je n'aimais pas voyager en avion et on prenait toujours le bateau, mais, depuis l'an dernier, j'aime bien les vols s'ils ne durent pas trop longtemps. Je n'ai plus peur pendant la journée, mais, si possible, j'évite toujours de voyager la nuit.

Claire
Moi, j'ai toujours le mal de mer, alors, je ne prends pas le bateau si possible. Heureusement, avec le tunnel, tout va bien et je peux traverser la Manche sans problème.

Mathieu
J'aime bien habiter ici en ville, près de mon lycée. Quand on habitait dans la banlieue, je devais partir pour l'école en voiture à sept heures et demie. Il y avait tellement de circulation à cette heure-là. Maintenant, j'arrive après dix minutes de marche!

C'est qui? Écrivez le bon nom.

Exemple: ......*Mathieu*.......... habite assez près de son école.

1 .... ont changé leur moyen de transport habituel. [2 marks]

2 .... n'aime pas les longs voyages en avion.

3 .... n'aime pas voyager en mer.

4 .... va à son école à pied.

5 .... a voyagé sous la mer.

6 .... trouvent les voyages en voiture pénibles. [2 marks]

8

Total: Partie A: 25

ÉPREUVE 3   Lire   Partie B (1)

1 Un voyage difficile

Pierre décrit son voyage. Lisez la description et répondez aux questions **en français**.

> ...Pour aller chez mon correspondant en Angleterre, je suis parti de Trouville assez tôt. Mon père m'a conduit au port en voiture, pour prendre le ferry de dix heures et demie. D'abord, il y avait des travaux sur le nouveau pont, ce qui a causé des embouteillages. Mon père a décidé de prendre une petite route, pour éviter la circulation, mais il s'est perdu et nous sommes arrivés au port une heure après le départ de mon bateau.
>
> J'ai pu trouver une place sur le ferry suivant, mais la mer était très agitée, donc je suis arrivé en Angleterre très fatigué et un peu malade.
>
> Heureusement, mon ami, Richard, était là, au port, avec sa famille et, après ça, tout allait mieux.
>
> À bientôt!
>
> Pierre

Exemple: Où habite le correspondant de Pierre? ...... *en Angleterre* ......

1 Comment est-ce que Pierre est allé au port, en France?

2 Qu'est-ce qui a causé des problèmes sur la route?

3 Pourquoi est-ce que le père de Pierre a changé de route?

4 À quelle heure est-ce que Pierre est arrivé au port?

5 Comment était la traversée en mer?

ÉPREUVE 3 Lire   Partie B (2) 3/20

2 Les voitures, j'en ai marre!

Lisez la lettre et répondez aux questions **en anglais**.

Cher éditeur!

Les voitures, j'en ai marre! Les week-ends d'été, on ne peut pas bouger dans les rues de ma petite ville et ce ne sont certes pas les habitants qui font ces embouteillages et polluent l'air de notre région. Non, non – ce sont les touristes en route pour le Midi ou les Parisiens qui veulent passer leur dimanche à pique-niquer à la campagne. Nos jolies maisons blanches deviennent vite grises, nos enfants développent des maladies de poitrine et nos cyclistes sont en danger perpétuel de se faire écraser.

Mais que faire? Construire encore des autoroutes? Il y en a déjà trop, mais de plus en plus, les touristes les quittent pour éviter les péages et pour pique-niquer ou pour apprécier le paysage.

Les boulevards périphériques, les passages souterrains, les zones piétonnes? Peut-être, mais pas pour les petites villes comme la mienne – ce n'est pas pratique et ça coûte très cher. Une amélioration des transports en commun certainement, ça je suis pour! Mais ça non plus, ce n'est pas toujours pratique à la campagne – c'est cher et, à la campagne, pas réaliste. Franchement, il n'y a pas de solution globale.

Alors, moi, j'ai dû trouver une solution personnelle. Les week-ends d'été, je prends ma voiture, je quitte ma ville comblée de voitures parisiennes, et je m'en vais à Paris!

Charles Dupont

Example: What can you tell from this letter about the location of the writer's home?

A ☐ busy suburb of Paris
B ☐ small country town in South of France
C ☑ small country town not too far from Paris

1 What exactly is he complaining about?
   ....

2 Which two groups of people are mainly responsible for this problem?
   .... [2]

3 Mention two examples that he quotes of the bad effects of this state of affairs?
   .... [2]

4 Why, in the writer's opinion, is the construction of more motorways not the solution? (Give one reason)
   ....

5 What is one possible solution mentioned by the writer? Give one reason why he opposes these solutions.
   .... [2]

6 What personal solution has he arrived at?
   ....

7 Which of the following do you think most accurately describes the writer of this letter?

A ☐ very angry and frustrated
B ☐ environmentally aware but completely unimaginative
C ☐ genuinely annoyed but has a sense of humour
D ☐ unrealistic and lacking in humour

ÉPREUVE 3   **Lire**   Partie B (3)

3 Infos routières – Évitez les accidents!

Infos routières

1 **Évitez les accidents** – 6 choses à ne pas oublier:
- Ne changez pas de file sans signaler
- Ne freinez pas trop brusquement
- Mettez votre ceinture de sécurité (c'est obligatoire pour tous les passagers)
- Si vous êtes fatigué – arrêtez et reposez-vous (voir section 3, 'Les services')
- Si vous devez conduire, ne buvez pas! (En France, le taux d'alcoolémie toléré au volant est l'équivalent de deux verres de vin.)
- Limitez votre vitesse!

La vitesse est limitée à
- 50 km/h en ville.
- 90 km/h (80 km/h par temps de pluie) sur les routes
- 130 km/h sur les autoroutes (110 km/h par temps de pluie)

2 **Vérifiez la pression de vos pneus!**
Les trois causes principales des accidents d'autoroute sont
 1 l'inattention   27%
 2 la somnolence   19%
 3 l'éclatement d'un pneu 12%
Évitez au moins cette dernière cause en vérifiant régulièrement la pression de vos pneus – les pneus sous-gonflés sont même plus dangereux que ceux qui sont un peu trop gonflés.

3 **Les services**
Sur l'autoroute, vous pouvez vous arrêter tous les 10 à 15 km sur des aires de repos (dotées de points d'eau et de sanitaires), et tous les 30 à 40 km sur des aires de service où vous trouverez des stations d'essence (avec boutiques, et souvent avec cafétéria ou restaurant).
Profitez-en! La fatigue, c'est le danger!

Some friends of yours are about to go touring in France. Jot down for them, **in English** …

A six of the common causes of accidents that are mentioned in this article:

Example: *not wearing a seat belt*

1 ....
2 ....
3 ....
4 ....
5 ....
6 ....

B two facts about speed limits on French roads:

1 ....
2 ....

C two facts about the *aires de repos* or the *aires de service*:

1 ....
2 ....

Total: Partie B:

ÉPREUVE 3   Écrire   Partie A 3/22

1 En route

a Write a list of five different means of transport.

Exemple: *une moto*

1 ....
2 ....
3 ....
4 ....
5 ....

b Choose five road signs. For each sign, write the letter and write a suitable word/phrase for that sign.

Exemple: *A les feux*

1 ....
2 ....
3 ....
4 ....
5 ....

2 Samedi dernier

Complete the information in Daniel's letter **in French**. Write the verbs in the perfect tense

| **Exemple:** Samedi dernier je (ALLER) à Paris en 🚂. |
| Samedi dernier je ......*suis allé*...... à Paris en ......*train*...... . |

1	Je suis allé à 🚂 à 🚴 .
	Je suis allé à .... à .... [2 marks]
2	J'ai acheté 🎫 au 💁 .
	J'ai acheté .... au .... [2 marks]
3	J'ai consulté 📖 .
	J'ai consulté ....
4	Je (MONTER) dans le train.
	Je .... dans le train.
5	Le train (PARTIR) à onze heures.
	Le train .... à onze heures.
6	Je (ARRIVER) à Paris et je (DESCENDRE) du train.
	Je .... à Paris et je .... du train. [2 marks]
7	Puis, j'ai pris 🚌 pour aller à la Tour Eiffel.
	Puis, j'ai pris .... pour aller à la Tour Eiffel.

ÉPREUVE 3   Écrire   Partie B

F/H 3 Un message

You have arranged to meet up with a French friend in town. He sends you this note.

> Je veux bien aller en ville samedi.
> Où est-ce qu'on prend le bus?
> C'est quel numéro?
> Quand est-ce qu'il y a un bus?
> C'est combien un ticket?
> Où est-ce qu'il faut descendre?
> Rendez-vous à quelle heure?

Tell him:
- to take bus number 15 opposite the supermarket
- there's a bus every ten minutes
- a ticket costs £1
- to get off at the cinema
- you will meet him at 2.30 pm.

H 4 On répond à Émilie

Write a letter **in French** in reply to Émilie. Write about **70** to **80** words **in French**. Answer all the questions.

> Salut!
>   Merci pour ta lettre. Pendant les vacances de février, j'ai fait du ski dans les Alpes. C'était bien. Il y avait de la neige et il faisait froid, mais assez beau. On a fait du ski tous les jours. Mais le voyage du retour a été une catastrophe! D'abord, il y avait des embouteillages, puis nous sommes tombés en panne. Enfin, nous sommes arrivés à la maison avec cinq heures de retard.
>   Et toi, tu as passé de bonnes vacances? Où es-tu allé? Tu as pris l'avion? Quel temps faisait-il? Est-ce que le voyage s'est bien passé? Raconte-moi tout.
>   Amitiés,
>   Émilie

5 Les transports en commun

Écrivez un article (environ **120–140** mots) pour répondre à ces questions.
- Décrivez les transports en commun dans votre région.
- Quels sont les avantages et les inconvénients des différents transports?
- Décrivez un voyage en transport en commun que vous avez fait récemment.
- Ça s'est bien passé? Il y a eu des problèmes?
- À votre avis, est-ce que le gouvernement va améliorer les transports en commun à l'avenir?

Encore Tricolore 4

UNITÉ 4 — 4/1

Des projets d'avenir

1 Des mots croisés

Horizontalement
1. Cet été, je … en Guadeloupe avec ma sœur. (partir) (8)
6. Que fait Sophie pendant les grandes vacances? … passera deux semaines au Québec. (4)
7. En juillet, on … ma correspondante anglaise chez nous. (recevoir) (7)
9. Moi, … n'ai pas de grands projets pour l'été. (2)
10. Et vous, est-ce que … irez en Italie en août? (4)
11. Est-ce que vous … du camping? (faire) (5)
12. Comme mes frères ne … pas à la maison à Pâques, tu pourras avoir leur chambre. (être) (6)
15. Pendant ton séjour, on … à Paris. (aller) (3)
16. Si je m'ennuie pendant les vacances, j'… au cinéma. (aller) (4)
17. J'espère qu'on … du beau temps pendant les vacances. (avoir) (4)
18. Je quitterai l'école … deux ans. (4)

Verticalement
1. Quand est-ce que nous … vous voir? (pouvoir) (8)
2. Et toi, qu'est-ce que … feras l'année prochaine? (2)
3. Est-ce que j'… le temps de visiter le château, samedi prochain? (avoir) (5)
4. – Est-ce que les garçons feront du ski en février?
   – Oui, … partiront dans les Alpes la semaine prochaine. (3)
5. Quand est-ce que vous … rendre ces livres à la bibliothèque? (devoir) (6)
8. Quand est-ce que tu … en Suisse? (venir) (8)
9. … viendrai en mars prochain. (2)
10. Si tu vas à New York, tu … la statue de la Liberté. (voir) (6)
13. Je voudrais vivre aux États-Unis, plus … dans la vie. (4)
14. Quand est-ce que tu … chez tes grands-parents? (aller) (4)
16. J'espère qu'… fera beau demain. (2)

2 🎧 On parle des projets d'avenir

Écoutez les jeunes qui parlent de leurs projets d'avenir.

a *Lisez les phrases et écrivez V (vrai) ou F (faux).*

Audrey	
1	Elle ne sait pas ce qu'elle va faire à l'avenir.
2	Elle veut parler plusieurs langues.
3	Elle n'a pas de projets pour les grandes vacances.
4	Elle a fait du ski l'année dernière.

Edouard	
5	Il veut être dessinateur.
6	En février, il va faire du ski en Italie.
7	En septembre, il va peut-être aller en Allemagne avec ses parents.
8	Il est déjà allé aux États-Unis.

Florence	
9	L'année prochaine, elle a l'intention d'aller au lycée.
10	Elle veut s'orienter vers les langues.

Juliette	
11	Elle veut être prof de géographie.
12	Elle veut voyager dans le monde.

b *Écrivez le nom ou les initiales de la personne qui correspond.*

1. ……………… aime apprendre les langues.
2. ……………… a un père qui est très sportif.
3. ……………… veut être prof.
4. ……………… s'intéresse aux maths, mais ne sait pas ce qu'elle va faire dans la vie.
5. ……………… ne sait pas faire du ski.
6. ……………… voudrait vivre en Amérique.

Encore Tricolore 4

Ça dépend du temps

Voilà ce que six jeunes feront demain, s'il fait beau ou s'il fait mauvais.

Nom	S'il fait beau	S'il fait mauvais
Jean-Claude	jouer au football	faire ses devoirs
Nicole	aller à la piscine	aller au cinéma
André	faire un tour à vélo	ranger sa chambre
Marie-Claire	jouer au tennis	regarder une vidéo
Marc	aller au match de rugby	écouter de la musique
Charlotte	faire des achats en ville	écrire des lettres

1 Vrai ou faux?

Écrivez V (vrai) ou F (faux).
S'il fait beau demain, ...
1 Jean-Claude jouera au football. ......
2 Nicole rangera sa chambre. ......
3 Marc écrira des lettres. ......
4 André fera un tour à vélo. ......
5 Marie-Claire ira au cinéma. ......
6 Charlotte regardera une vidéo. ......

2 Que fera tout le monde?

Exemple: 1 Jean-Claude *fera ses devoirs.*
S'il fait mauvais demain, ...
1 Jean-Claude ......
2 Nicole ......
3 André ......
4 Marie-Claire ......
5 Marc ......
6 Charlotte ......

3 Météo

> **Situation générale:** le temps sera brumeux et très chaud sur l'ensemble du pays au cours de ce week-end.

1 Quel temps fera-t-il demain? ......
2 Alors, que feront-ils? ......

4 Samedi prochain

Que ferez-vous samedi, s'il fait beau ou s'il fait mauvais? Écrivez votre réponse dans votre cahier.
Ensuite, posez cette question à vos camarades et notez leurs réponses.
Exemple: *S'il fait beau samedi, Sophie ira en ville. S'il fait mauvais, elle fera la cuisine.*

Encore Tricolore 4

UNITÉ 4 — 4/3

Infos-langue

La langue des jeunes
Il peut être difficile de comprendre les jeunes quand ils parlent entre eux. Voici des astuces pour vous aider.
1. On ne prononce pas tous les mots. Souvent, on ne dit pas le **ne**, par exemple, **ça va pas**, **c'est pas mal**. Et on ne prononce pas le u de tu, par exemple, **t'as déjà mangé?**, **t'en es sûr?**
2. On raccourcit les mots. Au lieu de dire la récréation, on dit **la récré**, **d'acc** au lieu de **d'accord**, et **corres** au lieu de **correspondant**.
3. On emploie souvent des mots du français familier ou de l'argot, comme par exemple **le fric** pour **l'argent** et **j'en ai marre** pour **j'en ai assez**. Normalement, on trouve ces mots dans un dictionnaire, mais ils sont suivis par un **F** (le français familier) ou un **P** (le français populaire).
4. Quelquefois, on parle en verlan. Le verlan est une sorte de code où on dit les syllabes d'un mot à l'envers. (En effet **ver...lan**, ça veut dire **l'en...vers**). En verlan, on dit **meuf** au lieu de **femme** et **zarbi** au lieu de **bizarre**. Cette forme d'argot est en effet très vieille (on s'en servait déjà au dix-neuvième siècle, peut-être avant!), mais le verlan est très populaire en France aujourd'hui et tous les jeunes le comprennent et le parlent entre eux. Quand même, pour les étrangers, le verlan est très difficile à comprendre et on ne trouve pas ces mots dans un dictionnaire!

1 Tu as bien compris?

Lisez les conversations et choisissez la bonne réponse. Puis écoutez pour vérifier.

1. – Je dois aller au commissariat. Tu sais où ça se trouve?
   – Non, mais il y a un flic là-bas. Tu peux lui demander.
   Un flic, qu'est-ce que c'est?

   a un agent de police ...... **b** une cabine téléphonique ......

2. – Tu es prête?
   – Non, je cherche mes godasses. Tu les as vues?
   – Il y a des godasses près de la porte. Ce sont les tiennes?
   – Ah oui, merci. Je les mets tout de suite. Ça y est. Je suis prête.
   Les godasses, ça veut dire quoi?

   a les chaussures ...... **b** les livres ......

3. – Tu as trouvé un petit boulot pour les vacances?
   – Oui, je vais travailler comme caissier à l'hypermarché.
   Un boulot, qu'est-ce que c'est?

   a un magasin ...... **b** un petit job ......

4. – Comment vas-tu rentrer à la maison?
   – Ma sœur vient me chercher en bagnole.
   Une bagnole, qu'est-ce que ça veut dire?

   a un vélo ...... **b** une voiture ......

5. – Tu as vu le match, samedi?
   – Non, j'ai dû bosser tout le week-end.
   Bosser, ça veut dire quoi?

   a travailler ...... **b** dormir ......

6. – Qu'est-ce qu'il y a comme bouffe aujourd'hui?
   – Il y a du poulet avec des petits pois.
   – Pas mal. On mange à quelle heure?
   – Dans une demi-heure.
   La bouffe, qu'est-ce que ça veut dire?

   a la musique ...... **b** la nourriture ......

7. – Où vas-tu pour acheter tes fringues?
   – Un peu partout: dans de petites boutiques pas chères qui ont des choses à la mode et quelquefois, dans des marchés.
   Des fringues, qu'est-ce que c'est?

   a les fruits ...... **b** les vêtements ......

8. – Ça fait longtemps que tu travailles ici?
   – Six mois à peu près.
   – Et c'est intéressant comme travail?
   – Non, pas du tout, c'est vraiment casse-pieds.
   Casse-pieds, qu'est-ce que ça veut dire?

   a intéressant ...... **b** ennuyeux ......

2 Qu'est-ce que c'est?

Devinez le sens en anglais.
Exemple: 1 *a pine cone*

1. une pomme de pin
2. un chapeau melon
3. un jardin d'hiver
4. un cheval marin
5. le papier peint
6. la crème anglaise
7. une tortue de mer

3 Ce n'est pas à manger!

Voici des expressions idiomatiques. Trouvez les paires.
Exemple: 1 *g*

1. Les carottes sont cuites.
2. Elle est tombée dans les pommes.
3. C'est du gâteau.
4. Je n'ai plus un radis.
5. Ça se vend comme des petits pains.
6. Il en fait tout un fromage.
7. J'ai la pêche.
8. Occupe-toi de tes oignons!

a. He makes a big deal out of it.
b. I haven't got a penny.
c. It's selling like hot cakes.
d. It's a piece of cake.
e. I feel great.
f. Mind your own business!
g. The game's up.
h. She's fainted.

Encore Tricolore 4
Au travail

UNITÉ 4 — 4/4

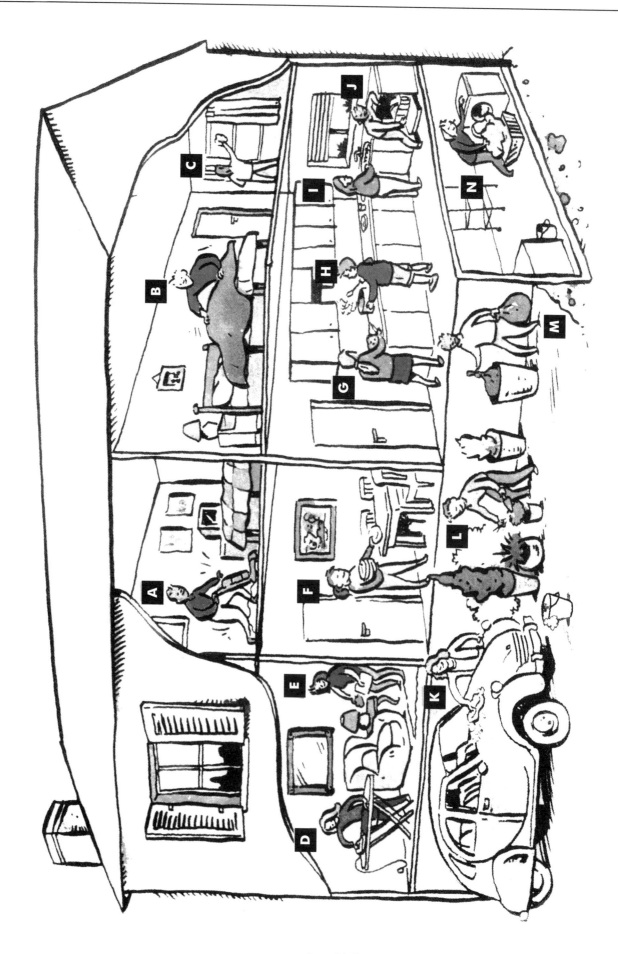

Encore Tricolore 4

Une enquête

Écoutez et complétez la grille.

Les tâches	volontiers	de temps en temps	rarement – je déteste faire ça!
Je sors les poubelles.	**Ex.** 1		
Je mets la table.			
Je lave la voiture.			
Je fais la vaisselle.			
Je passe l'aspirateur.			
Je fais la lessive.			
Je fais le repassage.			
Je fais les courses.			
Je fais la cuisine.			
Je prépare les repas.			
Je fais les lits.			
Je range (ma chambre).			
Je travaille dans le jardin.			
Je remplis et je vide le lave-vaisselle.			
Je fais le ménage.			
Je fais les vitres.			
Je nettoie la salle de bains.			

Encore Tricolore 4

UNITÉ 4   4/6

Au bureau des objets trouvés

1 🎧 On prend les détails

Écoutez les conversations et complétez la grille avec les détails.

	objet perdu	quand	description (forme, couleur)	contenu	où
1				–	
2				–	
3					
4				–	
5				–	
6				–	
7				–	
8		–		–	
9				–	

2   5-4-3-2-1

Trouvez:
5 couleurs

....

4 matériaux

....

3 adjectifs qui indiquent la forme

....

2 adjectifs qui indiquent la grandeur

....

1 verbe

....

bleu   carré   gris   coton   laine   cuir   noir   rectangulaire   grand   perdre   rond   petit   rouge   plastique   vert

Encore Tricolore 4

Des objets perdus et retrouvés

1 Perdu et retrouvé

a *Il y a des gens qui perdent tout. Qu'est-ce qu'on dit? (Les choses perdues sont illustrées dans la partie c.)*

   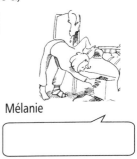

Sophie   André   Thomas   Mélanie

Ex. J'ai perdu mon gant.

b *Qu'est-ce que ces personnes ont perdu?*

Cécile **Ex.** a perdu son bouton.   Marc ....   Elodie ....   Karim ....

c *Décidez à qui sont tous ces objets.*
   Ex. 1 *C'est l'argent de Karim.*

2 Le bureau des objets trouvés à Paris

Les gens laissent énormément de choses dans le métro et dans les bus, surtout des clés, des parapluies et des gants. On perd aussi des objets bizarres, comme de fausses dents, et de grosses choses comme des vélos et des poussettes.

Tous les objets trouvés, sauf ceux qui sont trouvés dans les trains et les gares de la SNCF, sont envoyés au bureau des objets trouvés, rue des Morillons à Paris. Alors, si à Paris quelqu'un trouve un objet perdu, par exemple, dans la rue, dans un magasin, dans le métro ou dans un taxi, et qu'il le porte au commissariat de police le plus proche, l'objet sera envoyé au bureau des objets trouvés dans les 24 heures.

Les objets peu importants, les gros objets et les vêtements ne sont pas gardés très longtemps: il n'y a pas assez de place. Ils sont gardés trois mois, au maximum. Les objets qui ont une assez grande valeur, par exemple, de l'argent, des montres, des bijoux etc. sont gardés le plus longtemps. On les garde trois ans, au maximum.

Pendant un an, le propriétaire de l'objet perdu peut venir le réclamer. Mais si personne ne vient au bout d'un an, celui qui a trouvé l'objet perdu peut venir le réclamer. Au bout de trois ans, les objets de valeur sont vendus.

Sur cent objets trouvés, trente sont rendus à leur propriétaire et trois seulement sont rendus à celui qui a trouvé l'objet. Les soixante-sept objets qui restent sont vendus, souvent à la vente aux enchères. L'argent des objets vendus va au gouvernement et ceux qui achètent ces objets sont souvent les marchands des marchés aux puces!

a **Quoi, par exemple?**
   Trouvez un exemple pour chaque groupe.
   1 un objet qu'on trouve souvent dans le métro ou dans le bus
   2 un gros objet qui prend beaucoup de place
   3 un objet de valeur, qu'on garde plus longtemps.

b **Combien de temps?**
   1 On garderait ces objets combien de temps?
      a un vélo   b une veste
      c un collier en argent
      d un parapluie
      e des boucles d'oreille en or
      f une montre

c **Combien?**
   Sur 100 objets trouvés, combien …
   a sont rendus au propriétaire?
   b sont rendus à la personne qui a trouvé l'objet?
   c sont vendus?

Encore Tricolore 4

Chez une famille

Hier, vous êtes arrivé(e) chez la famille Martin en France. Racontez ce qui s'est passé.

1 L'arrivée à Dijon

descendre de l'avion

à l'aéroport

M. Martin

à la maison

qui? (attendre)

2 Chez les Martin

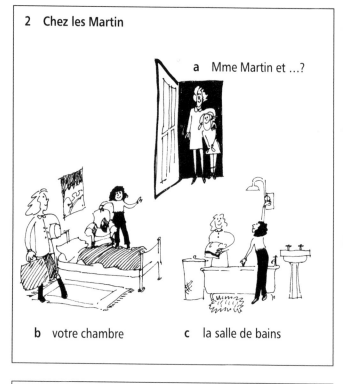

a Mme Martin et …?

b votre chambre

c la salle de bains

3 Le dîner

le repas   (délicieux?)

4 Après le repas

Tout va bien.

5 Plus tard

s'endormir quand?
pourquoi?
(fatigué)

Encore Tricolore 4

On a perdu quelque chose

Voilà ce qui s'est passé hier. Racontez la journée.

1 En France chez?

qui? → en ville

quelle heure?
quel temps?

JEUDI

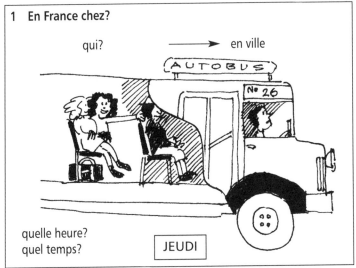

2 Où est le sac?

3 Un coup de téléphone

Quand?
Quel autobus?
Vos nom et adresse?

Bureau des objets trouvés

4 Au café

Café de la Gare

Qu'est-ce qu'on a mangé?
bu?

Qui a payé? Pourquoi?

5 Au bureau des objets trouvés

une description

Qu'est-ce qu'il y avait dans votre sac?

VENDREDI

Encore Tricolore 4

Tu comprends?

1 Au camp

Tout le monde doit participer aux tâches ménagères. Qui fait quoi? Écoutez les conversations et notez la lettre qui correspond.

Exemple: Catherine `F`

1. ☐ Karim
2. ☐ Lise
3. ☐ Mathieu et Thierry
4. ☐ Émilie
5. ☐ Daniel
6. ☐ Sophie

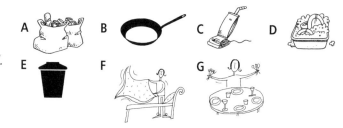

3 Au bureau des objets trouvés

Écoutez les conversations et complétez la grille.

	Personne 1	Personne 2
Objet perdu	**Ex.** *une veste*	
Détails		
Où?		
Quand?		
Adresse en France		———
Trouvé (✔/✘/?)		

2 En famille

Écoutez la conversation et choisissez la bonne réponse.

Exemple:
- Voilà ta chambre, Dominique. Je te laisse t'installer. Est-ce que tu as besoin de quelque chose?
- Oui, je n'ai pas de
  A ☐ B ☑ C ☐

1. - On va dîner à sept heures et demie. Est-ce qu'il y a quelque chose que tu ne manges pas ou que tu n'aimes pas?
   - Je n'aime pas beaucoup A ☐
     B ☐   C ☐

2. - Voilà le programme de la télé. Tu veux regarder quelque chose?
   - Je veux bien voir A ☐ le match de football
     B ☐ le dessin animé C ☐ les informations.

3. - Le soir, tu te couches à quelle heure, normalement?
   - Je me couche à A ☐ 10h00 B ☐ 10h30
     C ☐ 11h00, environ.

4. - Tu te lèves à quelle heure le matin, pendant les vacances?
   - Je me lève vers A ☐ 9h00 B ☐ 9h30 C ☐ 10h30.

5. - Et qu'est-ce que tu prends pour le petit déjeuner?
   - Chez moi, je prends

6. - Qu'est-ce qu'on va faire demain?
   - Demain, on va aller

7. - J'espère que ça ne va pas être casse-pieds.
   - Qu'est-ce que ça veut dire, 'casse-pieds'?
   - Ça, c'est du français familier, ça veut dire
     A ☐ intéressant B ☐ fatigant C ☐ ennuyeux.

4 Des projets pour le week-end

Écoutez et écrivez V (vrai), F (faux) ou PM (pas mentionné).

1	Magali …	
a	va aller au collège samedi matin.	**Ex.** *V*
b	va mettre son nouveau pull pour aller au collège.	
c	va aller en ville après son déjeuner.	
d	espère gagner de l'argent le soir.	
2	Philippe …	
a	va faire la cuisine le matin.	
b	va manger au restaurant à midi.	
c	va faire une promenade s'il fait beau.	
d	va aller au cinéma le soir.	
3	Lucie …	
a	va au collège samedi matin.	
b	verra ses grands-parents ce week-end.	
c	ira à la patinoire avec sa sœur.	
d	se couchera tard samedi soir.	
4	Roland …	
a	jouera au tennis ce week-end.	
b	sortira avec son grand-père.	
c	va regarder un match de football.	
d	fera ses devoirs dimanche après-midi.	

Encore Tricolore 4

Presse-Jeunesse: Un restaurant pas comme les autres

Lisez l'histoire, puis faites l'activité en bas.

Un restaurant pas comme les autres

— Il est quelle heure? a demandé Sabine en sortant du cinéma.
— Onze heures et demie, et j'ai faim, moi, pas toi? a répondu Nicolas.
— Bien sûr que j'ai faim! On va au restau?
— Je voudrais bien. Mais il n'y aura rien d'ouvert à cette heure, dans ce vieux quartier.
— On pourra chercher un peu, quand même!
— D'accord. Eh bien, en voiture!

La voiture roulait lentement dans les petites rues du vieux quartier. C'était une fois très à la mode, mais maintenant c'était presque désert.
— Mais où donc peut se trouver un restaurant? a dit Nicolas. Je suis certain qu'il y en a un par ici.
— Là-bas, dit Sabine, tourne à gauche. Il y a des lumières, là, au coin de la rue.

Nicolas a tourné à gauche, en suivant la direction des lumières, puis il s'est arrêté devant le Restaurant du Vieux Quartier.
— Zut! C'est un restaurant de grand luxe. On n'a pas assez de sous pour manger là. Et moi, j'ai une faim de loup!
— Ça sent bon! a dit Sabine. Mais regarde, à l'intérieur il y a une foule de gens en train de manger. C'est curieux!
— Tiens, je vais juste regarder le menu, a dit Nicolas.

Il est descendu de la voiture et s'est approché du menu affiché près de la porte. Après quelques instants il est tourné vers Sabine. Son visage avait un air d'incrédulité complète. Sabine était vite à côté de lui.
— Regarde les prix — c'est tellement moins cher que d'habitude!
— Alors on entre?
— Pourquoi pas?

À l'intérieur du restaurant un garçon de café, en habit noir traditionnel, leur a montré une petite table près de la fenêtre. Sur la nappe blanche, il y avait une jolie lampe en style ancien. Tout était du meilleur goût.
— On est bien ici, non? a dit Nicolas, qui mangeait un gros steak avec des pommes de terre sautés. Mais c'est vraiment marrant!
— C'est une bonne idée, quand même, a dit Sabine. Je trouve ça amusant de créer comme ça un restau dans le style de l'ancien temps.
— D'accord, mais les prix sont ridicules! Ça, je ne comprends pas du tout!

Quand les deux amis ont quitté le restaurant, il était presque une heure du matin, mais il y avait toujours des clients qui mangeaient.
— C'était vraiment bien, a dit Nicolas, il faut y retourner avec nos copains.

Sabine et Nicolas n'ont pas cessé de parler du restaurant et surtout des prix. C'était donc avec deux autres voitures pleines de copains qu'ils sont partis le dimanche soir, dans la direction du vieux quartier. Cette fois, ils croyaient trouver le restaurant sans difficulté. Cependant, quand ils sont entrés dans la petite rue, il n'y avait pas de lumière.
— Zut, zut et zut! a dit Nicolas. Ce n'est peut-être pas ouvert le dimanche!
— On s'est peut-être trompé de rue? a dit Sabine.
— Mais non, mais non! a dit Nicolas. Je suis sûr que c'était ici.

À ce moment, Sabine a poussé un cri. Nicolas l'a regardé. Son visage était pâle, ses yeux pleins de terreur.
— Mais Nicolas, tu ne vois pas? Là, sur le mur ... la plaque!
Sans mot dire, Nicolas est descendu de la voiture et a regardé la vieille plaque en bronze. Puis, d'une voix tremblante, il a lu, à haute voix, l'inscription:

Vrai (V) faux (F) ou pas mentionné (PM)?
1 Sabine et Nicolas sont sortis du cinéma avant minuit.
2 Ils ont décidé d'aller trouver un restaurant.
3 Sabine était végétarienne.
4 Ils ont trouvé un vieux restaurant de grand luxe.
5 Lorsque Nicolas a regardé les prix, il avait l'air étonné.
6 Sabine est entrée dans le restaurant avant Nicolas.
7 Nicolas a mangé un gros steak.
8 Sabine a bu beaucoup de vin blanc.
9 Le samedi suivant, ils ont essayé de trouver le même restaurant.
10 Ils n'ont pas réussi à retrouver le restaurant.

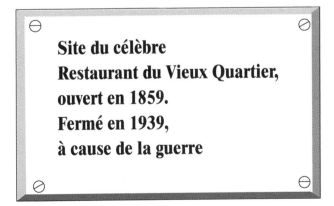

Site du célèbre Restaurant du Vieux Quartier, ouvert en 1859. Fermé en 1939, à cause de la guerre

Solution 1V 2V 3PM 4V 5V 6PM 7V 8PM 9F 10V

ÉPREUVE 4 Écouter   Partie A 4/12

F **1** **Qu'est-ce qu'on va faire?**

Écoutez et écrivez la bonne lettre dans chaque case.

Exemple: [B] 1 ☐ 2 ☐ 3 ☐ 4 ☐ 5 ☐ 6 ☐ 7 ☐

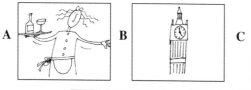
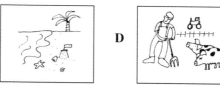

F **2** **Qu'est-ce que tu vas prendre?**

Alice part chez sa correspondante. Elle parle à sa copine au sujet des choses qu'elle va prendre. Écoutez et cochez les bonnes cases.

F/H **3** **Au bureau des objets trouvés**

Écoutez ce client au bureau des objets trouvés et remplissez la fiche **en français**.

Objet perdu:	**Ex.** _un sac_
Forme:	
Couleur:	
Autres détails:	
Contenu:	
	.... [4 marks]
Lieu de la perte:	
Heure de la perte:	
Marqué avec nom (oui ou non?):	
Trouvé (oui ou non?):	

Total: Partie A:

ÉPREUVE 4 Écouter   Partie B (1)

1 Christophe est en Suisse

Écoutez et cochez (✔) la réponse correcte.

1   La salle de bains est
    - A ☐ à côté de la chambre de Christophe
    - B ☐ en face de la chambre de Christophe
    - C ☐ à côté de la cuisine

2   Christophe a besoin
    - A ☐ de savon
    - B ☐ d'une brosse à dents
    - C ☐ de dentifrice

3   Pendant la semaine, Michel se couche
    - A ☐ vers dix heures
    - B ☐ vers onze heures
    - C ☐ vers minuit

4   Christophe pourra prendre une douche demain, mais
    - A ☐ il devra la prendre tout de suite après le petit déjeuner
    - B ☐ il devra la prendre après le père de Michel
    - C ☐ il ne devra pas rester trop longtemps dans la salle de bains

5   Pour le petit déjeuner, Christophe va manger
    - A ☐ un croissant
    - B ☐ des tartines avec de la confiture
    - C ☐ des petits pains

2 Tu aides à la maison?

Écoutez la conversation. Il y a deux parties.

a   Cochez les choses qu'on fait. Pour chaque personne, cochez les bonnes cases.

	la vaisselle	le ménage	le jardinage	le repassage	les courses
Marc (Exemple)	✔		✔		
Sandrine					
Claire					
Fabien					

b   Complétez les phrases **en français**.

1   Sandrine fait volontiers le repassage … (pourquoi?)

    ....

2   Claire fait volontiers les courses … (pourquoi?)

    ....

3   Claire fait beaucoup de travail … (pourquoi?)

    ....

4   Fabien ne fait pas beaucoup de travail … (pourquoi?)

    ....

ÉPREUVE 4 Écouter Partie B (2) 4/14

3 Vacances en Angleterre

Roxane parle de ses impressions de l'Angleterre. Écoutez Roxane et notez sa réaction à ces aspects de la vie anglaise. Pour chaque aspect, cochez la bonne case et choisissez un mot dans la case pour donner la raison pour sa réaction. Il y a deux parties.

Première partie

Aspect de la vie anglaise	Favorable	Défavorable	Raison
Exemple: les gens	✔		*sympathiques*
la télévision			
les feuilletons			
les jeux télévisés			

Deuxième partie

Aspect de la vie anglaise	Favorable	Défavorable	Raison
le temps			
les repas à la cantine			

A ~~sympathiques~~ **B** abominable **C** difficiles à comprendre
D sélection énorme **E** mauvais pour la santé **F** amusants

Total: Partie B:

ÉPREUVE 4   Parler   Role Play (1)

A1 La télé   (Carte A)

You are staying with a family in France. Ask if you can watch television, say what kind of programmes you like and ask when something is on. Your teacher or another person will play the part of your French friend and will speak first.

1. Ask if you can watch TV.

2. Say what kind of programmes you like.

3. Choose which programme you would prefer to watch.

4. Ask what time it's on.

A1 La télé   (Carte B)

Vous passez une semaine chez votre correspondant(e) en France. Je suis votre ami(e).

1. **Exam:** Qu'est-ce que tu veux faire après le dîner?
   Cand: Est-ce que je peux regarder la télé/télévision?

2. **Exam:** Oui bien sûr. Qu'est-ce que tu aimes comme émissions?
   Cand: J'aime...

3. **Exam:** Alors il y a un dessin animé ou un jeu télévisé. Qu'est-ce que tu préfères?
   Cand: Je préfère...

4. **Exam:** D'accord. C'est sur M6.
   Cand: Ça commence à quelle heure?
   Exam: À vingt heures quarante.

B1 On arrive   (Carte A)

You have just arrived in a French home and are being shown your room. Your teacher or another person will play the part of your French friend and will speak first. Ask the following:

1. Ask where you can put your clothes.

2. Ask where the bathroom is.

3. Mention one thing you need.

4. Answer the question.

   !

B1 On arrive   (Carte B)

Vous êtes arrivé(e) à notre maison en France. Je suis votre ami(e).

1. **Exam:** Voilà ta chambre.
   Cand: Où est-ce que je peux mettre mes vêtements?

2. **Exam:** Il y a de la place dans l'armoire.
   Cand: Où se trouve la salle de bain?

3. **Exam:** C'est en face de ta chambre. Est-ce que tu as besoin de quelque chose?
   Cand: Oui, une serviette/du dentifrice/du shampooing, s'il vous plaît.

4. **Exam:** Le soir, tu te couches à quelle heure, normalement?
   Cand: Je me couche à...

ÉPREUVE 4 Parler — Role Play (2)

B2 En famille (Carte A)

You are staying with a French family. Your teacher or another person will play the part of your French friend and will speak first. Mention the following:

1 When you normally get up in the holidays.

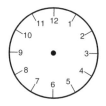

2 Answer the question.
!

3 Ask what the word 'boulot' means.
?

4 Ask if you can go out with a friend on Friday evening.
?

B2 En famille (Carte B)

Vous passez une semaine chez votre correspondant(e) en France. Je suis votre ami(e).

1 **Exam:** Tu te lèves à quelle heure, normalement, pendant les vacances?
   Cand: Je me lève à...

2 **Exam:** Et qu'est-ce que tu prends pour le petit déjeuner?
   Cand: Je prends...

3 **Exam:** J'ai du boulot, aujourd'hui.
   Cand: 'Boulot' – qu'est-ce que ça veut dire?

4 **Exam:** 'Boulot', c'est du français familier, ça veut dire 'travail' ou 'work' en anglais.
   Cand: Est-ce que je peux sortir avec un(e) ami(e) vendredi soir?
   Exam: Je pense que oui. On va demander à ma mère.

C1 Au bureau des objets trouvés (Carte A)

[When you see this – ! – you will have to respond to a question you have not prepared.]

You are on holiday and you have lost something. You go to the lost property office. Your teacher or another person will play the part of the employee and will speak first.

1 Expliquez que vous avez perdu quelque chose.

2 Faites une petite description (deux détails).

3 !

4 Dites quel jour et à quelle heure vous l'avez perdu(e).

5 !

C1 Au bureau des objets trouvés (Carte B)

Vous êtes au bureau des objets trouvés où je travaille. Vous avez perdu quelque chose.

1 **Exam:** Oui, je peux vous aider?
   Cand: Oui, j'ai perdu...

2 **Exam:** Pouvez-vous me faire une petite description?
   Cand: ...

3 **Exam:** Et où l'avez-vous perdu(e)?
   Cand: ...

4 **Exam:** Quand l'avez-vous perdu(e)?
   Cand: ...

5 **Exam:** Bon, j'ai noté. Quelle est votre adresse en France?
   Cand: ...
   Exam: Bon, merci.

ÉPREUVE 4   Conversation and discussion

Des projets d'avenir
- Quels sont tes projets de vacances?
- Quand vas-tu partir?
- Est-ce que tu vas partir en vacances?
- Si oui, où, avec qui, quand, comment?
- Si non, qu'est-ce que tu vas faire? (travailler, aller chez des amis, faire du sport, etc.)
- Et tes amis, qu'est-ce qu'ils vont faire?

Le week-end prochain
- Qu'est-ce que tu vas faire le week-end prochain, s'il fait beau?
- Et s'il pleut, est-ce que tu vas faire autre chose?

Un séjour en famille
- As-tu fait un échange scolaire?
- As-tu passé quelque temps chez une famille à l'étranger?
- Où? Quand? Ça s'est bien passé ou est-ce qu'il y a eu des problèmes?
- Qu'est-ce que tu as surtout aimé?
- Quelles ont été tes impressions du pays?

La télévision
- Tu regardes souvent la télé?
- Qu'est-ce que tu regardes à la télé?
- C'est quoi, comme émission?
- C'est quand? (jour et heure)
- Qu'est-ce que tu aimes, en général, comme émissions?
- Tu aimes les séries? Lesquelles?
- Quelle est ton émission préférée? Pourquoi?
- On dit souvent qu'il y a trop de violence à la télé. Quel est ton avis?

Le travail à la maison
- Qu'est-ce que tu fais pour aider à la maison?
- Qui fait la cuisine normalement?
- Qu'est-ce que tu aimes faire?
- Qu'est-ce que tu fais de temps en temps?
- Qu'est-ce que tu détestes faire?

Objets perdus, objets trouvés
- Est-ce que tu as perdu quelque chose d'important?
- Est-ce que tu as retrouvé l'objet perdu?
- Est-ce que tu as trouvé quelque chose?
- Raconte…

ÉPREUVE 4 Lire   Partie A (1) 4/18

1 C'est quelle émission?

Écrivez dans la case la lettre qui correspond.

Exemple: [A] un feuilleton

1. [ ] les actualités de 20h
2. [ ] un dessin animé
3. [ ] un film de science-fiction
4. [ ] un documentaire sur les bêtes sauvages
5. [ ] une série policière
6. [ ] une émission sportive
7. [ ] les variétés – les meilleurs groupes, les meilleures chansons
8. [ ] un jeu télévisé
9. [ ] de la publicité

2 On prépare une fête

Les parents de Christine sont en vacances et Christine et ses amis préparent une fête pour célébrer la fin de l'année scolaire.

Écrivez dans la case la lettre qui correspond.

Exemple: [E] faire les courses

1. [ ] remplir le lave-vaisselle
2. [ ] faire les lits
3. [ ] faire le ménage
4. [ ] passer l'aspirateur dans le salon
5. [ ] faire la cuisine
6. [ ] ranger nos affaires
7. [ ] vider le lave-vaisselle
8. [ ] mettre la table

ÉPREUVE 4 — Lire — Partie A (2) — 4/19

3 Une lettre à Martin

Lisez cette lettre et cochez (✔) les bonnes cases.

> Trouville, le 21 juin
>
> Cher Martin,
>
> Je te remercie pour ta lettre. Moi aussi, je suis très heureux car tu viendras chez moi dans quelques semaines.
>
> Ma chambre est assez grande et je la partage avec mon frère Charles, mais pendant ta visite, tu auras son lit et il va faire du camping avec son copain, David. Nous avons un lavabo dans la chambre, une chaîne Hi-Fi et la télé, mais nous n'avons pas d'ordinateur. Il y en a un ici mais il est dans la chambre de ma sœur aînée, Caroline. Elle dit que nous pourrons surfer le net si elle n'est pas là. En été, elle sort beaucoup avec ses copines; elle adore aller à la plage et se baigner dans la mer.
>
> Pendant les vacances, je me lève assez tard, vers neuf heures et demie ou dix heures – toi aussi, j'espère! On va s'amuser pendant ta visite. Mes parents doivent travailler, mais nous, on va aller en ville avec mes copains et, s'il fait beau, on ira à la plage ou on fera du roller dans le parc. On pourra passer une journée à Honfleur – ce n'est pas loin, et le 13 et le 14 juillet, on restera ici parce qu'il y aura des fêtes et le feu d'artifice pour la fête nationale.
>
> A bientôt,
>
> Sébastien

Exemple: Le correspondant de Sébastien

A ✔ viendra chez lui bientôt.   B ☐ est déjà venu chez lui.   C ☐ est déjà chez lui.

1. Martin va partager une chambre avec A ☐ Charles.   B ☐ David.   C ☐ Sébastien.

2. Sébastien a
   A ☐ un frère et deux sœurs.   B ☐ une sœur et un frère.   C ☐ deux frères et une sœur.

3. Dans la chambre de Sébastien, les deux garçons pourront
   A ☐ regarder la télévision et écouter de la musique.   B ☐ jouer à l'ordinateur et regarder leurs émissions favorites.   C ☐ écouter des CDs et surfer le Net.

4. Caroline et ses amies aiment
   A ☐ faire du camping.   B ☐ nager dans la mer.   C ☐ jouer à l'ordinateur.

5. Pendant les vacances, Sébastien se lève
   A ☐ très tôt.   B ☐ pas avant midi.   C ☐ assez tard.

6. Les deux garçons vont sortir
   A ☐ avec la famille de Sébastien.   B ☐ avec les amis de Sébastien.
   C ☐ avec la sœur de Sébastien.

7. Sébastien habite
   A ☐ assez près de Honfleur.   B ☐ dans le centre de Honfleur.   C ☐ assez loin de Honfleur.

8. Les garçons vont passer la fête nationale
   A ☐ à Honfleur.   B ☐ à Trouville.   C ☐ au camping.

Total: Partie A: /25

ÉPREUVE 4 Lire — Partie B (1) 4/20

F/H 1 Un séjour en Grande Bretagne

Camille, Karim et Olivier ont fait un séjour en Grande Bretagne. Qui dit quoi? Écrivez C (Camille), K (Karim) ou O (Olivier).

CAMILLE Le voyage de l'aller et du retour s'est mal passé parce que le train était vraiment lent. Je me suis beaucoup ennuyée. Je me sentais mal à presque tous les repas à cause de la nourriture. En plus, j'imitais mon correspondant et je mangeais souvent entre les repas. Par contre, dans la rue, par exemple aux arrêts d'autobus, les gens sont plus disciplinés.

KARIM On a fait un voyage à Londres et on a mangé dans le train: c'était encore plus cher que la SNCF et c'était moins bon. Dans les magasins, si tu parles mal l'anglais, le personnel ne fait aucun effort pour t'aider. La famille était plutôt traditionnelle et on devait faire attention à table, mais quand j'ai essayé la sauce à la menthe, ils ont beaucoup ri de ma réaction.

OLIVIER On a fait un repas génial dans un restaurant chinois. C'est un peu comme nos restaurants vietnamiens, mais encore meilleur. Quand tu fais des achats, tu n'as même pas besoin de parler: tu regardes, tu te sers, et tu passes à la caisse. Je n'ai pas appris beaucoup d'anglais, mais je me suis débrouillé et je reviendrai l'année prochaine.

Exemple: ...O... a mangé de la nourriture chinoise.

1 .... a bien aimé faire des achats.
2 .... critique le prix des repas.
3 .... a eu des problèmes de communication.
4 .... a été très satisfait de la nourriture.
5 .... a pris l'habitude de manger un peu toute la journée.
6 .... a trouvé que les vendeurs et vendeuses n'étaient pas très aimables.
7 La personne la plus satisfaite de son séjour est ....

H 2 Faits divers

Deux histoires de montres

Read the two reports and answer the questions **in English**.

A Example: When did the first incident take place?

Monday afternoon

1 What exactly did the two thieves steal?

2 What was the thief doing when he lost his watch?

3 How did the lost watch help the police to identify the thief?

B 4 How exactly had the man at the bus stop obtained the teenager's watch?

5 Where was the watch when the boy spotted it?

6 Where did the teenager find a policeman?

7 How did the boy get his watch back?

A Bruxelles
Il a perdu sa montre et … son temps
Les auteurs d'un hold-up commis à Bruxelles ont été trahis par la montre que l'un d'eux a perdue au moment de l'attaque.
Les deux hommes ont attaqué une camionnette de chèques postaux en plein centre de Bruxelles lundi après-midi. Ils ont pris une valise contenant plus de trois mille euros. Mais l'un des agresseurs a perdu sa montre en frappant le conducteur de la camionnette. Inscrit sur le bracelet, il y avait le nom d'un bijoutier de Bruxelles. La police a pris contact avec le bijoutier et, grâce au bon de garantie, ils ont pu trouver le malfaiteur.

B Montpellier
L'heure au poignet se son voisin
Un adolescent de 14 ans attendait le bus mardi vers 19 h. Tout à coup, il a aperçu au poignet d'un homme qui attendait au même arrêt, sa montre que ce dernier lui avait dérobé sous la menace, quelques jours plus tôt.
L'adolescent est allé alerter les policiers qui surveillaient la sortie des écoliers. Conduit à la gendarmerie, l'individu a reconnu les faits et a restitué la montre.
Il sera convoqué plus tard à la justice.

ÉPREUVE 4 — Lire — Partie B (2) — 4/21

3 Le forum télé

Lisez ces opinions, puis répondez aux questions.

LOFT STORY

Tout le monde connaît Loft Story. C'est la version française de 'Big Brother'. Tout le monde en parle, mais qu'est-ce qu'ils disent? Voici une petite sélection de vos idées.

▶ Jeudi dernier, pour la première fois, j'ai vu Loft Story sur M6 et je l'ai trouvé original et plein d'intérêt. Je sais qu'on va me traiter d'idiote, mais ça m'est égal. C'est la vie réelle et c'est plus intrigant que la vie inventée.
Stéphanie

▶ Loft Story – ça me dégoûte! On dit que c'est la vraie vie – ridicule! Ce sont des 'cobayes' qui jouent un rôle. Comment peuvent-ils être naturels quand ils savent qu'ils sont filmés tout le temps?
Édouard

▶ Tous les soirs, je reviens d'une journée au travail, complètement épuisée, et je cherche un moyen de me détendre. Hop! Je l'ai trouvé! Maintenant, je peux regarder Loft Story! Ça me permet de me détendre, et c'est ça l'essentiel.
Rachel

▶ Il y a plein de ces critiques qui parlent du 'voyeurisme', mais le voyeurisme, c'est lorsqu'on regarde une personne sans lui dire – et ces personnes ne sont pas comme ça. Elles ont accepté d'être filmées non? Mais pour nous c'est intéressant, les gens sont comme nous et, au moins, leurs réactions sont vraies. J'ai l'intention de regarder toute la série.
Jamilla

▶ Alors vous n'avez rien à faire? Il n'y a pas de bons films à regarder? Vous avez lu tous les livres dans la bibliothèque de la région? Évidemment, car vous passez une bonne partie de la soirée à regarder Loft Story, cette émission complètement bête et qui ne se ressemble pas du tout à la vie réelle!
Louis

▶ J'ai entendu les critiques et la première fois, j'ai regardé Loft Story par curiosité mais, franchement, je me suis prise au jeu. Je ne prétends pas que Loft Story a un niveau intellectuel très élevé, mais les gens sont sympathiques et c'est intéressant de deviner leurs réactions.
Magali

a C'est qui? Écrivez les initiales de chaque personne – ça peut être une ou deux personnes.

Exemple: Elle aime Loft Story et elle trouve que les personnes sont gentilles. ......S et M......

1 Elle n'a pas peur d'être considérée bête ou stupide. Elle aime l'émission et elle la regarde. ....

2 Elle ne va pas manquer un épisode de cette série. ....

3 Elle a regardé l'émission juste 'pour voir', mais maintenant elle est une 'fan'. ....

b C'est l'avis de qui? Écrivez les initiales de chaque personne – ça peut être une ou deux personnes.

4 On sait bien que ce n'est pas la vraie vie et les gens ne sont pas naturels. .... [2]

5 Les gens sont comme nous et l'émission nous montre la vie réelle. .... [2]

6 Regarder une émission comme ça, c'est un bon moyen de se détendre. ....

7 On ne peut pas réagir d'une façon naturelle si on sait qu'on est filmé. ....

8 C'est une perte de temps et il y a des moyens bien meilleurs de se détendre. ....

[10]

Total: Partie B: [25]

ÉPREUVE 4   Écrire   Partie A   4/22

1 Des bagages

a Write a list **in French** of five things to take on holiday.

Exemple: *une valise*

1 ....

2 ....

3 ....

4 ....

5 ....

b You have lost some luggage. Complete the details on this form.

Objet perdu: *un sac à dos*
Description: (couleur, taille, etc.)
1 ....
2 ....
Contenu:
3 ....
4 ....
5 ....

2 À la maison

Complete the information **in French** in Claire's letter.

Exemple:	Pour aider à la maison, je		
	Pour aider à la maison, je	*fais le repassage*	.
1	Le dimanche soir, je		avec mon frère.
	Le dimanche soir, je		avec mon frère.
2	Quelquefois, je		aussi.
	Quelquefois, je		aussi.
3	Mon frère		
	Mon frère		.
4	Mon père		
	Mon père		.
5	Ma mère		
	Ma mère		.
6	Nous		le vendredi soir.
	Nous		le vendredi soir.
7	Est-ce que tu (AIMER)		regarder les jeux à la télé?
	Est-ce que tu		regarder les jeux à la télé?
8	Moi, je (PRÉFÉRER)	les dessins animés.	
	Moi, je		les dessins animés.
9	Mon frère (REGARDER)	surtout le sport, mais je déteste ça.	
	Mon frère		surtout le sport, mais je déteste ça.
10	Demain je (ALLER)	regarder la nouvelle série de *Friends*.	
	Demain je		regarder la nouvelle série de *Friends*.

ÉPREUVE 4 Écrire Partie B 4/23

3 Un message

A French friend is coming to see you on Saturday. She sends you this e-mail:

> Qu'est-ce qu'on va faire samedi?
> Est-ce que je dois apporter quelque chose?
> Je vais arriver vers dix heures. Ça va?

- Tell her your plans for two different activities (for the morning and afternoon).
- Tell her where you're going to have lunch.
- Ask if there is anything she doesn't eat.
- Say you'd like to watch a particular TV programme in the evening and ask if she likes it too.
- Suggest two things she could bring (*N'oublie pas…*).

[10]

4 On répond à Luc

Write a letter in reply to Luc.
Write about **70** to **80** words **in French**. Answer all the questions.

> Salut!
>
> Merci pour ta lettre. Est-ce que tu as des projets pour les vacances? Cette année, je vais faire un échange avec Charles, mon correspondant anglais, qui habite à Bristol, dans l'ouest de l'Angleterre. Je vais voyager de Paris à Londres en Eurostar. Puis, nous prendrons le train de Londres à Bristol. En juillet, Charles viendra chez nous.
>
> Est-ce que tu vas partir ou est-ce que tu vas travailler pendant les vacances? Et tes amis, qu'est-ce qu'ils vont faire?
>
> Est-ce que tu regardes souvent la télé? Qu'est-ce que tu as vu d'intéressant récemment à la télé? Moi, j'aime surtout les émissions sur la nature et les documentaires. Et toi?
>
> Est-ce que tu aides à la maison, quelquefois? Moi, je dois ranger ma chambre et passer l'aspirateur.
>
> À bientôt
> Luc

[20]

5 Un article ou une lettre

Answer either **a** or **b**.

EITHER:
a Vous avez fait un échange avec un(e) jeune Français(e). Écrivez un article (environ **120–140** mots) pour répondre à ces questions:
- Où êtes-vous allé(e)? Pour combien de temps? Comment avez-vous voyagé?
- Qu'est-ce que vous avez fait pendant votre séjour?
- Qu'est-ce que vous avez surtout aimé?
- Quelles étaient vos impressions de la vie en France?
- Est-ce que vous allez retourner en France à l'avenir?

OR
b Vous avez perdu un objet pendant les vacances. Écrivez une lettre à un(e) ami(e) français(e) (environ **120–140** mots) et racontez les détails:
- Qu'est-ce que vous avez perdu?
- C'était perdu ou volé?
- Quand? Où?
- Qu'est-ce que vous avez fait ensuite?
- Qu'est-ce qui s'est passé?
- Vos réactions

[30]

Encore Tricolore 4

Mots croisés – au collège

Horizontalement

1. On peut consulter des livres et des encyclopédies ici. (12)
6. Normalement, je vais à la piscine deux ... par semaine. (4)
7. C'est le nom d'une matière que presque tous les élèves sont obligés d'apprendre jusqu'à l'âge de seize ans. (5)
8. Qu'est-ce que ... apprends comme langues vivantes? (2)
9. Je ne suis pas très ... en anglais. Je trouve ça difficile. (4)
11. Par contre, je suis fort en sciences, et j'aime bien la physique ... la chimie. (2)
12. Mon ami est très fort ... maths. Il a toujours de bonnes notes. (2)
13. Alors, moi, ... matière préférée est la géographie. (2)
15. C'est ici qu'on peut laisser des manteaux, des vestes, etc. (9)
17. On écrit des notes et on fait ses devoirs dans ceci/cette chose. (6)
18. Le directeur de notre collège est très sévère. ... était prof de français avant d'être directeur. (2)
19. Pour les cours de science, on va dans ... laboratoire. (2)
21. On doit faire ça chaque soir et même le week-end. C'est pénible. (7)
23. Il y en a beaucoup dans une école, et ils sont tous différents! Il y en a des sérieux, des paresseux, des timides, des gentils et des pas tellement gentils. Mais ici, il n'y en a qu'un. (5)
24. On fait de l'éducation physique dans ... gymnase. (2)

Verticalement

1. C'est une science où on apprend tout sur les êtres vivants et les plantes. (8)
2. C'est une matière assez nouvelle et très importante. On se sert souvent d'ordinateurs. (12)
3. C'est une matière où on apprend comment les gens vivaient autrefois et on apprend les circonstances des évènements importants. (8)
4. Avant de le passer, il faut réviser. Ça a lieu souvent à la fin de l'année scolaire. (6)
5. Quand on fait cette matière, on utilise du papier, des crayons, et quelquefois de la peinture. (6)
10. Les élèves y vont pour déjeuner à midi. (7)
14. Pendant ... récréation, les élèves sortent dans la cour. (2)
15. C'est le contraire de 'faux'. (4)
16. Dans notre collège, ... est interdit de courir dans le couloir. (2)
17. Mon père est prof dans un collège. Heureusement, ... n'est pas mon collège. (2)
20. Je suis désolé, mais j'ai oublié ... livre. (3)
21. Notre prof ... technologie est très sympa. (2)
22. Mon ami apprend le piano et la trompette. La musique est ... matière préférée. (2)

Encore Tricolore 4

UNITÉ 5 — 5/2

Une semaine au collège

1. Voici votre emploi du temps

Écoutez le professeur et complétez l'emploi du temps.

	lundi	mardi	mercredi	jeudi	vendredi	samedi
08h30–09h30						
09h30–10h30						
10h30–11h30						allemand
11h30–12h30						EPS
12h30–14h00	déjeuner					
14h00–15h00						
15h00–16h00						
16h00–17h00						

2. On discute de l'emploi du temps

Regardez l'emploi du temps et complétez la conversation.

– L'**1** .... pour commencer la semaine. Ça c'est bien au moins.
– Oui, mais on commence à **2** .... et c'est trop tôt!
– L'après-midi, c'est pas mal: deux heures de sport, puis on finit à **3** ....
– Mais mardi, jeudi et vendredi, on a cours jusqu'à **4** ....
– Regarde mardi. C'est affreux. D'abord on commence à huit heures et demie avec **5** .... et je déteste ça. Puis, l'après-midi on a deux heures de sciences.
– C'est vrai on a beaucoup de cours le mardi, mais au moins il n'y a pas cours le **6** ....
– Le jeudi, c'est pas mal. On commence un peu plus tard à **7** ....
– L'histoire, ça va, mais je n'aime pas beaucoup l'anglais et je déteste le **8** ....
– Le vendredi, on commence avec deux heures de **9** .... Ça va être rigolo!
– Oui, mais l'après-midi, c'est pas mal. Le dernier cours c'est **10** .... et j'aime bien ça.

Encore Tricolore 4

UNITÉ 5 — 5/3

Le petit Nicolas (1)

Le Petit Nicolas, un des livres les plus appréciés des jeunes et des adultes en France, raconte l'histoire d'un petit garçon, de ses amis, de ses aventures à l'école et en famille. En voici un extrait.

On a eu l'inspecteur

La maîtresse est entrée en classe toute nerveuse. 'M. l'Inspecteur est dans l'école, elle nous a dit, je compte sur vous pour être sages et faire une bonne impression.' Nous, on a promis qu'on se tiendrait bien, d'ailleurs, la maîtresse a tort de s'inquiéter, nous sommes presque toujours sages. 'Je vous signale, a dit la maîtresse, que c'est un nouvel inspecteur, l'ancien était déjà habitué à vous, mais il a pris sa retraite … ' Et puis, la maîtresse nous a fait des tas et des tas de recommandations, elle nous a défendu de parler sans être interrogés, de rire sans sa permission, elle nous a demandé de ne pas laisser tomber des billes comme la dernière fois que l'inspecteur est venu et qu'il s'est retrouvé par terre, elle a demandé à Alceste de cesser de manger quand l'inspecteur serait là et elle a dit à Clotaire, qui est le dernier de la classe, de ne pas se faire remarquer. Quelquefois, je me demande si la maîtresse nous prend pour des guignols. Mais, comme on l'aime bien, la maîtresse, on lui a promis tout ce qu'elle a voulu.

La maîtresse a regardé pour voir si la classe et nous étions bien propres et elle a dit que la classe était plus propre que certains d'entre nous. Et puis, elle a demandé à Agnan, qui est le premier de la classe et le chouchou, de mettre de l'encre dans les encriers, au cas où l'inspecteur voudrait nous faire une dictée. Agnan a pris la grande bouteille d'encre et il allait commencer à en verser dans les encriers du premier banc, là où sont assis Cyrille et Joachim, quand quelqu'un a crié: 'Voilà l'inspecteur!' Agnan a eu tellement peur qu'il a renversé de l'encre partout sur le banc. C'était une blague, l'inspecteur n'était pas là et la maîtresse était très fâchée. 'Je vous ai vu, Clotaire, elle a dit. C'est vous l'auteur de cette plaisanterie stupide. Allez au piquet!' Clotaire s'est mis à pleurer, il a dit que s'il allait au piquet, il allait se faire remarquer et l'inspecteur allait lui poser des tas de questions et lui il ne savait rien et il allait se mettre à pleurer et que ce n'était pas une blague, qu'il avait vu l'inspecteur passer dans la cour avec le directeur et comme c'était vrai, la maîtresse a dit que bon, ça allait pour cette fois-ci. Ce qui était embêtant, c'était que le premier banc était tout plein d'encre, la maîtresse a dit alors qu'il fallait passer ce banc au dernier rang. On s'est mis au travail et ça a été une drôle d'affaire, parce qu'il fallait remuer tous les bancs et on s'amusait bien et l'inspecteur est entré avec le directeur.

On n'a pas eu à se lever, parce qu'on était tous debout, et tout le monde avait l'air bien étonné. 'Ce sont les petits, ils … ils sont un peu dissipés,' a dit le directeur. 'Je vois, a dit l'inspecteur, asseyez-vous, mes enfants.' On s'est tous assis, et comme nous avions retourné leur banc pour le changer de place, Cyrille et Joachim tournaient le dos au tableau. L'inspecteur a regardé la maîtresse et il lui a demandé si ces deux élèves étaient toujours placés comme ça. La maîtresse a murmuré 'Un petit incident … ' L'inspecteur n'avait pas l'air très content, il avait de gros sourcils, tout près des yeux. 'Il faut avoir un peu d'autorité, il a dit. Allons mes enfants, mettez ce banc à sa place.' On s'est tous levés et l'inspecteur s'est mis à crier: 'Pas tous à la fois: vous deux seulement!' Cyrille et Joachim ont retourné le banc et se sont assis. L'inspecteur a fait un sourire et il a appuyé ses mains sur le banc. 'Bien, il a dit, que faisiez-vous ce matin, avant mon arrivée?'

'On changeait le banc de place' a répondu Cyrille. 'Ne parlons plus de ce banc! a crié l'inspecteur, qui avait l'air d'être nerveux. Et d'abord, pourquoi changiez-vous ce banc de place?' 'A cause de l'encre' a dit Joachim. 'L'encre?' a demandé l'inspecteur et il a regardé ses mains qui étaient toutes bleues. L'inspecteur a fait un gros soupir et il a essuyé ses doigts avec un mouchoir.

Nous, on a vu que l'inspecteur, la maîtresse et le directeur n'avaient pas l'air de rigoler. On a décidé d'être drôlement sages.

'Vous avez, je vois, quelques ennuis avec la discipline' a dit l'inspecteur à la maîtresse, et puis, il s'est tourné vers nous, avec un grand sourire et il a éloigné ses sourcils de ses yeux. 'Mes enfants, je veux être votre ami. Il ne faut pas avoir peur de moi, je sais que vous aimez vous amuser, et, moi aussi, j'aime bien rire. D'ailleurs, tenez, vous connaissez l'histoire des deux sourds: un sourd dit à l'autre: tu vas à la pêche? et l'autre dit: non, je vais à la pêche. Alors le premier dit: ah bon, je croyais que tu allais à la pêche.' C'est dommage que la maîtresse nous ait défendu de rire sans sa permission, parce qu'on a eu un mal fou à se retenir. Moi, je vais raconter l'histoire ce soir à papa, ça va le faire rigoler, je suis sûr qu'il ne le connaît pas. L'inspecteur, qui n'avait besoin de la permission de personne, a beaucoup ri, mais comme il a vu que personne ne disait rien dans la classe, il a remis ses sourcils en place, il a toussé et il a dit: 'Bon, assez ri, au travail.' 'Nous étions en train d'étudier les fables, a dit la maîtresse, Le Corbeau et le Renard.' 'Parfait, parfait, a dit l'inspecteur, eh bien, continuez.' La maîtresse a fait semblant de chercher au hasard dans la classe, et puis, elle a montré Agnan du doigt: 'Vous, Agnan, récitez-nous la fable.'

Suite à la feuille 5/4

Encore Tricolore 4

UNITÉ 5 — 5/4

Le petit Nicolas (2)

Mais l'inspecteur a levé la main. 'Vous permettez?' il a dit à la maîtresse, et puis il a montré Clotaire. 'Vous, là-bas, dans le fond, récitez-moi cette fable.' Clotaire a ouvert la bouche et il s'est mis à pleurer. 'Mais qu'est-ce qu'il a?' a demandé l'inspecteur. La maîtresse a dit qu'il fallait excuser Clotaire, qu'il était très timide, alors, c'est Rufus qui a été interrogé. Rufus, c'est un copain, et son papa, il est agent de police. Rufus a dit qu'il ne connaissait pas la fable par cœur, mais qu'il savait à peu près de quoi il s'agissait et il a commencé à expliquer que c'était l'histoire d'un corbeau qui tenait dans son bec un roquefort. 'Un roquefort?' a demandé l'inspecteur, qui avait l'air de plus en plus étonné. 'Mais non, a dit Alceste, c'était un camembert.' 'Pas du tout, a dit Rufus, le camembert, le corbeau n'aurait pas pu le tenir dans son bec et puis ça sent pas bon!'

'Ça sent pas bon, mais c'est chouette à manger, a répondu Alceste. Et puis, ça ne veut rien dire, le savon, ça sent bon, mais c'est très mauvais à manger, j'ai essayé une fois.' 'Bah! a dit Rufus, tu es bête.' Et ils se sont battus.

Tout le monde était levé et criait, sauf Clotaire qui pleurait toujours dans son coin et Agnan qui était allé au tableau et qui récitait Le Corbeau et le Renard. La maîtresse, l'inspecteur et le directeur criaient 'Assez!' On a tous bien rigolé.

Quand ça s'est arrêté et que tout le monde s'est assis, l'inspecteur a sorti son mouchoir et il s'est essuyé la figure, il s'est mis de l'encre partout.

L'inspecteur s'est approché de la maîtresse et il lui a serré la main. 'Vous avez toute ma sympathie, Mademoiselle. Continuez! Courage! Bravo!' Et il est parti, très vite, avec le directeur.

Extrait de Le Petit Nicolas de Sempé et Goscinny, © Éditions Denoël

Pour vous aider

la retraite	retirement
une bille	marble
se faire remarquer	to make oneself noticed
le chouchou	teacher's pet
l'encre (f)	ink
verser	to pour
un encrier	ink well
une blague	joke
une plaisanterie	joke
aller au piquet	to go to the corner
embêtant	annoying
une drôle d'affaire	a funny business
remuer	to move
étonné	astonished
dissipé	inattentive
un sourcil	eyebrow
un sourire	smile
un soupir	sigh
rigoler	to laugh
un ennui	problem
sourd	deaf
le corbeau	crow
le renard	fox
s'agir de	to be about
un bec	beak

Le Corbeau et le Renard

Maître Corbeau, sur un arbre perché,
Tenait en son bec un fromage.
Maître Renard, par l'odeur alléché,
Lui tint à peu près ce langage:
'Hé! bonjour, Monsieur du Corbeau,
Que vous êtes joli! que vous me semblez beau!
Sans mentir, si votre ramage
Se rapporte à votre plumage,
Vous êtes le phénix des hôtes de ces bois.'

A ces mots le Corbeau ne se sent pas de joie;
Et pour montrer sa belle voix,
Il ouvre un large bec, laisse tomber sa proie.
Le Renard s'en saisit, et dit: 'Mon bon Monsieur,
Apprenez que tout flatteur
Vit au dépens de celui qui l'écoute.
Cette leçon vaut bien un fromage, sans doute.'
Le Corbeau, honteux et confus,
Jura, mais un peu tard, qu'on ne l'y prendrait plus.

La Fontaine

alléché	tempted, enticed
mentir	to lie
le ramage	bird song
laisser tomber	to drop
la proie	prey
au dépens de celui	at the expense of the one
honteux	ashamed
jura	vowed

Encore Tricolore 4

Le premier jour comme au pair

Travailler au pair, ça peut être un bon moyen de vivre dans un autre pays et de partager la vie de famille, mais ce n'est pas toujours facile. Racontez la première (et la dernière) journée de cette jeune fille au pair.

Exemple 1 Elle s'est réveillée à six heures.

1
se réveiller

2
se lever
 se laver
 s'habiller

3
mettre la table pour le petit déjeuner

4
les parents partir
faire la vaisselle

5
passer l'aspirateur
les enfants se disputer

6
s'occuper des enfants

7
l'après-midi
faire les courses

8
préparer le repas du soir

9
ensuite faire le repassage
les enfants s'ennuyer

10
se sentir complètement épuisée
se reposer
dormir

11
se réveiller tout d'un coup
décider de faire ses valises et de partir
le lendemain

Encore Tricolore 4

UNITÉ 5 — 5/6

Le shopping

un ascenseur
une bijouterie
une boucherie
une boulangerie
une caisse
une charcuterie
une épicerie
un escalier
une librairie
une maquette
une papeterie
une pâtisserie
une peluche
une pharmacie
un porte-clés

1 5-4-3-2-1

Trouvez dans le sac:

5 magasins d'alimentation ....

....

4 magasins qui ne vendent pas de nourriture ....

....

3 souvenirs ....

2 choses qu'on trouve souvent dans un grand magasin ....

....

1 endroit où on paie ....

2 J'ai fait du shopping

Lisez ce message et complétez la grille.

> Salut!
>
> Tu passes de bonnes vacances? Moi je m'amuse bien ici en Écosse, mais je dois rentrer après-demain.
>
> Hier, j'ai fait du shopping à Édimbourg. J'ai surtout acheté des cadeaux pour ma famille.
>
> Pour ma grand-mère, j'ai acheté une boîte de petits gâteaux. Elle adore ça et elle les partage toujours.
>
> Pour ma mère, j'ai trouvé un joli vase en verre. J'avais de la chance parce qu'il y avait des réductions sur les vases. Pour mon père, j'ai acheté un porte-clés – ce n'est pas très original peut-être, mais c'est pratique.
>
> Ma petite sœur aime les peluches alors, pour elle, j'ai acheté un petit chien, très mignon. Mon frère est plus difficile, mais finalement, j'ai choisi un stylo fantaisie pour lui.
>
> Et pour moi, j'ai trouvé un T-shirt d'une bonne marque qui était en promotion aussi.
>
> Bises,
> Sophie

Pour qui?	🐕	👕	🖊	😊	📦	🏺	Réduction?
sa grand-mère							
sa mère							
son père							
sa sœur							
son frère							
elle-même							

3 🎧 On parle du shopping

a Écoutez les conversations avec Sophie et Aude et cochez (✔) les bonnes cases.
b Répondez aux questions vous-même.
c Interviewez un(e) camarade et complétez la grille.

		Sophie	Aude	Moi	Un(e) ami(e)
1	Quand vous achetez quelque chose, êtes-vous surtout influencé(e) par…				
	a la publicité	Ex. ✔			
	b vos amis et votre famille				
	c rien – vous suivez vos propres idées.				
2	Qu'est-ce qui compte le plus?				
	a un bon rapport qualité/prix				
	b un article en promotion ou en soldes				
	c la marque				
3	Où préférez-vous faire des achats?				
	a dans les petits magasins				
	b dans les grands magasins				
	c par catalogue				

Encore Tricolore 4

UNITÉ 5 — 5/7

Aux magasins

1 Dix phrases utiles

Complétez les phrases comme indiqué.

Exemple: Avez-vous ces en 42?

Avez-vous ces sandales en 42?

1 Avez-vous ces ![shoes] dans d'autres couleurs?
2 Est-ce que je peux essayer ces ![mocassins] ?
3 Je voudrais acheter le ![shorts] .
4 Est-ce que je peux essayer ce ![short/maillot] ?
5 La  en vitrine, c'est quelle taille?
6 C'est combien, la 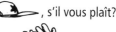 , s'il vous plaît?
7 Je voudrais essayer ces 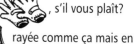 , s'il vous plaît?
8 Je cherche une rayée comme ça mais en bleu clair.
9 J'ai acheté cette 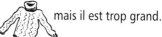 hier, mais il y a un défaut.
10 On m'a offert ce ![pullover] mais il est trop grand.

2 Mots croisés

Horizontalement

1 Si vous voulez acheter des provisions, vous trouverez presque tout dans ce magasin et vous pourrez vous servir vous-même. (11)
7 Bon, on va faire les courses. Tu … la liste? (2)
8 Où se trouve le … de la musique, sil vous plaît? (5)
10 Avez-vous ce sweat … bleu s'il vous plaît? (2)
12 – Avez-vous de la …? (7)
    – Non, j'ai seulement un billet de 20 euros.
15 C'est combien, … jeu de boules, s'il vous plaît? (2)
16 On peut acheter des livres dans ce magasin. (9)
20 Où … le rayon d'alimentation, s'il vous plaît? (3)
22 Est-ce que je peux payer avec une carte de …? (6)
23 Est-ce qu'il y a … pharmacie près d'ici? (3)

Verticalement

1 On la cherche quand on veut quitter un grand magasin. (6)
2 Quand vous avez choisi vos achats, il faut les … (5)
3 Je cherche un cadeau pour … mère. (2)
4 On peut le prendre pour monter d'un étage à un autre. D'habitude, c'est plus rapide qu'un escalier roulant. (9)
5 Est-ce que tu préfères … poster-ci ou celui-là? (2)
6 Dans ce magasin, on peut acheter du sucre, du thé, de la confiture, du beurre, etc., mais ce n'est pas un supermarché. (8)
9 … peut acheter des timbres au bureau de tabac. (2)
11 Il faut payer à la … (6)
12 Pouvez-vous … faire un paquet-cadeau? (2)
13 Tu as vu le … de ce jean? C'est très cher. (4)
14 On peut y acheter des fruits et des légumes et souvent des fleurs et d'autres choses. (6)
17 Je vais acheter ce ballon de football pour mon frère. … adore le foot. (2)
18 – Est-ce que vos amis ont acheté beaucoup de choses?
    – Oui, … ont trouvé des vêtements à des prix très intéressants. (3)
19 Il y a une banque dans la … principale. (3)
20 Je dois acheter une carte d'anniversaire … un petit cadeau pour mon ami. (2)
21 – Et toi, est-ce que … aimes faire du shopping? (2)
    – Non, je déteste ça!

Encore Tricolore 4

UNITÉ 5 5/8

Le plaisir de lire

1 Un très bon film

'Un très bon film, c'est quoi pour vous?' Voilà la question qu'un magazine a posée à ses lecteurs et voici une des plus belles réponses.
Quelles sont les trois choses les plus importantes pour vous?

Vocabulaire	
qui aille bien avec le film	which might go well with the film
des cascades	stunts
la bagarre	fighting, confrontation
des bestioles	animals, insects

Un très bon film,
c'est un film avec de l'aventure,
de l'humour sans en abuser,
de l'action et de l'amour.
Et même un peu de science-fiction.
Une musique qui aille bien avec le film,
pas trop de violence, beaucoup de suspense,
des cascades et un tout petit peu de bagarre
Il faudrait aussi une touche de découverte,
de tradition, des animaux et autres bestioles.
Quelques effets spéciaux.
Un peu d'horreur, ce qui ne fait pas de mal.
Et surtout du fantastique.

Okapi no 521, 1–15 août 1993, p.39

2 Litanie des écoliers

Dans le calendrier français, il y a un saint ou une sainte pour chaque jour de l'année.
Ce poème amusant présente des prières que des élèves aimeraient peut-être adresser à quelques saints.

Litanie des écoliers
Saint Anatole
  Que légers soient les jours d'école
Saint Amalfait
  Ah! que nos devoirs soient bien faits!
Saint Cordule,
  N'oubliez ni point ni virgule
Saint Nicodème,
  Donnez-nous la clé des problèmes.
Saint Tirelire,
  Que grammaire nous fasse rire.
Saint Siméon,
  Allongez les récréations.
Saint Espongien,
  Effacez tous les mauvais points.
Saint Clémence,
  Que viennent vite les vacances,
Sainte Marie,
  Faites qu'elles soient infinies!
Maurice Carême
Trésor des comptines, Éditions André Ballard

Vocabulaire	
Que légers soient les jours d'école	*Let the schooldays be light*
Que grammaire nous fasse rire	*Would that grammar might make us laugh*

Trouvez les contraires.
1 finies ....
2 lentement ....
3 lourds ....
4 mal ....
5 raccourcissez ....

3 Le cancre

Voici un poème plus sérieux. Lisez le poème. Est-ce que vous comprenez un peu les sentiments de cet élève?

Le cancre
Il dit non avec la tête
mais il dit oui avec le cœur
il dit oui à ce qu'il aime
il dit non au professeur
il est debout
on le questionne
et tous les problèmes sont posés
Soudain le fou rire le prend
et il efface tout
les chiffres et les mots
les phrases et les pièges
et malgré les menaces du maître
sous les huées des enfants prodiges
avec des craies de toutes les couleurs
sur le tableau noir du malheur
il dessine le visage du bonheur.
Jacques Prévert: *Paroles*
© *Éditions Gallimard*

a Trouvez les paires. **Exemple: 1** *b*
1 le cancre   a threats
2 debout   b dunce
3 les chiffres   c uncontrollable laughter
4 les pièges   d figures
5 malgré   e standing up
6 les menaces   f boos
7 le fou rire   g in spite of
8 les huées   h chalks
9 des craies   i tricks

b Choisissez deux adjectifs pour décrire le poème. Voici des idées:

| vrai sensible passionnant fort intéressant |
| ennuyeux ridicule étrange |

Encore Tricolore 4

Tu comprends?

1 En promotion spéciale

Écoutez les annonces et écrivez la bonne lettre. **Exemple:** E 1 ☐ 2 ☐ 3 ☐ 4 ☐ 5 ☐

A 🔑 B 📚 C 📓 D 🎳 E ⚽🎾 F 👕

2 Une journée scolaire

Écoutez la conversation et cochez (✔) les bonnes cases.
Exemple: À quelle heure est-ce que tu t'es levé ce matin?

A ☐ 06:30 B ☐ 06:45 C ✔ 07:15

1 Comment es-tu venu au collège?
A ☐ 🚗 B ☐ 🚌 C ☐ 🚲

2 Qu'est-ce que tu as eu comme cours ce matin? (2 matières)
A ☐   B ☐ 🇬🇧 C ☐ 🇫🇷
D ☐ 💻 E ☐   F ☐ 🌱🔬

3 Les cours finissent à quelle heure aujourd'hui?
A ☐ 15:00 B ☐ 16:00 C ☐ 17:00

4 Qu'est-ce que tu as comme devoirs ce soir? (2 matières)
A ☐ 🔢 B ☐ 🌍 C ☐
D ☐ 🇫🇷 E ☐   F ☐ 🇬🇧

5 Est-ce que tu vas faire autre chose ce soir?
A ☐ 💻 B ☐ 📺 C ☐ 🎾

3 Il y a un problème

Écoutez la conversation et cochez (✔) les bonnes cases.
1 – Je peux vous aider?
A ☐ – J'ai acheté ce T-shirt hier, et il y a un défaut.
B ☐ – J'ai acheté ce pull hier, et il a un trou.
2 – Ah oui, je suis désolé. On pourrait soit le remplacer, soit vous rembourser. Que préférez-vous?
A ☐ – Pouvez-vous me rembourser, s'il vous plaît?
B ☐ – Pouvez-vous le remplacer, s'il vous plaît?
3 – Voilà. Vous voulez autre chose?
A ☐ – Avez-vous ce pantalon en d'autres couleurs?
B ☐ – Avez-vous ce jean en d'autres couleurs?
4 – Oui, nous l'avons en vert, noir, blanc et bleu marine. Vous faites quelle taille?
  – Je fais A ☐ 40 B ☐ 38 C ☐ 42
  – Voilà. Vous voulez l'essayer?
  – Oui. Où est la cabine d'essayage, s'il vous plaît?
  – Non, ça ira.
5 C'est combien?
  – C'est A ☐ 37 euros B ☐ 43 euros C ☐ 47 euros.

4 On parle du collège

Lisez le texte et devinez les mots qui manquent. Écoutez la discussion et complétez le texte.

A activités	B anglais	~~C biologie~~	D cantine
E contrôles	F informatique	G longue	H maths
I pauses	J piscine	K technologie	L vêtements

– **Quelles sont les matières que vous aimez et que vous n'aimez pas?**
– J'aime bien les sciences, surtout la **Ex.** ...C....... . Je voudrais faire des études de médecine plus tard.
– Moi, je ne suis pas fort en sciences, mais j'aime les **1** .... Je trouve ça passionnant.
– Moi, j'aime la **2** .... et l'informatique. C'est très utile dans la vie. Par contre, je déteste l'**3** .... Je trouve ça ennuyeux.

– **Qu'est-ce que vous aimez et qu'est-ce que vous n'aimez pas au collège?**
– Je trouve que la journée scolaire est trop **4** .... Et puis, le soir, on a trop de devoirs à faire à la maison. On n'a pas le temps de faire d'autres **5** ....
– Il y a des clubs qui sont intéressants, par exemple, le club d'**6** ....
– On s'amuse pendant les **7** .... – on discute ou on joue aux cartes.
– Il y a trop de **8** ....

– **Qu'est-ce que vous aimeriez changer?**
– Ce serait bien d'avoir une **9** .... et un meilleur terrain de sports.
– À mon avis, ce serait bien s'il y avait plus de choix à la **10** ....
– Moi, je voudrais porter mes propres **11** .... et des boucles d'oreille.

Encore Tricolore 4

Presse-Jeunesse: L'argent

Français-anglais

Trouvez le bon sens en anglais.

1	la monnaie	a	cheque book
2	faire des économies	b	coin
3	une pièce	c	to save
4	une devise	d	cash
5	pile ou face?	e	currency
6	un carnet de chèques	f	bank note
7	en espèces	g	heads or tails?
8	un billet de banque	h	small change

Que savez-vous de l'euro?

Les pays de l'Union Économique et Monétaire (UEM)

1 Dans combien de pays est-ce qu'on utilise l'euro?
  a 6   b 10   c 12

2 La plupart de ces pays ont l'euro comme devise, mais pas tous. Trouvez les pays qui n'ont pas adopté l'euro.
  a l'Allemagne   i L'Irlande
  b L'Autriche   j L'Italie
  c La Belgique   k Le Luxembourg
  d Le Danemark   l Les Pays-Bas
  e L'Espagne   m Le Portugal
  f La France   n Le Royaume Uni
  g La Finlande   o La Suède
  h La Grèce

3 Environ combien d'habitants utilisent l'euro?
  a 100 millions   b 200 millions   c 300 millions

Les pièces et les billets

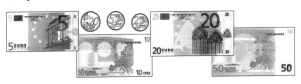

4 Les pièces en euros ont une face européenne (la même pour tous les pays) et une face nationale (unique pour chaque pays). Est-ce que les pièces peuvent être utilisées dans tous les pays de l'UEM?
  a oui   b non

5 Il y a combien de pièces de valeur différente?
  a 5   b 7   c 8

6 Les billets sont les mêmes dans toute l'Europe. Ils sont illustrés par des ponts et des portes qui symbolisent les liens entre les pays et l'esprit d'ouverture.
  Il y a combien de billets de valeur différente?
  a 6   b 7   c 8

Solutions Que savez-vous de l'euro 1 c   2 d, n, o   3 c 304 millions plus précisément   4 a   5 c   6 b

Les couleurs de l'argent

La monnaie métallique n'a pas connu de toute éternité la faveur des hommes, loin de là. Selon les époques et les continents, bétail, coquillages, plumes, sel, etc. ont servi avec plus ou moins de bonheur à vendre ou acheter des objets.

Sur l'île de Yap, dans l'océan Pacifique, des meules de pierre de 50 cm à 4 m de diamètre faisaient office, jusqu'au siècle dernier, de moyen de paiement: plus la pierre était grande et plus elle avait de la valeur. Pratiques quand il s'agissait d'impressionner les voisins, ces énormes disques de calcaire n'étaient guère commodes pour acheter des noix de coco à l'épicerie du coin.

Sur les îles voisines de Santa Cruz, les pirogues (des sortes de canoë) et les dots des mariés se payaient en plumes de perroquet, rouges exclusivement!

Plus faciles à transporter que les meules, plus solides à l'échange que les plumes, les coquillages ont servi, pendant des siècles de menue monnaie en Afrique, en Amérique et en Asie.

L'orge, le riz et le blé jouaient aussi le rôle de monnaie. A Babylone, achats et ventes se réglaient en argent ou en orge, au choix. Dans l'Egypte antique, on payait ses emplettes avec du blé.

Mais la palme de l'originalité revient, sans conteste, aux habitants de l'île de Pâques; n'importe quelle marchandise pouvait là-bas être échangée contre des rats! Dans une île sans gibier, les rongeurs représentaient un mets particulièrement goûté. Seul défaut de cette 'monnaie'; sitôt tué, le rat se dépréciait à la vitesse de sa décomposition et il fallait le manger tout de suite pour ne pas perdre le bénéfice de la transaction!

Read the article and answer in English.
1 Which of the following, according to the author, have at some time served as money?
  a shells   b grain   c small stones   d rats
  e large millstones   f jewels   g silver   h multi-coloured feathers   i rice   j coconuts

2 Which of the different types of money used in the past seem to you to be the least practical and why?

Vocabulaire

le bétail	cattle
les coquillages	shells
les plumes	feathers
de menue monnaie	small change
l'orge	barley
le blé	wheat
des emplettes	taxes
la palme de l'originalité	prize for originality
le gibier	game animals which can be hunted
les rongeurs	rodents
un mets	dish

ÉPREUVE 5   Écouter   Partie A   5/11

F   **1**   **C'est quelle matière?**

Écoutez et, pour chaque question, écrivez les bonnes lettres.

Exemple: ...C....... 1 .... 2 .... 3 .... 4 .... 5 .... 6 .... 7 ....

F   **2**   **Qu'est-ce qu'ils achètent?**

Écoutez ces personnes qui achètent des cadeaux. Qu'est-ce qu'elles achètent? Cochez la bonne case A, B ou C. C'est pour qui? Écrivez la réponse **en français**.

C'est pour ....sa sœur........

1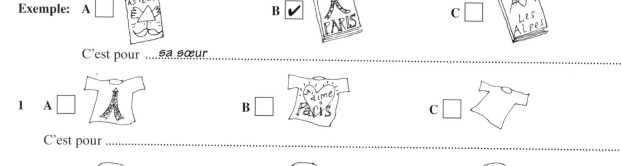

C'est pour ....

2

C'est pour ....

3

C'est pour ....

4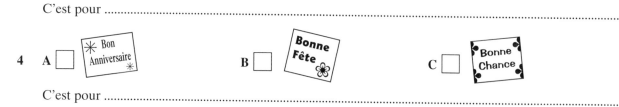

C'est pour ....

F/H   **3**   **On fait des courses**

On visite tous ces endroits – mais dans quel ordre?

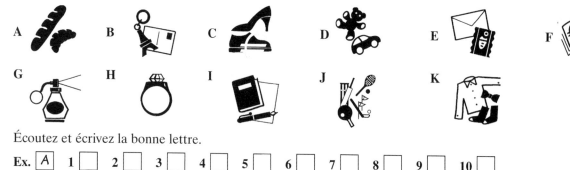

Écoutez et écrivez la bonne lettre.

Ex. [A]   1 [ ]   2 [ ]   3 [ ]   4 [ ]   5 [ ]   6 [ ]   7 [ ]   8 [ ]   9 [ ]   10 [ ]

Total: Partie A:

ÉPREUVE 5   Écouter   Partie B   5/12

1 La vie de tous les jours

Écoutez et écrivez **V**(Vrai), **F**(Faux) ou **PM** (pas mentionné).

Exemple: Khalid va au collège en voiture.	V
1 Khalid ne sort pas souvent le week-end.	
2 Hélène se lève très tôt.	
3 Hélène se couche tôt pendant la semaine.	
4 Hélène prend toujours le petit déjeuner.	
5 Hélène commence ses cours avant huit heures du matin.	
6 Roxane va au collège à cheval.	
7 Le cheval de Roxane est noir et blanc.	
8 Roxane sort presque tous les soirs.	
9 Jordan n'aime pas se lever tôt.	
10 Jordan se couche d'habitude assez tard.	

[10]

2 Voici le problème

Écoutez ces trois personnes – Anaïs, M. Gourdain et Kévin et pour chaque phrase, écrivez les initiales de la personne (**A**, **MG** ou **K**).

Exemple: .....*A*...... n'aime pas la couleur de son nouveau sac.

1 .... a reçu un cadeau qui a un défaut.

2 .... n'a pas oublié son reçu.

3 .... a voulu échanger des vêtements parce que son amie ne les aime pas.

4 .... a échangé une cravate pour une autre qui est identique.

5 .... a dit que c'était son anniversaire avant-hier.

6 .... n'a pas pu se faire rembourser parce que ses achats étaient en soldes.

7 .... voudrait échanger un sac bleu et blanc.

[7]

3 À mon avis

Nicole parle de la mode. Écoutez cette émission et complétez le résumé avec les mots dans la case.

Nicole a dit qu'elle ne **Ex.** ....*I*............... pas tellement à la mode, qu'elle croit qu'on en exagère

1 .... et qu'on en parle trop dans les **2** .... Elle aime les vêtements

3 .... Cependant, comme elle n'est pas **4** .... elle a besoin de

5 .... pendant les vacances pour gagner de l'argent et elle ne veut pas tout

6 .... sur les vêtements.

D'après de Nicole, les jeunes qui sont assez riches pour s'acheter toujours les **7** .... ne

devraient pas trop en **8** .... devant leurs amis qui n'ont pas autant d'argent.

A parler	B l'importance	C magazines	D à la mode	E meilleures marques
F travailler	G dépenser	H riche	I s'intéresse	

[8]

Total: Partie B: [25]

ÉPREUVE 5 Parler — Role Play (1)

A1 Au magasin de souvenirs (Carte A)

You are in a souvenir shop in France. You are looking for a souvenir for your mother. Your teacher or another person will take the part of the shop assistant and will speak first.

1 Say you are looking for a souvenir for your mother.

2 Ask the price.

3 Say it's a bit expensive.

4 Say you'll take that one.

A1 Au magasin de souvenirs (Carte B)

Vous êtes dans un magasin. Je suis le vendeur/la vendeuse.

1 **Exam:** **Oui, monsieur/mademoiselle?**
   Cand: Je cherche quelque chose/un cadeau pour ma mère.

2 **Exam:** **Oui, alors il y a cette boîte de petits gâteaux.**
   Cand: C'est combien?

3 **Exam:** **8 euros.**
   Cand: C'est un peu cher.

4 **Exam:** **Nous avons aussi une boîte plus petite à 5 euros.**
   Cand: Bon, je vais prendre ça.

B1 Au collège (Carte A)

You are talking to a French friend about school. Your teacher or another person will take the part of the French friend and will speak first. Mention the following:

1 Say what your favourite subject is.
2 Say why.
3 Answer the question.
   !
4 Ask a question about your friend's school.
   ?

B1 Au collège (Carte B)

Vous parlez avec un(e) ami(e) français(e). Je suis votre ami(e).

1 **Exam:** **Et quelle est ta matière préférée?**
   Cand: Ma matière préférée, c'est...

2 **Exam:** **Pourquoi?**
   Cand: C'est intéressant/utile, etc.

3 **Exam:** **Il y a combien d'élèves dans ta classe?**
   Cand: Il y en a...

4 **Exam:** **Ah, bon.**
   Cand: (candidate will ask a question)
   Exam: **(give appropriate answer)**

ÉPREUVE 5 — Parler — Role Play (2) — 5/14

B2 Une journée scolaire (Carte A)

You are talking to a French friend about a typical school day. Your teacher or another person will take the part of the French friend and will speak first. Mention the following:

1. Say what time school starts in the morning.
2. Answer the question.
   !
3. Say when school finishes.
4. Say how much homework you have.

B2 Une journée scolaire (Carte B)

Vous parlez avec un(e) ami(e) français(e). Je suis votre ami(e).

1. **Exam:** Les cours commencent à quelle heure à ton collège?
   Cand: Les cours commencent à....

2. **Exam:** Qu'est-ce que tu fais pendant la pause-déjeuner?
   Cand: Je mange à la cantine/des sandwichs. Je sors dans la cour avec mes amis, etc.

3. **Exam:** L'école finit à quelle heure?
   Cand: On finit à...

4. **Exam:** Combien d'heures de devoirs par jour as-tu?
   Cand: On a une heure/une heure et demie etc. de devoirs normalement.

C1 Au magasin de vêtements (Carte A)

[When you see this – ! – you will have to respond to a question you have not prepared.]

You are in a shop in France, complaining about a purchase. You also want to buy something. Your teacher or another person will take the part of the shop assistant and will speak first.

1.
2. !
3. 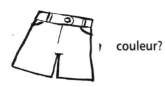 couleur?
4. !
5. cabine d'essayage?

C1 Au magasin de vêtements (Carte B)

Vous êtes dans un magasin où je travaille. Vous avez acheté quelque chose hier, mais il y a un problème.

1. **Exam:** Je peux vous aider?
   Cand: J'ai acheté ce T-shirt hier, et il y a un trou.

2. **Exam:** Ah oui, je suis désolé(e). On pourrait le remplacer ou vous rembourser.
   Cand: Pouvez-vous le remplacer/me rembourser, s'il vous plaît?

3. **Exam:** Voilà. Vous voulez autre chose?
   Cand: Avez-vous ce short en d'autres couleurs?

4. **Exam:** Oui. Nous l'avons en beige, noir, blanc et bleu marine. Vous faites quelle taille?
   Cand: Petit/moyen/grand/44, etc.

5. **Exam:** Voilà le short.
   Cand: Je peux l'essayer/Où est la cabine d'essayage, s'il vous plaît?
   Exam: Oui, bien sûr, la cabine d'essayage est là-bas.

ÉPREUVE 5 — Conversation and discussion

La routine journalière
- Qui se lève le premier chez vous?
- À quelle heure est-ce que tu quittes la maison?
- Comment vas-tu au collège?
- Qu'est-ce que tu fais normalement à midi?
- L'école finit à quelle heure?
- Que fais-tu après?
- Comment rentres-tu à la maison?
- Que fais-tu, le soir?
- À quelle heure est-ce que tu te couches?
- Qu'est-ce que tu as fait comme devoirs hier soir?
- À quelle heure est-ce que tu t'es levé(e) ce matin?
- Qu'est-ce que tu as pris pour le petit déjeuner?
- Comment es-tu venu(e) au collège?
- Qu'est-ce que tu auras comme cours demain?

Les matières
- Tu apprends le français depuis combien de temps?
- Qu'est-ce que tu étudies comme langues et comme sciences?
- Quelles sont tes matières préférées? Pourquoi?
- Quelles sont les matières que tu n'aimes pas beaucoup? Pourquoi?
- Pourquoi as-tu choisi les matières que tu fais?
- Est-ce qu'il y a une nouvelle matière que tu voudrais faire? Laquelle?

Le collège
- Décris ton collège. Il y a combien d'élèves environ? C'est un collège mixte?
- Les locaux, comment sont-ils?
- Est-ce qu'il y a un gymnase, une piscine, des laboratoires, une bibliothèque?
- Que penses-tu de l'uniforme scolaire?
- Décris une journée au collège que tu as beaucoup aimée.
- Qu'est-ce que tu aimes au collège?
- Qu'est-ce que tu n'aimes pas au collège?
- Qu'est-ce que tu voudrais changer?
- Est-ce que la journée scolaire est trop longue/courte? Pourquoi?
- Comment serait ton collège idéal?

Le shopping et la mode
- Ça t'intéresse le shopping?
- Quand et où aimes-tu faire du shopping?
- Où vas-tu normalement?
- Qu'est-ce que tu as acheté récemment?
- Tu penses que la mode, c'est important pour les jeunes? Pourquoi?

Un week-end récent
- Tu t'es levé(e) tôt ou tard?
- Qu'est-ce que tu as porté comme vêtements?
- Qu'est-ce que tu as fait?
- Tu es sorti(e), le soir? (Si oui, où, avec qui?)
- Quand as-tu fait tes devoirs?

ÉPREUVE 5 Lire   Partie A 5/16

1 Hier

Regardez les images et écrivez la bonne lettre.

Exemple: Hier je me suis réveillé tôt. ....B......

1. Je me suis levé. ....
2. Je me suis lavé. ....
3. Je me suis habillé. ....
4. J'ai pris mon petit déjeuner. ....
5. Pendant la journée, je me suis promené avec mes amis. ....
6. Nous nous sommes baignés dans la mer. ....
7. Il a commencé à pleuvoir et nous nous sommes dépêchés de rentrer. ....
8. Je me suis couché assez tard ....

[/8]

2 C'est à quel niveau?

Consultez le guide du centre commercial. Pour chaque service ou chaque achat, écrivez le niveau correct.

CENTRE COMMERCIAL LES 4 SAISONS

Niveau 3	Restaurants, cafés, banque, cinéma, pressing, agence de voyages, coiffeurs
Niveau 2	Magasins de mode, magasins de jouets, librairie-papeterie, bijouteries, bureau de Poste, Point information
Niveau 1	Magasins traditionnels – boulangerie, pâtisserie, épicerie, boucherie, charcuterie, poissonnerie, chocolatier, fruitier
Niveau 0	Accès – Métro, SNCF, Autobus, Garderie d'enfants, Parking (4000 places)

Exemple: 0

[/10]

3 La vie dans notre collège

Lisez les définitions et trouvez les réponses dans la case.

Exemple: C'est ici qu'on prend le déjeuner. *la cantine*

1. C'est l'horaire de toutes les matières qu'on apprend. ....
2. C'est un intervalle entre le matin et l'après-midi, pour manger un repas, etc. ....
3. On entre au collège dans cette classe. ....
4. C'est un élève qui déjeune au collège, mais qui dîne et qui dort à la maison. ....
5. C'est une école pour les élèves de quinze à dix-huit ans. ....
6. C'est ici qu'on a les cours de sciences. ....
7. On doit les faire à la maison. ....

| en première | la cantine | un laboratoire | en sixième | l'emploi du temps | les devoirs |
| un pensionnaire | la pause-déjeuner | un demi-pensionnaire | un lycée | | |

[/7]

Total: Partie A: [/25]

Encore Tricolore 4 nouvelle édition © Mascie-Taylor, Honnor, Nelson Thornes 2002

ÉPREUVE 5 — Lire — Partie B (1)

1 En promotion cette semaine

Lisez lez promotions. Écrivez la lettre qui correspond aux choses en promotion.

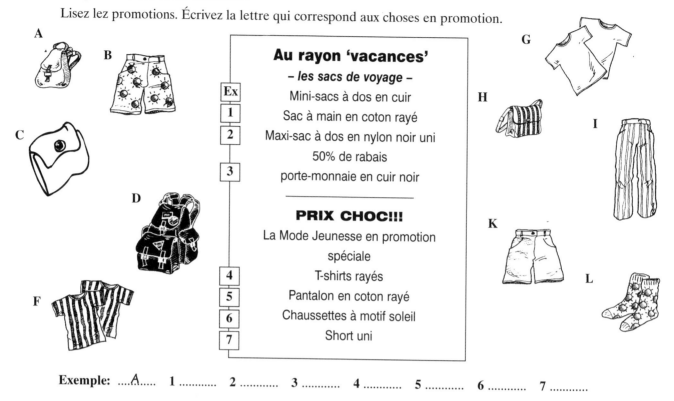

Au rayon 'vacances'
– les sacs de voyage –

- Ex. Mini-sacs à dos en cuir
- 1 Sac à main en coton rayé
- 2 Maxi-sac à dos en nylon noir uni
- 50% de rabais
- 3 porte-monnaie en cuir noir

PRIX CHOC!!!
La Mode Jeunesse en promotion spéciale
- 4 T-shirts rayés
- 5 Pantalon en coton rayé
- 6 Chaussettes à motif soleil
- 7 Short uni

Exemple: ....A..... 1 .... 2 .... 3 .... 4 .... 5 .... 6 .... 7 ....

2 L'école de Kadour

Kadour compare sa vie scolaire en Afrique avec sa vie en France. Lisez l'article, puis complétez le résumé. Écrivez la lettre du mot qui correspond.

Je suis seulement en France depuis huit mois. J'avais beaucoup moins de cours dans mon ancienne école, donc je n'ai pas encore l'habitude. Par contre, mon nouveau lycée est à 20 minutes de chez moi en bus, donc je fais un peu la grasse matinée. En Afrique, j'avais cinq kilomètres à pied à faire matin et soir, donc je partais de bonne heure. En plus, les cours commençaient plut tôt le matin et finissaient plut tôt le soir parce qu'il est difficile de travailler par 45 degrés.

Dans mon pays, beaucoup d'enfants quittent l'école à quatorze ans, mais ici, ce n'est pas possible. Beaucoup de mes cousins ont quitté l'école sans diplômes. Dans mon pays, on va à l'école pour apprendre à lire, à écrire, à compter, on apprend un peu d'histoire et de géographie, mais c'est à peu près tout. Le reste, pour se préparer à travailler par exemple, on l'apprend à la maison. Le plus amusant dans mon nouvel emploi du temps, c'est l'anglais. Où j'habitais avant, on parlait français à la maison et français à l'école, mais rien de plus.

Chez mois, après l'école, j'aidais beaucoup mes parents à la maison et dans les champs, parce que je n'avais pas de devoirs. Ici, il faut toujours apprendre, réviser, préparer… le soir et même le week-end!

La chose que j'aime le moins ici, c'est qu'il y a plus de deux mille élèves dans mon lycée, donc j'ai du mal à me faire des copains. Où j'habitais avant, on se connaissait tous.

Kadour a du mal à s'habituer au **Ex...A.....** de cours dans son nouveau lycée, mais il est content parce qu'il peut **1** .... plus tard qu'avant. En France, aller à l'école est **2** .... plus longtemps qu'en Afrique. Dans son ancien pays, les journées scolaires sont plus **3** .... qu'en France à cause de la chaleur, le choix de **4** .... est plus limité et on ne se prépare pas pour **5** .... Dans son ancienne école, Kadour n'a pas **6** .... les langues étrangères, mais, en France, il apprend **7** .... , qu'il aime beaucoup. Le plus désagréable pour Kadour, c'est que son nouveau lycée est trop **8** .... et il ne **9** .... pas les autres élèves.

| A nombre | B obligatoire | C matières | D le monde du travail |
| E se lever | F courtes | G grand | H étudié | I l'anglais | J connaît |

ÉPREUVE 5 Lire   Partie B (2) 5/18

3 Un carnet d'élève

A French pupil explains the system of the *carnet d'élève*. Read the information and answer the questions **in English**.

> Nous avons tous un carnet d'élève qui sert de moyen de communication entre les profs et les parents. Dans le carnet, nous devons écrire nous-mêmes les notes obtenues en classe et les communications destinées à nos parents.
>
> Le carnet contient aussi le règlement intérieur, par exemple:
>
> - La ponctualité est obligatoire pour tous.
> - Dans les salles de travaux pratiques et ateliers, le port d'une blouse est obligatoire.
> - On ne doit pas jouer au ballon dans la cour pendant les heures des cours.
>
> Nos parents et nous devons signer notre carnet pour dire que nous avons compris les règles et que nous les respectons.
>
> Voici quelques extraits de mon carnet:
>
> Une sortie est prévue au théâtre le 9 décembre de 13h45 à 16h30 et 17h30 environ pour voir 'Cyrano de Bergerac'. Les élèves doivent apporter 10 euros + 2 tickets de métro.
>
> Vaccination vendredi 22 à 15h30. Les élèves doivent descendre à l'infirmerie à 15h25.
>
> **Techno:** Les travaux pratiques en technologie consistent à fabriquer un objet électronique. Il est demandé aux élèves une somme de 4 euros pour les composants électroniques et les produits consommables.

Exemple: What is the main purpose of the *carnet d'élève*?

Communication between teachers and parents.

1. Who writes the pupil's school marks and grades in the book?

2. What is the first school rule, shown in the extract?

3. What is the rule about playing ball in the school yard?

4. Who has to sign the *carnet* to say that they accept the school rules? .... [2 marks]

5. What kind of outing is planned for December?

6. Why do the students have to bring some money for technology lessons?

7. What other rule is mentioned which affects the practical technology class?

8. What do pupils have to do on Friday at twenty-five past three?

Total: Partie B: 9/25

ÉPREUVE 5 Écrire

Partie A 5/19

1 Des listes

a Complete the following timetable with five different school subjects.

mardi

8h30	Anglais
9h30	
10h35	
11h35	
12h30	Déjeuner
14h00	
15h10	
16h05	Anglais

b Write a list of five different presents you are going to buy for your friends, your family or yourself.

Exemple: un CD pour moi

1 ....
2 ....
3 ....
4 ....
5 ....

2 Normalement et demain

Complete the information in French in Martin's letter.

| **Exemple:** Je (SE LEVER) | à sept heures du matin. |
| Je ......me lève...... | à sept heures du matin. |

| 1 | Je (PRENDRE) | mon petit déjeuner et je vais au collège. |
| | Je .... | mon petit déjeuner et je vais au collège. |

| 2 | Les cours (COMMENCER) | à huit heures et demie. |
| | Les cours .... | à huit heures et demie. |

| 3 | Nous (AVOIR) | sept cours par jour. |
| | Nous .... | sept cours par jour. |

| 4 | Je (RENTRER) | vers cinq heures et demie. |
| | Je .... | vers cinq heures et demie. |

| 5 | Le soir, je (FAIRE) | mes devoirs et je joue sur l'ordinateur. |
| | Le soir, je .... | mes devoirs et je joue sur l'ordinateur. |

| 6 | Je (SE COUCHER) | vers dix heures. |
| | Je .... | vers dix heures. |

| 7 | Le matin, je (ALLER) | aller au collège comme d'habitude. |
| | Demain, c'est samedi. Le matin, je .... | aller au collège comme d'habitude. |

| 8 | Mais l'après-midi, je vais aller au 🎬 | avec mes amis. |
| | Mais l'après-midi, je vais aller au .... | avec mes amis. |

| 9 | Nous (ALLER) | voir le nouveau film de James Bond. |
| | Nous .... | voir le nouveau film de James Bond. |

| 10 | Et après on (ALLER) | manger dans un fast-food en ville. |
| | Et après on .... | manger dans un fast-food en ville. |

ÉPREUVE 5   Écrire   Partie B   5/20

3   Une carte postale

You are spending the weekend with grandparents or other relatives or with friends. Write a postcard in French to a French friend. Write about **30** words.

Say:
- who you're staying with (*chez mes grands-parents, etc.*)
- where you are (give at least two details)
- what you did yesterday (two things)
- where you had lunch
- what you bought in the shops

4   On répond à Magali

Write a letter in reply to Magali. Write about **70** to **80** words **in French**. Answer all the questions.

> Salut!
> Merci pour ta lettre. Moi, j'ai passé un bon week-end.
> Samedi matin, je me suis levée à sept heures comme d'habitude et je suis allée au collège. Puis à midi, je n'ai pas déjeuné au collège. Je suis allée avec mes amis au nouveau centre commercial. Nous avons pris un sandwich dans un fast-food, puis nous sommes allés aux magasins. Il y avait des soldes dans beaucoup de magasins, alors j'ai acheté un nouveau jean et un sweat.
> Et toi, est-ce que tu aimes aller aux magasins? Est-ce que tu as acheté quelque chose récemment? Moi je n'achète pas souvent de vêtements parce que ça coûte cher et puis la mode, ça ne m'intéresse pas beaucoup. Et toi, la mode, ça t'intéresse?
> Dimanche, j'ai fait la grasse matinée. Donc le matin, je n'ai pas fait grand-chose, et l'après-midi, j'ai fait mes devoirs. Puis le soir, je suis allée au cinéma. On a vu Chocolat. C'était amusant. Tu l'as vu? Qu'est-ce que tu fais normalement le week-end? As-tu passé un bon week-end aussi?
> Écris-moi bientôt,
> Amitiés,
> Magali

5   La vie scolaire

Écrivez un article (environ **120–140** mots) sur votre collège et la vie scolaire chez vous et en France.
- Décrivez votre collège – les élèves, l'uniforme, les locaux, les règlements, les clubs, etc.
- Mentionnez quelques activités que vous avez faites récemment avec le collège.
- Donnez vos opinions et, si possible, justifiez ces opinions.
- Faites quelques comparaisons avec un collège français.
- Décrivez ce que vous avez l'intention de faire l'année prochaine (rester dans le même collège, changer d'école, faire des matières différentes, etc.)

Encore Tricolore 4

Écrivez une lettre

Vous allez écrire une lettre à un(e) jeune Français(e). Voici des idées pour vous aider.

Écrivez d'abord la date (en français).

Parlez un peu des repas chez vous et des choses que vous aimez et que vous n'aimez pas.

- … déjeune à la cantine (on y mange bien/ce n'est pas très bon)
- … rentre à la maison
- … mange des sandwichs
- … vais au café/dans un fast-food

- … nous mangeons en famille
- … je mange devant la télé
- … on prend de la viande/du poisson/des pâtes etc.

Posez des questions sur les repas en France.

....
Cher/Chère .... ,
    Dans ta lettre tu m'as demandé de te parler des repas qu'on mange en Grande-Bretagne et des choses que j'aime et que je n'aime pas manger et boire. Eh bien, voilà.
Chez moi, le repas le plus important est ....
....
Pour le petit déjeuner, je prends ....
....
A midi, je ....
....
....
Le soir, ...
....
....
J'aime ....
....
....
Je n'aime pas ....
....
....
Et toi, qu'est-ce que tu ....
....
....
....?
....
....

*Finissez et signez la lettre
(à bientôt/bien affectueusement/bisous)*

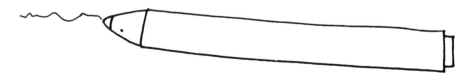

Encore Tricolore 4

UNITÉ 6 — 6/2

Hier, avez-vous bien mangé?

1 Hier

Décrivez ce que vous avez bu et mangé hier. (Choisissez des mots dans les cases pour remplir les blancs.)

Le petit déjeuner
un croissant
des tartines
du pain grillé etc.

Les plats
de la viande
une salade composée
etc.

Hier, pour le petit déjeuner,
j'ai bu ....
et j'ai mangé ....
Pour le déjeuner,
j'ai bu ....
et j'ai mangé ....
et comme dessert, j'ai pris ....
Pour le dîner,
j'ai bu ....
et j'ai mangé ....
et comme dessert, j'ai pris ....
Comme casse-croûtes,
j'ai bu ....
et j'ai mangé ....

Les boissons
du jus de fruit
du lait
du chocolat chaud
du café au lait
etc.

Les casse-croûtes
des chips
des petits gâteaux
etc.

Les desserts
des fruits
du yaourt etc.

2 Hier, avez-vous bien mangé?

Répondez d'abord aux questions.
Ex. 1 ☑ J'en ai mangé ..5.. portions.
1 Hier, avez-vous mangé assez de fruits et de légumes?
 ☐ J'en ai mangé .... portion(s).
 ☐ Je n'en ai pas mangé.
2 Avez-vous mangé assez de pain?
 ☐ J'en ai mangé .... tranche(s).
 ☐ Je n'en ai pas mangé.
3 Avez-vous bu assez d'eau ou de jus de fruit?
 ☐ J'en ai bu .... verre(s).
 ☐ Je n'en ai pas bu.

4 Avez-vous mangé trop de sucreries? ....
5 Avez-vous mangé trop de matières grasses? ......
6 Avez-vous mangé trop de casse-croûtes? ....
7 Avez-vous bu trop de boissons sucrées ....

Pour vous aider

J'en ai trop mangé/bu.
J'en ai mangé/bu, mais pas trop.
Je n'en ai pas mangé/bu.

Regardez bien vos réponses, puis répondez à ces deux questions:
Hier, avez-vous bien mangé pour rester en forme? ....
À votre avis, est-ce que vous mangez bien pour votre santé d'habitude? ....

🎧 Ce matin

Écoutez les conversations et complétez la grille.

Ce matin	a bu				a mangé				
Nom	du lait	du café au lait	du chocolat chaud	du jus de fruit	des céréales	du pain grillé	un œuf	des fruits	des croissants
Xavier	✓								
Amélie									
Raphaëlle									
Benjamin									
Moi									
Mon/Ma partenaire									

This grid is for use with *Ce matin*, SB 115

Encore Tricolore 4

UNITÉ 6 — 6/3

Jeux de mots – les magasins

1 Chasse à l'intrus

Trouvez le mot qui ne va pas avec les autres.

1. une alimentation   un supermarché   une crémerie   une épicerie
2. une boucherie   une parfumerie   une boulangerie   une épicerie
3. une pharmacie   une poissonnerie   une quincaillerie   une librairie
4. les fraises   les framboises   les haricots   les abricots
5. des bouteilles de vin   des boîtes de conserves   des paquets   de biscuits   des choux de Bruxelles
6. du bœuf   du mouton   du thon   du poulet
7. une charcuterie   une pâtisserie   une boucherie   une crêperie
8. un kiwi   un kilo   un ananas   un melon

2 Un jeu de définitions

Exemple: 1 *la boulangerie*

1. Dans ce magasin, on vend du pain, mais on ne vend pas toujours de gâteaux.
2. Ici, on vend du porc et du jambon, mais on ne vend pas de steak.
3. Ici, on peut acheter de tout.
4. Ici, on peut acheter du beurre, du lait et de la crème, et quelquefois des glaces.
5. Ici, on peut acheter de la viande et des saucisses, mais pas de quiches.
6. Ici, on peut acheter des fruits et des légumes, du fromage et beaucoup d'autres choses, mais ce n'est pas un magasin.
7. Ici, on peut acheter des bonbons, des œufs de Pâques et des boîtes de chocolats.
8. Ici, on peut acheter des gâteaux, des tartes aux fraises, et quelquefois des bonbons, mais pas de pain.

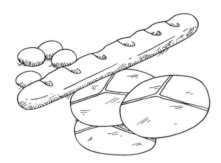

3 5 4 3 2 1

Exemple: (à l'épicerie) *du beurre ...*

Trouvez:

5 choses qu'on achète à l'épicerie ....

4 choses qu'on achète à la boulangerie-pâtisserie ....

3 choses qu'on achète à la charcuterie ....

2 choses qu'on achète à la boucherie ....

1 chose qu'on achète à la poissonnerie ....

Encore Tricolore 4

UNITÉ 6 — 6/4

On achète des provisions (A)

Vous êtes le/la client(e)
Travaillez à deux.

1 *Vous voulez acheter ces choses (Il y a des choses que vous ne pouvez pas acheter – notez-les!):*

Exemple:
1 Je voudrais des bananes.
2 Avez-vous des œufs?
3 Donnez-moi de l'eau minérale, des poires, etc.

2 *Cette fois, demandez des quantités spécifiques. (Notez les choses que vous achetez.)*

Exemple:
A: Je voudrais 100 grammes de pâté, s'il vous plaît.
B: Voici 100 grammes de pâté.
A: Et donnez-moi une botte de radis, s'il vous plaît.
B: Désolé, il n'y a pas de radis aujourd'hui.

On achète des provisions (B)

Vous êtes l'épicier
Travaillez à deux.

1 *Aujourd'hui, vous n'avez pas de fruits et vous n'avez pas de boissons.*

Exemple:
A: Je voudrais des bananes.
B: Désolé, il n'y a pas de bananes.
A: Avez-vous des œufs?
B: Oui, voilà des œufs.

2 *Cette fois, le/la client(e) demande des quantités spécifiques. Vous avez tout, sauf les légumes.*

Exemple:
A: Je voudrais 100 grammes de pâté, s'il vous plaît.
B: Voici 100 grammes de pâté.
A: Et donnez-moi une botte de radis, s'il vous plaît.
B: Désolé, il n'y a pas de radis aujourd'hui.

Rappel
du/de la/de l'/des → de after a negative and expressions of quantity

Encore Tricolore 4

Jeux de mots – au café

1 Un acrostiche

1. Ce n'est pas exactement un gâteau et ce n'est pas du pain. Souvent, on le mange pour le petit déjeuner. (9)
2. C'est une boisson qu'on fait avec de la limonade et de la bière. (6)
3. C'est un petit café qu'on boit très noir. (7)
4. C'est une boisson gazeuse, presque sans couleur. (8)
5. C'est une boisson gazeuse, et alcoolisée. (5)
6. On boit ça souvent au commencement du petit déjeuner. (3, 2, 5)
7. L'eau, le café, l'Orangina, la menthe à l'eau – ce sont tous des … (8)
8. On sert le vin dans une bouteille ou quelquefois dans une … (6)
9. C'est une boisson froide faite avec du sirop rouge et de l'eau ou de la limonade. (9)
10. C'est une boisson très rafraîchissante, avec le goût de la menthe. (6-1-1'3)

2 Qu'est-ce qu'on commande?

Suivez les lignes, puis écrivez la commande. (Pour vous aider, regardez les Lexiques à la page 122.)

1. David
2. Noémie
3. Claire
4. Mme Lionel
5. M. Notier
6. Isabelle
7. Richard
8. Mlle Robert

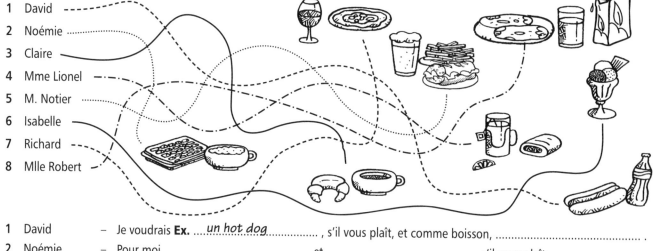

1. David — Je voudrais **Ex.** *un hot dog* …………… , s'il vous plaît, et comme boisson, …………………… .
2. Noémie — Pour moi, …………………… et …………………… , s'il vous plaît.
3. Claire — Donnez-moi …………………… et …………………… .
4. Mme Lionel — Comme boisson, je voudrais …………………… , et avec ça, …………………… .
5. M. Notier — Un …………………… au …………………… , s'il vous plaît, avec une portion de …………………… et, comme boisson, …………………… .
6. Isabelle — Je voudrais …………………… , s'il vous plaît, trois boules, vanille, …………………… et …………………… .
7. Richard — Pour moi, une petite …………………… et avec ça, un …………………… de …………………… .
8. Mlle Robert — Un …………………… , s'il vous plaît, et des …………………… . J'ai faim aujourd'hui!

Encore Tricolore 4

UNITÉ 6 — 6/6

Les pronoms sont utiles

1 Des conversations

Complétez *les conversations avec les pronoms* **me**, **te**, **nous**, **vous**, **lui** *et* **leur**.

Exemple:

a **La cliente:** Bonjour, madame. Deux paquets de chips, s'il ....*vous*..... plaît.
  L'épicier: Voilà. Et avec ça?
  La cliente: Donnez-moi du fromage de chèvre.
  L'épicier: Je .... en mets combien?
  La cliente: Deux cent cinquante grammes, s'il .... plaît.

b **Louise:** C'est l'anniversaire de Charles demain. Tu .... as envoyé une carte?
  Patrick: Ah non! Mais je vais .... offrir une boîte de chocolats.
  Louise: J'avais deviné. C'est le même cadeau que tu offres à tous tes copains!
  Patrick: Je sais. Mais je .... donne ça parce que moi, j'adore les chocolats et souvent, on les partage!

c **Patrick:** Salut Charles! Bon anniversaire! Voici un petit cadeau pour toi!
  Charles: Merci, Patrick. Tu .... offres toujours mes chocolats favoris!
  Patrick: Et ma sœur Louise .... a envoyé cette carte et ce CD.
  Charles: C'est gentil. Je vais .... téléphoner pour .... dire merci. Nous allons au café ce soir. Mon père va .... payer un verre. Tu peux venir, et Louise aussi?
  Patrick: Je crois. Je vais .... appeler plus tard.

2 Qu'est-ce qu'on leur sert?

Ces jeunes sont au café, qu'est-ce qu'on leur sert comme boissons?

Exemple: Louise   On ....*lui*.......... sert un coca.

Michel   On .... sert un jus de fruit.
Patrick et Charles On .... sert du chocolat chaud.
Noémie et Simon   On .... sert ....

Et qu'est-ce qu'on leur sert à manger?

Michel et Charles   On .... sert ....
Patrick   On .... sert ....
Noémie   On .... sert ....
Simon   On .... sert ....

Encore Tricolore 4

La Patate

UNITÉ 6 6/7

Ce soir, vous dînez dans ce restaurant avec un ami/des amis. Inventez des conversations.

A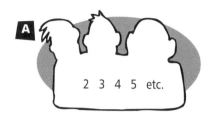

2 3 4 5 etc.

B
dans le coin
sur la terrasse
près de la fenêtre

1   Le serveur: Bonjour Messieurs-dames. Vous êtes combien?
    Vous: Nous sommes (A) **deux**.
    Le serveur: Où voulez-vous vous mettre?
    Vous: Avez-vous une table (B) **dans le coin**?
    Le serveur: Bien sûr – voilà une table pour vous. Et voici la carte.

2   Le serveur: Vous avez choisi?
    (Tout le monde choisit.)
    Vous: Pour commencer, je voudrais (je vais prendre) (C) **une salade de tomates**.
    Le serveur: Très bien. Et comme plat principal?
    (Tout le monde choisit.)
    Vous: Comme plat principal, apportez-moi/donnez-moi (D) **une pizza Marguerite**.

3   Le serveur: Qu'est-ce que vous voulez boire?
    Vous: Pour moi, (E) **un panaché** et pour mon ami, (E) **une limonade**.

4   Le serveur: Vous voulez un dessert?
    (Tout le monde choisit un dessert.)
    Vous: Alors, pour moi, (F) **des profiteroles**.

5   Le serveur: Vous voulez autre chose – un café, peut-être?
    Vous: Non, merci. Apportez-nous l'addition, s'il vous plaît.
    Le serveur: Tout de suite.

C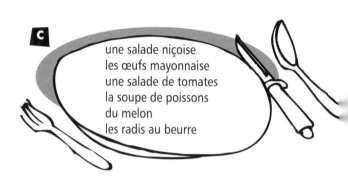
une salade niçoise
les œufs mayonnaise
une salade de tomates
la soupe de poissons
du melon
les radis au beurre

D
une pizza Marguerite
les lasagnes au four
les spaghettis bolognaise
une omelette (nature/aux champignons/au fromage)
le steack au poivre
$\frac{1}{4}$ poulet rôti
les saucisses
les fruits de mer

E
un jus de fruit
une bière
un verre de vin rouge/blanc
une eau minérale (gazeuse)
une limonade
un coca
un panaché

F
du fromage
des profiteroles
une glace au choix
la coupe de fraises à la crème Chantilly
la tarte aux pommes

Encore Tricolore 4

UNITÉ 6 — 6/8

Mots croisés – au restaurant

Horizontalement
3 Prends un casse-croûte avec moi: je ne veux pas manger toute …! (5)
5 Vous mangez … ou vous prenez le menu à prix fixe? (1, 2, 5)
7 Vous voulez votre steak saignant … bien cuit? (2)
8 Alors, pour commencer, je prends les …au beurre. (5)
11 … comme plat principal, le bœuf bourguignon. (2)
12 Sur la carte, j'ai … le mot 'pissaladière'. Qu'est-ce que c'est exactement? (2)
13 Le menu à … fixe, s'il vous plaît. (4)
15 Vous préférez un vin doux ou un vin …? (3)
16 Pour commencer, je prends une … de crudités. (8)
18 Oui, Madame. Et avec …? (2)
22 Bon …! (7)
23 – Tu as lu le menu?
   – …, il y a des choses délicieuses! (3)
25 Nous prenons le … à prix fixe. (4)
26 Mes amis ont tous aimé …dessert. (4)

Verticalement
1 Comme … principal, je prends le poulet. (4)
2 Une bouteille d'… minérale, s'il vous plaît. (3)
3 Le … est compris, comme d'habitude. (7)
4 C'est l'anniversaire de Paul. Je vais … payer un verre. (3)
6 Voilà l'addition, Monsieur. Le service est … (7)
9 Comme dessert, je prends la tarte … fraises. (3)
10 C'est une … de la région. (10)
14 Mm! Le gâteau au chocolat … délicieux! (3)
17 Je … paie un verre, Jean. Qu'est-ce que tu prends? (2)
19 J'ai une … de loup! (4)
20 Le curry est servi avec des frites ou avec du …? (3)
21 Le plat du …, Monsieur, qu'est-ce que c'est? (4)
24 Moi, … prends le steak. (2)

Encore Tricolore 4

C'est bon à manger!

1 Le pain est très utile!

On peut faire toutes sortes de casse-croûtes avec le pain, par exemple:

a Le croque-Monsieur

    2 tranches de pain beurré
    1 tranche de jambon
    du fromage

Sur une tranche de pain beurré, mettre* du fromage coupé en petites tranches.
Ensuite, mettre la tranche de jambon, puis encore du fromage et l'autre tranche de pain beurré.
Mettre le sandwich au four (N° 7 ou 220°C) sur une grille. Tourner après dix minutes et laisser encore pendant quatre ou cinq minutes. Et voilà, c'est fait!

c Le pain perdu

(une bonne idée pour le goûter!)
Pour chaque personne …

    des tranches de pain
    un œuf
    60g environ de sucre en poudre
    un verre de lait
    un peu de beurre

Mélanger l'œuf entier, le sucre et le lait, puis rouler les tranches de pain dans le mélange.
Faire chauffer du beurre dans une poêle (anti-adhésive, si possible). Faire dorer les tranches de pain dans le beurre, en les tournant une fois pour faire cuire les deux côtés.
Servir bien chaud avec du sucre, de la confiture ou une compote de fruits.

b Des toasts amusants pour les surprises-parties

Pour l'anniversaire de vos petits frères et sœurs (ou même quand vous recevez vos propres amis), faites des 'tableaux sur toast' avec du fromage, du pâté, des légumes, des tranches de jambon ou des rondelles de saucisson sec. Voici quelques idées, mais pourquoi pas organiser un concours pour amuser les invités, avec des prix pour les meilleures idées?

2 Des recettes typiquement françaises

a La sauce vinaigrette

Les Français mangent beaucoup de salade, mais rarement sans sauce. Voici une recette traditionnelle pour la sauce vinaigrette.

    1–2 cuillerées à soupe de vinaigre de vin
    4–5 cuillerées à soupe d'huile d'olive
    quelques pincées de sel et une pincée de poivre
    un peu d'ail ou un peu de moutarde mélangée

Mélanger le tout dans un bol. À mettre sur toutes sortes de salades, par exemple, les salades composées, les salades de tomates ou la salade verte.

b Les croissants

*Les croissants sont considérés comme un plat typiquement français, mais en fait, ils sont d'origine autrichienne et c'est la reine Marie-Antoinette qui a importé les premiers croissants en France.
On peut les manger tout simplement avec du beurre; pour le petit déjeuner, on peut les tremper dans son café au lait ou son bol de chocolat chaud; on peut les fourrer de toutes sortes de choses salées ou sucrées.*

Des suggestions pour fourrer les croissants

- de la mayonnaise avec de la crème, un peu de jus de citron ou de l'ail, mélangés avec des crevettes ou du poulet froid coupé en petits morceaux
- des œufs brouillés avec un peu d'oignon haché ou de poivron coupé en petites tranches
- des champignons avec du jambon ou du bacon coupés en morceaux, le tout légèrement cuit dans du beurre ou peut-être mélangé dans une sauce béchamel
- pour ceux qui aiment les choses sucrées: des bananes ou des fraises coupées en tranches ou des framboises mélangées avec de la crème fraîche et du sucre

---

Vocabulaire

la cuiller/cuillère	spoon
… à café	teaspoon
… à dessert	dessert spoon
… à soupe	tablespoon (or French-style soup spoon)
la cuillerée	spoonful
le four	the oven
la grille	(in recipes) wire rack
mélanger	to mix
la pâte feuilletée	puff pastry
le vinaigre (de vin)	(wine) vinegar

*À noter: dans les recettes françaises, on se sert souvent de l'infinitif du verbe.

Encore Tricolore 4

UNITÉ 6 — 6/10

Tu comprends? 🎧

1 Qu'est-ce qu'on achète?

Écoutez les conversations dans l'épicerie du village. Cochez (✔) les choses qu'on achète et mettez une croix (✘) si on n'achète pas ça.

2 Un pique-nique

Ces quatre jeunes ont préparé un pique-nique, mais qui a apporté quoi? Écoutez et écrivez les bonnes lettres.

Luc ......A...... Alice ....
Charles .... Magali ....

3 Il y a une erreur

Écoutez et écrivez les bonnes lettres.

Exemple: On a besoin de ça ..C..

1 On a commandé .... On a reçu ....
2 Vous avez commandé .... On vous a apporté ....
3 On a besoin de ça .... On n'a pas besoin de ça ....
4 Il n'y a pas de .... On va manger ....

4 Des conversations

Écoutez les conversations et cochez (✔) les bonnes cases. Il y a quatre conversations.

1 Claire

Ex. – Claire, quel est ton repas favori?
– C'est le **A** ☐ petit déjeuner **B** ☐ déjeuner **C** ✔ dîner.

1 – Qu'est-ce que tu aimes manger?
– J'aime **A** ☐ le poisson **B** ☐ la viande **C** ☐ les œufs et je mange beaucoup de **A** ☐ fruits **B** ☐ légumes **C** ☐ pâtes.

2 – Et qu'est-ce que tu n'aimes pas?
– Ben, je n'aime pas tellement **A** ☐ le yaourt **B** ☐ le fromage **C** ☐ les champignons.
– Est-ce que tu prends un petit déjeuner le matin?
– Oui, si j'ai le temps!

3 – Qu'est-ce que tu as mangé pour le petit déjeuner ce matin?
– Ce matin, j'ai pris **A** ☐ des céréales **B** ☐ des toasts **C** ☐ un croissant et j'ai bu **A** ☐ du chocolat chaud **B** ☐ un café au lait **C** ☐ un jus de fruit.
– Merci, Claire

2 Mathieu

1 – Salut, Mathieu. Est-ce que tu déjeunes à la cantine, le midi?
– **A** ☐ Oui, je mange à la cantine.
B ☐ Non, j'apporte des sandwichs.
C ☐ Oui, mais quelquefois je mange chez moi.

2 – Qu'est-ce que tu aimes comme sandwichs?
– J'aime surtout les sandwichs au **A** ☐ fromage **B** ☐ jambon **C** ☐ pâté.

3 – Qu'est-ce que tu aimes comme boissons?
– J'aime bien **A** ☐ le coca **B** ☐ la limonade **C** ☐ le jus de pommes.
– Merci, Mathieu.

3 Céline

1 – Bonjour, Céline. Maintenant, on parle des restaurants. Alors, toi, tu as mangé dans un restaurant récemment?
– Oui. Samedi dernier, j'ai mangé dans un **A** ☐ restaurant traditionnel **B** ☐ fast-food **C** ☐ restaurant italien.

2 – Qu'est-ce que tu as mangé?
– Pour commencer, j'ai pris **A** ☐ du potage **B** ☐ du melon **C** ☐ des crudités.

3 – Et comme plat principal?
– Comme plat principal, j'ai choisi **A** ☐ une pizza, avec du jambon et de l'ananas **B** ☐ un hamburger, avec des pommes frites **C** ☐ du poulet, avec des légumes.

4 Christophe

– Christophe, tu es végétarien, non?
– Oui, c'est vrai.

1 – Pourquoi est-tu végétarien?
– Parce que **A** ☐ je ne veux pas manger d'animaux **B** ☐ je crois que c'est bon pour la santé **C** ☐ je n'aime pas la viande et je déteste le poisson.

2 – Depuis combien de temps est-tu végétarien?
– Depuis **A** ☐ deux ans **B** ☐ deux mois **C** ☐ l'âge de douze ans. Ma sœur est végétarienne aussi.

3 – Est-ce que tu manges les œufs et le fromage?
– **A** ☐ Je mange les deux. **B** ☐ Je mange les œufs, mais pas le fromage. **C** ☐ Je n'en mange pas.
– Merci, Christophe.

Encore Tricolore 4 nouvelle édition © Mascie-Taylor, Honnor, Nelson Thornes 2002

Encore Tricolore 4

Presse-Jeunesse: Un peu d'histoire

Comprenez-vous la carte?
Trouvez les paires.

a
1. bonne femme
2. confit
3. en croûte
4. fumé
5. au gratin
6. garni
7. nature
8. piquant
9. sucré
10. salé

a hot, spicy
b smoked
c plain
d sweet
e savoury
f with some kind of garnish (e.g. small salad)
g (meat or fish) poached in white wine sauce with onions and mushrooms
h with browned topping, (often with breadcrumbs or cheese)
i in a pastry case
j potted or preserved

b
1. aïoli
2. hachis Parmentier
3. île flottante
4. macédoine de fruits/ de légumes
5. œuf sur le plat
6. pipérade
7. pommes au four
8. ragoût
9. salade niçoise
10. tournedos Rossini

a scrambled egg or omelette containing onions, green peppers and tomatoes
b salad served as a main dish and containing hard-boiled eggs, olives, green beans and anchovies
c shepherd's pie
d fillet steak topped with pâté served with Madeira sauce
e garlic mayonnaise
f fried egg
g stew
h jacket potatoes
i fruit/vegetable salad
j dessert of poached egg whites floating in custard

Le poulet Marengo
Complétez les phrases.

L'empereur Napoléon adorait le poulet et il en mangeait beaucoup. Son chef de cuisine personnel, M. Dunand, voyageait avec lui et lui préparait des plats délicieux, même pendant les batailles.

En 1800, c'était la veille d'une bataille célèbre entre les Autrichiens et l'armée de Napoléon, à Marengo, en Italie. Assez tard, ce soir-là, Napoléon avait faim et il a demandé à son cuisinier, 'Qu'est-ce qu'il y a à manger?'

Le chef a répondu, 'Il y a des tomates, des olives et des anchois, pour commencer puis du poulet déjà cuit.

'Mettez tout ça ensemble,' a dit Napoléon, 'je n'ai pas le temps de les manger séparément.'

Le cuisinier a servi tout ça ensemble, dans une seule assiette, et Napoléon en a mangé, ainsi que ses officiers.

Aujourd'hui, ce plat est toujours très populaire. On l'appelle 'Le poulet Marengo'.

Complétez les phrases.
1. Napoléon aimait beaucoup manger …
   Ex. *le poulet*
2. M. Dunand était son …
3. En 1800, il y avait une bataille célèbre en …
4. Les Autrichiens se battaient contre les …
5. Le jour avant un événement s'appelle la …
6. Ce soir-là, Napoléon avait faim, mais il n'avait pas beaucoup de …
7. Comme viande et comme poisson, son chef avait du … et des …
8. Comme fruits et légumes, il a pris des … et des …
9. Napoléon a mangé tous ces ingrédients …
10. Aujourd'hui, on peut toujours manger ce …

Autrefois … on mangeait comme ça
Lisez l'article et choisissez le bon titre pour chaque paragraphe.

A Le Roi mangeait, nuit et jour
B Le Roi adorait la soupe
C La soupe, c'est important!
D Les paysans mangeaient royalement
E La soupe, il y en avait toujours

1. Vous aimez la soupe? Depuis des siècles, la soupe joue un rôle important dans le repas du soir des Français.

2. Au Moyen-Âge, les paysans avaient une grande casserole de soupe qu'ils laissaient cuire sans arrêt sur le feu. Le soir, ils en mangeaient à leur faim, et après, ils ajoutaient encore des légumes ou peut-être un poulet, et la soupe continuait à cuire.

3. À l'époque du roi Louis XIV, on mangeait beaucoup de soupe à la cour, mais avec des ingrédients assez inattendus. Par exemple, le roi aimait beaucoup une soupe composée de laitue, de beaucoup d'herbes, de jus de champignons bouillis et d'œufs durs!

4. Le roi Louis XIV était un mangeur extraordinaire et on raconte beaucoup d'histoires au sujet de son grand appétit. Le soir, on laissait à la porte de la chambre de Louis XIV deux ou trois grands pains et quelques bouteilles de vin – même s'il avait mangé un gros dîner. Et pourquoi? Parce qu'il risquait d'avoir faim pendant la nuit!

5. Après un repas du roi, les officiers de la cour apportaient tout ce qui restait du repas et le vendaient au peuple. Souvent, le roi n'avait même pas goûté à tous les plats, alors on pouvait manger de la nourriture royale et à des prix assez bas.

ÉPREUVE 6   Écouter   Partie A   6/12

1 À l'épicerie

Qu'est-ce qu'on achète? Écoutez les deux conversations et cochez les bonnes cases.

1	beurre	sucre	fleurs	vin	lait	thé	chips
l'homme		✔					
la dame							

2	confiture	miel	ananas	bananes	crème	café
l'homme						
la dame						

/6

2 En promotion cette semaine

Écoutez et écrivez la bonne lettre.

A 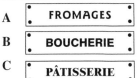 FROMAGES   D CHARCUTERIE   G PLATS CUISINÉS
B BOUCHERIE   E CRÉMERIE   H VINS
C PÂTISSERIE   F POISSONNERIE

Exemple: .....G......   1 ....   2 ....   3 ....   4 ....   5 ....   6 ....

/6

3 Au café

Écoutez et écrivez la bonne lettre.

A   B   C   D   E   F

Exemple: D   1 ☐   2 ☐   3 ☐   4 ☐   5 ☐

/5

4 En Angleterre, on mange comme ça

Céline parle à son ami Sébastien. Écoutez la conversation et écrivez **V** (vrai), **F** (faux) ou **PM** (pas mentionné)

Exemple: Céline a aimé sa visite en Angleterre.	V
1 Elle dit que le soir, on mange plus tôt en Angleterre qu'en France.	
2 Elle a aimé le petit déjeuner, surtout le week-end.	
3 Elle a goûté à plus d'une vingtaine de céréales différentes.	
4 La mère de sa correspondante a fait un gâteau au café tous les vendredis.	
5 Céline trouve que le pain coupé en tranches est très utile.	
6 La correspondante de Céline est végétarienne.	
7 Céline préfère manger le fromage après le dessert.	
8 Céline a acheté du pain anglais pour le ramener en France.	

/8

Total: Partie A: /25

Encore Tricolore 4 nouvelle édition © Mascie-Taylor, Honnor, Nelson Thornes 2002

ÉPREUVE 6   Écouter   Partie B (1)

F/H 1   **On fait des courses**

Écoutez les deux conversations et cochez les bonnes cases.

1   **Au marché**

Ex. A ✓   B ☐      C ☐

½ kilo   1 kilo   1½ kilos

1   A ☐   B ☐   C ☐

½ kilo   1 kilo   1½ kilos

2   A ☐      B ☐   C ☐

3   A ☐   B ☐      C ☐

2   **À la charcuterie**

4   A ☐      B ☐      C ☐

5   A ☐   B ☐      C ☐

6   A ☐      B ☐      C ☐

7   A ☐   B ☐   C ☐

250 kg   200 g   50 g

Encore Tricolore 4 nouvelle édition © Mascie-Taylor, Honnor, Nelson Thornes 2002

ÉPREUVE 6 Écouter   Partie B (2) 6/14

2 On fait des réservations

Vous avez un job dans un restaurant français. Notez les détails.

Exemple: Réservation	jour	heure
Pour quand?	*demain*	*7h 30*
Combien de personnes?	*5*	
Nom	*VOLTZ*	
Autres détails	*en salle*	

1 Réservation	jour	heure
Pour quand?		
Combien de personnes?		
Nom		
Autres détails		

2 Réservation	jour	heure
Pour quand?		
Combien de personnes?		
Nom		
Autres détails		

3 Une interview avec Bernard

Écoutez et cochez la bonne case.

A Exemple: Bernard est **A** ☐ épicier. **B** ☐ pâtissier. **C** ☐ restaurateur.

1 Les Français pensent **A** ☐ plus **B** ☐ moins **C** ☐ pas assez
   à leur santé physique.

2 Bernard **A** ☐ est d'accord **B** ☐ n'est pas d'accord **C** ☐ est quelquefois d'accord
   avec l'attitude des Français.

3 Bernard croit qu'il est **A** ☐ possible **B** ☐ impossible **C** ☐ ridicule
   d'essayer de bien manger et de conserver sa santé.

4 Bernard **A** ☐ a inventé **B** ☐ voudrait inventer **C** ☐ n'a pas pu inventer
   un menu plus équilibré.

B 5 Bernard **A** ☐ mange toujours bien pour sa santé. **B** ☐ mange généralement bien pour sa santé.
      C ☐ ne mange jamais de pâtisseries.

6 De temps en temps, Bernard fait une exception parce que **A** ☐ c'est moins cher. **B** ☐ il est malade.
   C ☐ c'est bon pour le moral.

7 Jean-Louis, (l'interviewer) **A** ☐ mange très mal. **B** ☐ voudrait manger sain, mais ne peut pas.
   C ☐ doit souvent manger dans un fast-food.

8 **A** ☐ C'est à cause de son métier. **B** ☐ C'est parce qu'il adore manger.
   C ☐ C'est parce qu'il préfère manger dans un fast-food.

Total: Partie B:

ÉPREUVE 6   Parler   Role Play (1)   6/15

A1 Au café   (Carte A)

You are in a café in France. You order something to eat and drink and ask for the bill. Your teacher or another person will take the part of the waiter/waitress and will speak first.

1. Say what you would like to eat.

2. Say what you would like to drink.

3. Ask where the toilets are.

    ?

4. Ask how much it is.

   ?

A1 Au café   (Carte B)

Vous êtes dans un café en France. Je suis le serveur/la serveuse.

1. **Exam:** Oui, monsieur/mademoiselle?
   Cand: Je voudrais un sandwich/une glace/un croissant.

2. **Exam:** Et comme boisson?
   Cand: …

3. **Exam:** Très bien, monsieur/mademoiselle.
   Cand: Où sont les toilettes, s'il vous plaît?

4. **Exam:** Au sous-sol.
   Cand: C'est combien?
   Exam: Ça fait 10/15/20 euros en tout.

B1 À l'épicerie   (Carte A)

You are buying some food and drink in France. Your teacher or another person will play the part of the shop assistant and will speak first. Ask the following:

1. Ask for some fruit.

2. Answer the question!

3. Ask for a bottle of one of the following:

4. Ask how much it costs.

?

B1 À l'épicerie   (Carte B)

Vous êtes à l'épicerie où je travaille.

1. **Exam:** Bonjour, vous désirez?
   Cand: Je voudrais des pommes/des poires/des pêches, s'il vous plaît?

2. **Exam:** Oui, vous en voulez combien?
   Cand: …

3. **Exam:** Et avec ça?
   Cand: Une bouteille de limonade/d'eau minérale/de coca.

4. **Exam:** Voilà.
   Cand: Ça fait combien?
   Exam: Ça fait 10/15/20 euros en tout.

ÉPREUVE 6   Parler   Role Play (2)

B2 À la charcuterie (Carte A)

You are buying some food for a picnic in France. Your teacher or another person will play the part of the shop assistant and will speak first. Ask the following:

1 Ask for one of the following

2 Ask for a portion of one of the following

3 Answer the question

!

4  ?

B2 À la charcuterie (Carte B)

Vous êtes à la charcuterie en France. Je suis le vendeur/la vendeuse.

1 **Exam:** **Bonjour, vous désirez?**
   Cand: Je voudrais trois tranches de jambon/un morceau de quiche/un morceau de fromage.

2 **Exam:** **Voilà. Vous voulez autre chose?**
   Cand: Une portion de salade de tomates/de frites/d'œufs mayonnaise.

3 **Exam:** **Je suis désolé, il n'y en a plus. Vous voulez autre chose, de la salade de riz, par exemple?**
   Cand: …

4   Cand: Ça fait combien?
   Exam: **Ça fait 12 euros 50.**

C1 On téléphone au restaurant (Carte A)

[When you see this – ! – you will have to respond to a question you have not prepared.]

You are telephoning a restaurant to book a table for your family. Your teacher or another person will play the part of the restaurant employee and will speak first.

> *Restaurant du Lac bleu*
> site pittoresque avec vue sur lac
> Spécialités régionales
> Fermé dimanche et lundi soir

1 Réservation – (date, nombre de personnes)
2 !
3 🕐
4 !
5 ?

C1 On téléphone au restaurant (Carte B)

Vous téléphonez au restaurant où je travaille.

1 **Exam:** **Allô. Restaurant du Lac bleu.**
   Cand: Je voudrais réserver une table pour … personnes.

2 **Exam:** **Oui, une table pour … Où voulez-vous vous asseoir – sur la terrasse ou en salle?**
   Cand: Sur la terrasse/En salle, s'il vous plaît.

3 **Exam:** **Très bien. C'est pour quelle heure?**
   Cand: …

4 **Exam:** **C'est à quel nom?**
   Cand: …

5 **Exam:** **Alors, c'est … (spell out name)**
   Cand: Est-ce qu'il y a un parking au restaurant?
   Exam: **Oui, il y a un grand parking derrière le restaurant. Alors, c'est noté. Au revoir.**

ÉPREUVE 6 — Conversation and discussion

Les repas à la maison
- Qui fait la cuisine chez toi?
- Est-ce que tu aides à préparer les repas?
- Quand prenez-vous les repas principaux?
- Qu'est-ce que tu prends au petit déjeuner?
- Qu'est-ce que tu aimes et qu'est-ce que tu n'aimes pas manger?
- Quel est ton repas/ton plat/ton dessert préféré?
- Tu aimes le fast-food? Pourquoi?
- À ton avis, quels sont les avantages et les inconvénients du fast-food?
- Qu'est-ce que tu as mangé pour le petit déjeuner ce matin?
- Qu'est-ce que tu as mangé hier soir?
- Qu'est-ce que tu vas manger quand tu rentreras à la maison?
- Tu as mangé un repas spécial à la maison récemment? Décris-le.

Le déjeuner
- Est-ce que tu déjeunes à la cantine?
- Qu'est-ce que tu prends normalement?
- Quel est ton déjeuner favori?
- Qu'est-ce que tu aimes comme sandwichs?
- Qu'est-ce que tu aimes comme boissons?
- Aimes-tu les pique-niques? Pourquoi?

Les restaurants, les cafés, etc.
- Tu aimes manger dans quel genre de restaurant?
- Tu aimes manger dans un fast-food? Pourquoi/Pourquoi pas?
- Est-ce que tu préfères manger dans un fast-food, dans un café ou un restaurant traditionnel?
- Tu as mangé dans un restaurant ou un café récemment? Décris le repas.
- Parle-moi d'un repas que tu as beaucoup aimé/vraiment détesté.
- Quelle cuisine étrangère préfères-tu?
- As-tu mangé un repas à l'étranger? (où/quand?)

Manger sainement
- Qu'est-ce qu'il faut manger pour être en bonne santé?
- Est-ce que tu manges sainement, à ton avis?
- Hier, qu'est-ce que tu as mangé comme fruits et légumes?
- As-tu mangé trop de sucreries/trop de snacks/trop de chips, etc.?
- Tu as bu combien de verres d'eau?
- Tu préfères faire les courses au supermarché ou chez les petits commerçants? Pourquoi?
- Si tu avais le choix, préférerais-tu faire les courses au supermarché ou chez les petits commerçants? Pourquoi?

Le végétarisme
- Est-ce que tu connais quelqu'un qui est végétarien?
- C'est qui?
- Pourquoi est-il/elle végétarien(ne)?
- Depuis combien de temps est-il/elle végétarien(ne)?
- Est-ce qu'il/elle mange du poisson/des œufs?

ÉPREUVE 6 Lire Partie A (1) 6/18

1 Voici le menu

Écrivez la lettre qui correspond.

Menu à 15 euros
- A Soupe du jour

Plat du jour
- B poisson C omelette ou
- D poulet rôti

Légumes
- E petits pois F frites
- G Salade verte

- H Fromage ou I glace

- J pain et K boisson (compris)

Ex — A
1
2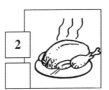
3
4
5
6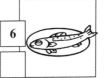
7
8
9
10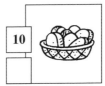

2 Au supermarché, cette semaine

A Œufs frais moyen €1,50	B Riz Le paquet de 1kg €2,40	C Saucisses Le sachet de 10 pièces €1,65	D Confiture Extra de cerises 1 bocal €1,20
E Saucisson sec pur porc la pièce de 200g €2,50	F Bonbons le sachet de 500 g €2,30	G Moutarde de Dijon €1,10	H Beurre doux ou demi-sel la plaquette de 250g €1,10

Écrivez la lettre qui correspond.

Ex — D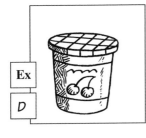
1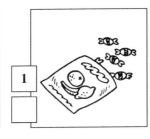
2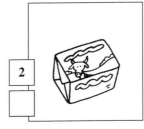
3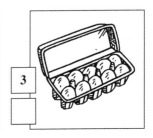
4
5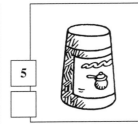
6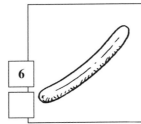
7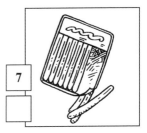

ÉPREUVE 6 Lire — Partie A (2)

F/H 3 Comprenez-vous le menu?

Pour chaque définition, écrivez la bonne lettre.

> A. Essayez notre croque-monsieur.
>
> B. Goûtez à nos yaourts – fraise, banane, vanille.
>
> C. Ici, on sert de l'eau minérale des sources locales. Buvez-en!
>
> D. Avec votre fromage, prenez une salade verte!
>
> E. Essayez notre chocolat chaud.
>
> F. En été, mangez les fruits de saison, framboises, fraises, cassis!
>
> G. Les fruits de mer, vous aimez? Essayez nos spécialités!
>
> H. Et comme dessert, nos tartes aux fruits. Elles sont délicieuses!
>
> I. Et voici le plateau de fromages.

Ex. **E** Les Français en boivent souvent au petit déjeuner. C'est une boisson chaude.

1. ☐ Nous le prenons souvent comme dessert.
2. ☐ Ce sont des fruits et on les mange souvent avec de la crème fraîche.
3. ☐ On le fait avec du pain, du fromage et du jambon – c'est un snack délicieux.
4. ☐ C'est une sorte de gâteau. On la mange comme dessert et il y a des fruits dedans.
5. ☐ C'est une sélection de poissons, comme les crevettes et les moules.
6. ☐ C'est de la laitue et d'autres légumes verts. On la mange après le plat et avant le fromage ou le dessert.
7. ☐ Nous le prenons vers la fin du repas, mais ce n'est pas sucré.
8. ☐ C'est une boisson sans couleur, et très populaire. Elle peut être gazeuse ou non gazeuse.

Total: Partie A:

ÉPREUVE 6　　Lire　　Partie B (1)　　6/20

1　Quel restaurant?

A — Brasserie d'Albi
Cuisine traditionnelle et cuisine italienne
Menu enfants
Animaux acceptés
ouvert t. l. j. sauf lundi

B — Le bateau blanc
Spécialités poissons et fruits de mer
Terrasse et jardin
Parking
Fermé le samedi midi et le dimanche

C — Restaurant international
Cuisine autour du monde
Spécialités orientales et exotiques
Plats végétariens
Prix à la carte
Fermé dimanche et lundi

Lisez les détails de ces annonces et choisissez un restaurant pour une personne qui…

Ex. [B] adore le poisson

1. [ ] voudrait dîner dehors
2. [ ] préfère la cuisine exotique
3. [ ] voudrait déjeuner au restaurant le dimanche
4. [ ] aime les plats italiens
5. [ ] veut acheter des plats pas trop chers pour ses enfants
6. [ ] voudrait amener son petit chien
7. [ ] ne mange ni la viande, ni le poisson

2　Les athlètes, qu'est-ce qu'ils doivent manger?

Pour gagner, il faut manger: tous les athlètes en sont conscients. Mais comment doit-on manger? La règle fondamentale: des repas équilibrés et adaptés au sport en question.

En moyenne, un sportif doit manger deux ou trois fois plus qu'un employé de bureau. Mais attention: il doit choisir ses aliments dans les sucres et non pas dans les graisses ou les protéines. Priorité aux glucides avant la compétition: confiseries, fruits, pâtes et riz.

La recette est donc simple. Inutile de dépenser une fortune en produits commercialisés riches en énergie. Ces produits ont seulement un avantage: ils rendent leurs créateurs encore plus riches. C'est pourquoi les participants du marathon new-yorkais organisent une soirée crêpes avant leur course annuelle de 90 kilomètres. Il est aussi essentiel de consommer toutes sortes de sucres aussitôt après la compétition pour reconstituer les réserves.

Lisez l'article et après chaque phrase (1–8), écrivez V (vrai), F (faux) ou PM (pas mentionné).

Ex.	Les athlètes doivent manger beaucoup de produits sucrés.	Ex. V
1	Les produits comme le beurre et l'huile jouent aussi un rôle important dans les repas des sportifs.	
2	Les athlètes doivent manger beaucoup de crudités et de salades. Les légumes frais sont très importants.	
3	Il est nécessaire pour les athlètes d'acheter des produits spéciaux plus riches en sucre que la nourriture ordinaire.	
4	Les coureurs de marathon qui mangent beaucoup de pâtes courent moins vite.	
5	Le pain et les pommes de terre sont aussi à déconseiller aux athlètes, mais le pain de campagne est meilleur que le pain blanc.	
6	En Suède, avant la grande course annuelle, il y a une sorte de fête, où on mange des crêpes.	
7	Le plus important pour les athlètes, c'est de manger des repas bien équilibrés.	
8	Les athlètes doivent continuer à consommer des sucreries après l'effort physique.	

ÉPREUVE 6 Lire   Partie B (2) 6/21

H **3 Suzanne écrit à sa correspondante**

Lisez la lettre de Suzanne et faites les activités, A et B.

> Chère Kirstie,
> C'est très gentil de nous inviter à dîner chez toi le jour de notre arrivée en Grande Bretagne. Tu m'as demandé nos préférences ou les choses qu'on ne mange pas. Et bien, tout le monde aime le poisson mais mon frère, Thomas, ne mange pas de viande. Nous adorons les crudités, les salades, les légumes (à part le chou-fleur et les carottes), mais nous ne mangeons pas beaucoup de fruits. À part ça, on mange presque tout – mais pas trop d'œufs, ça me rend malade de temps en temps.

> Nous serons très contents de goûter aux plats anglais traditionnels dont tu m'as parlé, comme les fromages de Wensleydale et de Caerphilly – nous adorons le fromage!
> On va t'apporter une bouteille d'un de nos vins français favoris. Tu préfères le vin blanc ou le vin rouge? Chez nous on aime les deux, mais pas tellement la bière – comme on en boit en Angleterre!
> Je te téléphonerai la veille de notre départ.
> À bientôt!
> Suzanne

A Répondez aux questions **en français**.

Ex. La famille de Suzanne va prendre quel repas chez Kirstie? .... *le dîner* ....

1 Qui est végétarien, mais mange du poisson? ....
2 Comme légumes, qu'est-ce que Suzanne ne mange pas? .... [2]
3 Pourquoi est-ce que Suzanne ne mange pas beaucoup d'œufs? ....
4 Est-ce que Suzanne préfère les fromages ou les fruits? ....

B Choisissez le meilleur menu pour sa famille. Pour chaque plat, cochez la bonne case.

5 Pour commencer:
   - A ☐ du melon avec du jambon de York
   - B ☐ le saumon fumé avec une salade de tomates
   - C ☐ du pâté de porc avec crudités

6 Comme plat principal:
   - A ☐ le Yorkshire pudding avec de la sauce à l'oignon
   - B ☐ omelette aux champignons avec pommes sautées
   - C ☐ côtelettes d'agneau avec sauce à la menthe

7 Comme légumes:
   - A ☐ petits pois et choux de Bruxelles
   - B ☐ oignons, carottes et poireaux
   - C ☐ chou-fleur au gratin

8 Comme dessert:
   - A ☐ compote des fruits de l'été
   - B ☐ plateau de fromage
   - C ☐ œufs à la neige

9 Comme boisson:
   - A ☐ jus de fruit
   - B ☐ vin rouge
   - C ☐ bière

Total: Partie B:

ÉPREUVE 6   Écrire   Partie A 6/22

1 Au menu

a Complete this list with five items of food and drink for a cold lunch.

Exemple: du pain
1 ....
2 ....
3 ....
4 ....
5 ....

b Complete the menu with a first course, a main dish, two vegetables, a dessert and a drink.

Menu du jour

Hors d'œuvre
le potage

Plat du jour
_____

Légumes
_____
_____

Dessert
_____

Boisson
_____

/10

2 La nourriture

Complete the information **in French** in Lucie's letter.

Exemple:	J'aime bien les [cherries] , mais je n'aime pas l' [pineapple] .	
	J'aime bien les _cerises_ , mais je n'aime pas l' _ananas_ .	
1	J'adore les fruits, surtout [raspberries] et les [nuts] .	
	J'adore les fruits, surtout .... et les	
2	Je n'aime pas beaucoup le [cauliflower] .	
	Je n'aime pas beaucoup le	
3	Au goûter, je mange du pain avec [ham] [cheese] [butter] et [jam] .	
	Au goûter, je mange du pain avec .... et	
4	Hier, à la cantine, j' (MANGER) du riz avec de la viande.	
	Hier, à la cantine, j' .... du riz avec de la viande.	
5	Mon ami est végétarien. Hier, il (CHOISIR) du potage aux légumes.	
	Mon ami est végétarien. Hier, il .... du potage aux légumes.	
6	Comme dessert, hier, on (PRENDRE) un yaourt.	
	Comme dessert, hier, on .... un yaourt.	
7	Samedi prochain, je (ALLER) faire un pique-nique avec mes amis.	
	Samedi prochain, je .... faire un pique-nique avec mes amis.	
8	Nous (ALLER) faire des course au supermarché vendredi soir.	
	Nous .... faire des course au supermarché vendredi soir.	

/10

ÉPREUVE 6   Écrire   Partie B   6/23

F/H 3 Un message

You are arranging a picnic with a French friend.
You receive this e-mail, asking some questions.

> Je veux bien faire un pique-nique samedi.
> Rendez-vous où et quand?
> Est-ce que tu vas acheter du pain?
> Qu'est-ce que tu achètes en plus?
> Moi, je vais acheter des fruits. Qu'est-ce que tu aimes?
> Comme boisson, tu préfères de la limonade ou du jus d'orange?
> Après le pique-nique, qu'est-ce qu'on va faire?
> Amitiés,
> Alex

Reply **in French** and write a sentence each time.
Exemple: *Rendez-vous à la gare à onze heures.*
Say:
1 whether you're buying the bread
2 what else you're buying
3 what kind of fruit you like
4 which drink you prefer
5 what you are going to do afterwards

H 4 On répond à Dominique

You have received this letter from your friend, Dominique. He wants to know about mealtimes in your home, what sort of food you like and dislike and about any special meals you've eaten recently.
Écrivez une lettre à Dominique **en français** (environ **70 à 80 mots**).
Répondez à ces questions:
- Quand prenez-vous les repas principaux?
- Qu'est-ce que tu prends au petit déjeuner?
- Qu'est-ce que tu aimes et qu'est-ce que tu n'aimes pas manger?
- Tu as mangé dans un restaurant ou un café ou tu as mangé un repas spécial à la maison? Décris le repas.

> Salut!
>   Merci de ta carte. Le jour de mon anniversaire, nous avons dîné à la nouvelle pizzeria en ville. J'adore la cuisine italienne, surtout les pizzas. J'ai commandé une pizza quatre saisons avec du jambon, du fromage, des champignons, etc. Un ami, Luc, est venu aussi. Il a mangé des spaghettis. C'était délicieux. Comme dessert, nous avons tous pris une glace. Moi, j'aime surtout la glace au citron.
>   Au collège, je prépare un exposé sur les repas et la nourriture dans des pays différents. Tu peux m'aider? Tu peux me décrire des repas chez toi. Est-ce qu'il y a quelqu'un dans la famille qui est végétarien? Parle-moi aussi des choses que tu aimes ou que tu n'aimes pas manger. As-tu mangé un repas au restaurant ou un repas de fête récemment?
>   Merci de ton aide,
>   Amitiés,
>   Dominique.

H 5 Une lettre ou un article

Answer either **a** or **b**.

EITHER:

a Une soirée au restaurant
Écrivez une lettre **en français** pour décrire une soirée (vraie ou imaginaire). Écrivez environ **120 à 140 mots**.
Ça peut être une soirée catastrophique ou une soirée exceptionnelle.
Mentionnez:
- le repas
- le service (erreurs?)
- le prix
- les autres clients
- des incidents
- vos réactions

OR:

b Bien manger, c'est important
Écrivez un article (environ **120 à 140 mots**) **en français**.
Mentionnez:
- ce qu'il faut manger pour la santé
- ce que vous avez mangé hier
- le fast-food – vos opinions
- le végétarisme – vos opinions

Encore Tricolore 4

UNITÉ 7 — 7/1

Mots croisés – les loisirs

Horizontalement

1. J'ai mon propre ordinateur et je m'intéresse beaucoup à l'… (12)
5. Je … m'intéresse pas du tout au sport. (2)
8. J'adore le sport et je joue dans l'… de basket au collège. (6)
9. Est-ce que tu sais jouer aux …? (6)
12. Il y a un bon film au cinéma, … y va? (2)
13. Je n'aime pas du … les séries à la télé. Je trouve ça ennuyeux. (4)
15. La musique, c'est ma passion. Je chante dans une chorale et je joue du violon. Je voudrais … musicien professionnel plus tard. (4)
17. Tu aimes jouer au Monopoly? C'est un … de société. (3)
18. Mes parents aiment beaucoup visiter des jardins publics, mais moi, non. Je trouve ça … (8)
24. Qu'est-ce que tu aimes …, comme loisirs? (5)
25. J'aime la … Je suis toujours en train de lire un bon livre. (7)
26. Je voudrais faire de l'équitation, mais on n'a pas beaucoup d'argent et ça coûte … (4)
28. C'est le contraire de 'rarement'. (7)
30. Je sors plus souvent en … qu'en hiver. (3)
31. Mais je … sors pas le soir, quand nous avons des examens au collège. (2)
34. Je surfe sur Internet pour m'informer sur les nouveaux films. Je trouve ça très … (11)

Verticalement

1. Comme loisirs, je m'… à la photographie. (9)
2. Je … sais pas faire du ski, mais j'aimerais apprendre. (2)
3. … sœur joue au badminton. Elle a gagné le tournoi au club. (2)
4. Nous avons un club … au collège. On joue une pièce moderne en ce moment. (7)
6. C'est le contraire de 'peu'. (8)
7. J'aime beaucoup chanter et je suis membre de la … au collège. (7)
10. … août, je vais faire une tournée avec l'orchestre des jeunes. (2)
11. Mon frère ne … pas jouer au bridge mais je vais lui apprendre. (4)
14. Et toi, est-ce que … sors de temps en temps avec tes amis? (2)
16. Je … sur Internet tous les soirs. Je fais des recherches et je tchatche (*chat*) avec mes amis. (5)
19. Comme sport, j'aime surtout la natation. J'ai appris à … à l'âge de quatre ans. (5)
20. Est-ce que tu vas à … club des jeunes? (2)
21. En ce moment, je ne sors pas en semaine, parce que je n'ai pas beaucoup de temps … (5)
22. Je fais beaucoup de sport et je joue dans l'équipe de h… (6)
23. J'adore faire la … et quelquefois, je prépare le repas pour la famille. (7)
25. Comme passe-temps, j'aime … roller. (2)
27. Pour me détendre, j'aime regarder les séries, comme *Friends*, à la … (4)
29. Et toi, quel est … passe-temps favori? (3)
32. Est-ce que tu … sportif? (2)
33. Marc va apporter … guitare à la soirée. (2)

Encore Tricolore 4

UNITÉ 7 — 7/2

Faire – un verbe utile

Faire usually means 'to do' or 'to make', but it is often used to describe the weather, e.g. *il fait beau/mauvais*, and in other expressions, e.g.

faire attention	to be careful	faire un pique-nique	to have a picnic
faire du camping	to go camping	faire de la planche à voile	to go windsurfing
faire des courses	to go shopping	faire le plein	to fill up with petrol
faire la cuisine	to cook	faire une promenade	to go for a walk
faire des économies	to save	faire du ski nautique	to go water skiing
faire de l'équitation	to go riding	faire de la voile	to go sailing

1 On s'amuse

Cet après-midi, tout le monde fait quelque chose de différent. Que font-ils? **Ex.** *Il fait de la planche à voile.*

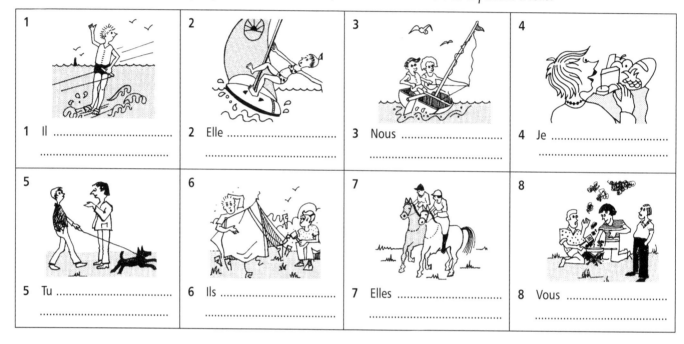

1 Il ....
2 Elle ....
3 Nous ....
4 Je ....
5 Tu ....
6 Ils ....
7 Elles ....
8 Vous ....

2 En France

Complétez les phrases avec la forme correcte du verbe faire au présent, au passé ou au futur

1 Nous **Ex.** *faisons* très attention en traversant la rue.
2 On dit qu'il .... beau demain.
3 Alors, s'il fait beau, nous .... un pique-nique à la plage.
4 Hier, ils .... la queue pendant une heure pour voir cette exposition.
5 Ne t'en .... pas – ce n'est pas grave.
6 J' .... des économies pendant deux ans pour me payer ce voyage.
7 Vous .... vos valises hier soir?
8 Ça .... combien de temps que tu .... du ski?
9 Il .... très froid quand nous étions à la montagne.
10 Elle .... du 100 km à l'heure quand l'accident est arrivé.

3 Faire + infinitif

Faire can also be used with another verb in the sense of getting something done, e.g.

faire faire	to have made
faire réparer	to get something repaired
faire construire	to have built
faire voir	to show

Complétez les phrases.

1 En ce moment, nous .... réparer la voiture.
2 Tu .... réparer ton appareil-photo, hier?
3 Tu t'es coupé le doigt? .... voir.
4 L'année dernière, elle .... faire une robe pour le mariage de son fils.
5 L'année prochaine, ils .... construire une maison à Arles en Provence.
6 La machine à laver est en panne. Il faut la .... réparer.

Encore Tricolore 4

UNITÉ 7 — 7/3

Inventez des conversations

Travaillez à deux. Jetez un dé ou choisissez des numéros et inventez des conversations.

1
- Tu es libre (**A**) ....?
- Oui. Qu'est-ce qu'on fait?
- Tu veux aller (**B**) ....?
- Oui, d'accord. À quelle heure?
- À (**C**) ...., ça va?
- Oui, c'est bien.

2
- Tu veux (**D**) ....?
- Euh, je ne sais pas.
- Tu préfères (**E**) ....?
- Oui, bonne idée. On peut sortir un autre soir.
  Je veux bien (**D**) .... un autre jour.

3
- Il y a un grand concert de rock au stade. On y va?
- Oui, je veux bien. C'est combien, les places?
- C'est (**F**) ....
- D'accord. Tu y vas comment?
- J'y vais (**G**) ....
- Alors, rendez-vous chez toi à (**C**) ....

A 1 mer. 2 jeu. 3 ven. 4 sam. 5 dim. 6 lun.

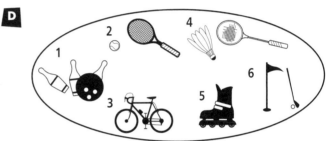

D

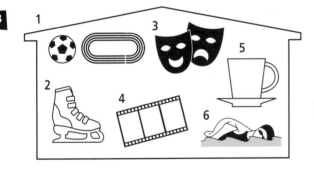

B

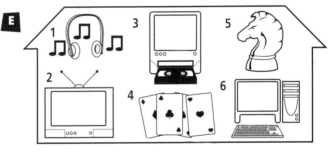

E

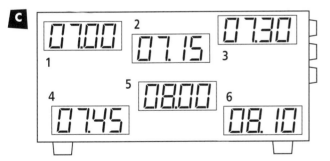

C

F
1 10 euros	4 18 euros
2 12 euros	5 20 euros
3 15 euros	6 25 euros

G

Encore Tricolore 4

C'est le meilleur!

1 Un lexique

Complétez les listes.

Français	Anglais
le plus célèbre	the most ....
le plus	the most expensive
le moins cher	the least ...
le	the largest
le	the smallest
le plus vite	the ....
le plus tôt	the ....
au plus tard	at the ....
le meilleur livre	the best book
le	the best film
la meilleure actrice	the best actress
la	the best music
le pire/le plus mauvais	the ....

2 C'est un record!

Choisissez les expressions correctes pour compléter ces phrases.

> le plus court   les plus populaires   le plus lourd
> le plus long   le plus profond   le plus extraordinaire
> le plus grand   le plus célèbre   la plus violente

1 Le mot anticonstitutionnellement, composé de 25 lettres, est le mot .... de la langue française.

2 Le village d'Ys dans la Somme a le nom .... de France.

3 Le Lac du Bourget dans les Alpes est le lac .... de France.

4 La Tour Eiffel est le monument .... de Paris.

5 De tous les touristes qui sont montés au sommet de la Tour Eiffel, ... et peut-être aussi .... était Simba, un jeune éléphant qui pesait 1 000 kilos.

6 Le Camembert est un des fromages .... de tous les fromages français. En plus, c'est un Français, Michel Beaufils, qui en a dévoré .... nombre – il a mangé huit camemberts entiers en quinze minutes.

7 En Guadeloupe, il a tellement plu que 38.1mm d'eau sont tombés en une minute. C'est l'averse .... enregistrée.

3 Un jeu

a *Complétez les questions.*
b *Choisissez la bonne réponse.*

1 Quel fruit est le **Ex.** ..*plus*.. ..*cultivé*..? *(cultivated)*
  a ☐ la poire b ☐ le raisin c ☐ la pomme

2 Quel fruit est le ....? *(popular)*
  a ☐ la banane
  b ☐ la fraise
  c ☐ la pêche

3 Quel continent produit la .... quantité de riz? *(largest)*
  a ☐ l'Amérique b ☐ l'Afrique c ☐ l'Asie

4 Dans quel pays est-ce qu'on consomme la .... quantité de poisson? *(largest)*
  a ☐ en Espagne b ☐ au Japon c ☐ au Portugal

5 Quel animal est le ....? *(biggest)*
  a ☐ l'éléphant b ☐ la baleine bleue c ☐ l'ours polaire

6 Quel animal est le .... ? *(tallest)*
  a ☐ le cheval b ☐ le kangourou c ☐ la girafe

7 Quel fleuve est le .... ? *(longest)*
  a ☐ le Nil b ☐ l'Amazone c ☐ la Loire

8 Quel océan est le .... ? *(smallest)*
  a ☐ le Pacifique b ☐ l'Atlantique c ☐ l'Arctique

9 Quelle montagne est la .... ? *(highest)*
  a ☐ le mont Blanc b ☐ le mont Kilimandjaro
  c ☐ le mont Everest

10 Quelle île est la .... ? *(largest)* (On ne compte pas l'Australie.)
  a ☐ l'Irlande b ☐ le Groenland c ☐ l'Islande

> Un jeu – Solution (b): 1c 2a 3c 4b 5b
> 6c 7b 8c 9c 10b

Encore Tricolore 4

UNITÉ 7 | **7/5**

On parle des films

1 Un acrostiche

Verticalement
1 Qu'est qu'il y a comme … cette année au cinéma? (*blockbuster*) (15)

Horizontalement
1 La prochaine … est à quelle heure, s'il vous plaît? (*performance*) (6)
2 On passe *Mort sur le Nil*. C'est un vieux film…? (8)
3 Qui joue le … principal? (4)
4 Est-ce que le film est doublé ou en version … ? (9)
5 Emmanuelle Béart est une grande … française. (7)
6 J'adore les films qui font rire, comme *Shrek*. Je préfère les … aux autres genres de film. (8)
7 Souvent, les films américains sont …-… en français. (4-6)
8 Mon petit frère adore les films en … …, surtout les films de Disney, comme *Le Roi Lion*. (6, 5)

2 La Jarre

Lisez la description de ce film iranien. Ensuite, lisez les phrases et choisissez les six phrases qui font un résumé de l'article.

La Jarre
film iranien de Ebrahim Forouzesh
Durée 1h26

La cour d'une école, dans un petit village iranien, aux portes du désert. Le soleil est écrasant. Sous la direction de l'instituteur, les élèves viennent boire à une énorme jarre, remplie d'eau. Un jour, catastrophe: on s'aperçoit que la jarre est fissurée! Vite, il faut colmater la fuite… Sur ce sujet tout simple, Ebrahim Forouzesh réalise la plus réjouissante des comédies de mœurs.

Il faut fabriquer un ciment à base de cendre, de chaux et de blanc d'œuf. Toute la classe se mobilise. Tout le village s'en mêle. *La Jarre* devient une joyeuse galerie de portraits. C'est aussi une réflexion sur la difficulté de vivre en groupe, et une fenêtre ouverte sur le monde du paysan iranien, sa pauvreté, sa vitalité.

On admire la mise en scène, d'une simplicité exemplaire, le naturel des jeunes comédiens … et la formidable patience de l'instituteur!

Vocabulaire
écrasant	overwhelming
on s'aperçoit	they notice
fissurée	cracked
colmater la fuite	to seal off the leak
réjouissante	delightful
une comédie de mœurs	a comedy of manners
la cendre	ash
la chaux	lime
la pauvreté	poverty

A Dans ce film, il s'agit de la vie dans un petit village iranien et surtout à l'école.
B La vedette du film est un acteur français très célèbre qui prend le rôle de l'instituteur.
C Comme il fait très chaud, les enfants viennent boire de l'eau qu'on garde dans une très grande jarre.
D Les enfants gardent des œufs dans une grande jarre dans la cour de l'école.
E Un jour, on voit que la jarre est fracturée.
F Tout le monde essaye de réparer la jarre.
G Sur ce sujet très simple, Ebrahim Forouzesh a fait un bon film très amusant.
H L'histoire du film est un peu triste parce que les paysans sont très pauvres.
I En plus, le film nous montre très bien la vie d'un village iranien.
J C'est une histoire très compliquée, mais joyeuse.

3 Un film que j'ai vu

Maintenant, écrivez quelques phrases pour décrire un film que vous avez vu. Donnez aussi vos réflexions sur le film. Voici des idées:

Il s'agit de…(*It's about …*)
C'est l'histoire de… (*It's the story of …*)
Le star/la vedette du film est…
(*The star of the film is …*)
Il/elle prend le rôle de… (*He/she takes the part of …*)
C'est un film amusant/triste/compliqué/effrayant/excitant, etc.
J'ai aimé/Je n'ai pas aimé les acteurs/l'histoire/le commencement/la fin/les effets spéciaux/la musique, etc.

Encore Tricolore 4

C'était un désastre

1 Un week-end raté

a *Choisissez la bonne bulle.*

Exemple: 1 F

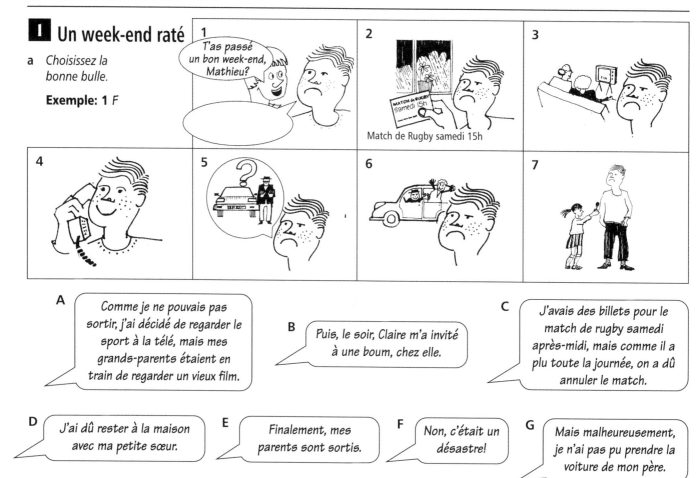

A Comme je ne pouvais pas sortir, j'ai décidé de regarder le sport à la télé, mais mes grands-parents étaient en train de regarder un vieux film.

B Puis, le soir, Claire m'a invité à une boum, chez elle.

C J'avais des billets pour le match de rugby samedi après-midi, mais comme il a plu toute la journée, on a dû annuler le match.

D J'ai dû rester à la maison avec ma petite sœur.

E Finalement, mes parents sont sortis.

F Non, c'était un désastre!

G Mais malheureusement, je n'ai pas pu prendre la voiture de mon père.

b *Maintenant, imaginez que vous racontez cette histoire à un ami. Commencez comme ça:*

1 Le week-end de Mathieu était un désastre.
2 Il avait des billets…
(N'oubliez pas de changer les pronoms, les verbes et les mots comme 'mon', etc.)

2 Jacques Malchance

Voici d'autres images d'un samedi raté. Pouvez-vous raconter l'histoire? Commencez comme ça:

Samedi dernier, j'avais rendez-vous avec Sophie pour huit heures et demie, devant le cinéma …

…ou comme ça: Samedi dernier, Jacques avait rendez-vous …

Encore Tricolore 4

UNITÉ 7 — 7/7

Un week-end récent

Vous avez passé le week-end comme indiqué sur les images.
Racontez votre week-end.

1 À la discothèque — VENDREDI SOIR

de… à…

danser avec qui?
où?

2 Au téléphone

sortir?
où?
quand?
rendez-vous

3 On se prépare

s'habiller

se préparer   se laver   où?

quoi mettre?

partir à la hâte

4 Devant le cinéma

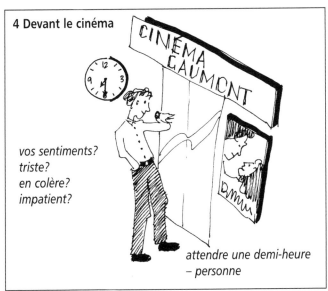

vos sentiments?
triste?
en colère?
impatient?

attendre une demi-heure – personne

5 Plus tard

décider de partir
vos sentiments?

Attends!

l'explication?
embouteillages?
accident?
manquer le bus?
se tromper d'heure? etc.

Encore Tricolore 4

UNITÉ 7 — 7/8

Tu comprends?

1 Un stage d'activités

Qu'est-ce qu'on fait? Écoutez les conversations et écrivez la bonne lettre.
Exemple: Catherine ..C..

1 Karim ......
2 Lise ......
3 Mathieu et Thierry ......
4 Émilie ......
5 Daniel ......
6 Sophie ......

2 On va au cinéma?

Écoutez la conversation et cochez (✓) les bonnes cases.
Ex. Au cinéma Dragon, on passe
    a ☐ un film comique b ✓ un film d'aventures
    c ☐ un film d'horreur.

1 C'est un film a ☐ français b ☐ anglais c ☐ américain.
2 C'est a ☐ doublé b ☐ en version originale.
3 La prochaine séance commence à
    a ☐ 17h00 b ☐ 17h30 c ☐ 19h30.
4 La séance finit à a ☐ 19h45 b ☐ 21h45 c ☐ 09h45.
5 Les places sont à
    a ☐ 6 euros b ☐ 8 euros c ☐ 8 euros 50.
6 Il y a un tarif réduit pour les étudiants à
    a ☐ 3 euros 50 b ☐ 4 euros c ☐ 4 euros 50.

3 Des projets pour le week-end

Écoutez les conversations et complétez les messages. Il y a deux conversations.

Message 1

```
Lucie
Élodie et moi allons à ...la piscine......
samedi ................
On va prendre ................
Rendez-vous à ................
devant ................
Envoie-moi un e-mail si tu veux venir.
Nicolas
```

Message 2

```
Roland
Thomas et moi allons au ................
................ prochain
On va prendre ................
Rendez-vous à ................
au ................ à côté du ................
Tu veux venir avec nous?
Catherine
```

4 On parle des loisirs

Écoutez les conversations et complétez le texte.

Jonathan
– Quel est ton passe-temps préféré?
– J'aime tous les sports, surtout la **Ex** ..I.. et le ski.
– Quand est-ce que tu as appris à 1 ...... ?
– J'ai commencé à l'âge de 2 ...... ans.
– Et où est-ce que tu fais du ski?
– Je vais dans les Alpes avec mon père, pendant les vacances de 3 ....
– Et à part le sport, qu'est-ce que tu aimes faire?
– J'aime 4 ...... et le cinéma. La semaine prochaine, je vais voir le film *Le Seigneur des Anneaux*. On dit que c'est un très bon film. J'ai déjà lu 5 ...... et je l'ai bien aimé.

Émilie
– Qu'est-ce que tu as comme passe-temps?
– Moi, j'aime beaucoup la musique. Je joue du piano et de la flûte et je 6 ...... dans une chorale.
– Quand est-ce que tu as commencé à jouer d'un instrument?
– J'ai commencé à apprendre 7 ...... à l'âge de sept ans et 8 ...... un peu plus tard, à l'âge de neuf ans. Je joue de la flûte dans l'orchestre du collège. Le mois 9 ...... , nous allons donner un concert à l'hôtel de ville.
– Et à part la musique, qu'est-ce que tu fais? Du sport?
– Pas beaucoup. Je ne suis pas très sportive. Je fais 10 ...... quelquefois, le week-end, avec 11 ...... , mais c'est tout. J'aime 12 ...... , surtout les livres de science-fiction. Récemment, j'ai lu *Les Royaumes du Nord* de Philip Pullman. C'est un très bon livre.
– Tu sors de temps en temps avec tes amis?
– Oui, le week-end, surtout. Le week-end dernier, j'ai fait du 13 ...... avec des amis. C'était amusant.

| A bowling | B chante | C le chien | D la flûte | E l'informatique | F la lecture | G le livre | H nager | I natation |
| J le piano | K printemps | L prochain | M des promenades | N six | | | | |

Presse-Jeunesse: Le Tour de France

Le Tour de France

Le Tour de France est l'épreuve cycliste la plus longue et la plus dure au monde. C'était d'abord un événement français, inventé par un journal sportif, appelé *l'Auto*. C'est maintenant une course internationale très célèbre. Les deux guerres mondiales ont interrompu le Tour, mais, à part ça, la course a lieu tous les ans au mois de juillet et dure environ 3 semaines. Presque tous les Français suivent le progrès du Tour à la télé et des milliers de spectateurs attendent l'arrivée des vainqueurs sur les Champs-Elysées à Paris.

Faites la comparaison

	Le premier Tour	le Tour moderne
Date	1903	Exemple 2001 (le 88e tour)
Distance	2428 km	3462 km
Étapes	6 (souvent sur des routes en terre battue ou avec beaucoup de pierres et de trous.)	20 (dont 7 en montagne et 3 contre la montre.)
Coureurs	60	179
Un vélo pèse	entre 12 et 15kg	entre 7,5 et 9kg
Vainqueur	Garin (français)	Lance Armstrong (américain) (pour la troisième année consécutive)

Les trois maillots

Trois maillots, de couleurs différentes, permettent aux spectateurs de distinguer facilement les coureurs qui ont du succès.

Comme les pages du journal *Auto* étaient jaunes, en 1919, on a choisi cette couleur pour le maillot du vainqueur. Le coureur qui porte le maillot jaune est celui qui a obtenu le meilleur temps depuis le commencement du Tour, donc ça peut changer de jour en jour.

Quand un coureur gagne une étape ou figure le plus souvent parmi les cinq premiers 'sprinters' d'une étape, il obtient des points. Le concurrent qui a le plus de points porte le maillot vert.

Le coureur qui gagne le plus souvent les courses en montagne a le droit de porter ce maillot.

Le Tour-en flash !

Tricher, c'est interdit!
Dans les premières années du Tour, il n'y avait pas beaucoup de contrôles et souvent, on trichait. Par exemple, on tirait quelquefois des vélos avec une auto et un ou deux coureurs ont même pris le train!
En plus, quelques spectateurs ont mis des clous sur la route devant les concurrents de leur coureur favori, pour crever les pneus de leurs vélos.

Des problèmes

Il y avait beaucoup de problèmes pour les premiers coureurs; par exemple, on devait porter quelques outils sur son vélo, un pneu de secours, etc. parce que les coureurs devaient réparer le vélo eux-mêmes.
Les routes n'étaient pas bien marquées et, pendant le premier tour, les coureurs en tête se sont trompés de route pendant la nuit.

Pendant une autre étape, vers la fin du premier tour, la route était soudain barrée par des vaches. Le coureur, Garin, a réussi à s'échapper de l'impasse et cela lui a donné un grand avantage sur les autres.

La technologie aide les coureurs modernes

À l'oreille, un coureur porte une 'oreillette' qui le relie à la voiture radio du directeur sportif de son équipe.

Sur le guidon de son vélo, le coureur a un petit compteur qui indique non seulement sa vitesse, mais aussi la fréquence de pédalage et sa fréquence cardiaque.

Pour savoir plus sur le Tour, allez vite à votre ordinateur et cliquez sur le site **www.letour.fr**

Que savez-vous du Tour de France?

Trouvez les paires.

1 Le Tour de France se termine…
2 C'est un journal sportif qui…
3 On appelle les cyclistes qui font partie du Tour…
4 La date du premier Tour était…
5 Si un coureur a obtenu le temps le plus rapide…
6 Le coureur qui a le plus grand nombre de points…
7 Le cycliste qui est le meilleur grimpeur, en montagne…
8 Quand on mesure le temps d'un cycliste sur une étape courte, on l'appelle…
9 Le Tour d'aujourd'hui couvre une distance…
10 Les vélos modernes sont…

a une étape contre la montre.
b à Paris.
c 1903.
d porte le maillot à pois rouges.
e les coureurs.
f plus légers que les vélos des premiers coureurs.
g a créé le premier Tour de France.
h porte le maillot vert.
i plus longue que le premier Tour.
j il porte le maillot jaune.

ÉPREUVE 7 Écouter   Partie A 7/10

F **1 Une semaine pleine d'activités**

Écoutez. Pour chaque jour, écrivez les bonnes lettres.

A   B   C   D   E

F   G  H   I

MAI		
dim.	5	Ex. H
lun.	6	
mar.	7	am pm
mer.	8	
jeu.	9	am pm
ven.	10	
sam.	11	

F **2 Quels loisirs?**

Écoutez. Quels sont leurs loisirs préférés? Écrivez deux lettres à chaque fois (sauf pour Christine).

Ex. Martin [G] [J]

1 Camille [ ] [ ]   2 Florent [ ] [ ]   3 Louise [ ] [ ]   4 Christine [ ]

A   B   C   D   E

F   G  H   I  J

F/H **3 On parle du cinéma**

Écoutez et complétez la grille.

	genre de film	nationalité	impressions
Maxime	dessin animé	français	1
			2
Camille			1
			2
Daniel			1
			2

2 + 4 + 4 =

Total: Partie A:

146   Encore Tricolore 4 nouvelle édition © Mascie-Taylor, Honnor, Nelson Thornes 2002

ÉPREUVE 7 Écouter Partie B (1)

1 Si on sortait?

Écoutez la conversation de David et Caroline et regardez la publicité. Écrivez la bonne lettre (2, 3, 4). Écrivez l'endroit (5) et l'heure (6) de leur rendez-vous **en français**.

Ils n'ont pas choisi ça: 1 ...F.... 2 .... 3 ....

Ils ont choisi ça: 4 ....

Rendez-vous: 5 .... à 6 ....

En Vacances à Arcachon

- A Maison des Jeunes / Aquarium tropical
- B Fête foraine / Place Gambetta
- C Mini-Golf du Village Médiéval / 18 trous à thème dans un jardin paysagé
- D Soirée Rock / Salle des Fêtes
- E Championnats nationaux de Judo Bonneval
- F Les Tennis de Pilat-Plage / Pyla-sur-Mer

2 Le week-end d'Anaïs

Écoutez et écrivez la bonne lettre.

Ex. Vendredi matin, Anaïs…
- A ☐ a acheté un pull pour Olivier.
- B ☑ a acheté un pull pour elle-même.
- C ☐ a acheté un pull pour Sébastien.

1 Elle va échanger le pull mardi matin…
- A ☐ parce qu'il n'est pas assez grand.
- B ☐ parce qu'elle n'en aime pas la couleur.
- C ☐ parce qu'il est trop grand.

2 Anaïs a trouvé la fête d'Olivier…
- A ☐ absolument fantastique.
- B ☐ pas mal, sauf la musique qu'elle n'a pas aimée.
- C ☐ pas mal, mais il y avait trop d'invités.

3 Anaïs est rentrée chez elle à onze heures…
- A ☐ parce qu'elle n'aimait pas la musique.
- B ☐ parce qu'elle était fatiguée.
- C ☐ parce qu'elle avait mal à la tête.

4 Anaïs n'est pas allée au cinéma…
- A ☐ parce qu'elle n'aime pas les comédies.
- B ☐ parce qu'elle avait des devoirs à faire.
- C ☐ parce qu'elle s'est levée à onze heures.

5 Sébastien a trouvé le film…
- A ☐ très comique.
- B ☐ pas mal.
- C ☐ nul.

ÉPREUVE 7 Écouter Partie B (2) 7/12

[H] 3 La presse, c'est mon travail

Écoutez l'interview avec Jean-Pierre Levoisier, marchand de journaux à Paris. Répondez aux questions **en français**.

Ex. Que fait Jean-Pierre dans la vie? _Il vend les journaux/Il est marchand de journaux._

1 Est-ce qu'il travaille à son compte, pour une agence ou pour son frère?
   ....

2 Qu'est-ce qu'il fait quand il n'a pas de clients?
   ....

3 Avec qui est-ce qu'il part en vacances normalement?
   ....

4 Pourquoi aime-t-il le dimanche?
   ....

5 Est-ce que la vie est plus ou moins difficile pour Jean-Pierre aujourd'hui?
   ....

6 Pourquoi? (Mentionnez **deux** raisons.)
   ....
   .... [2]

7 Comment trouve-t-il son emploi, en général?
   ....

[H] 4 On s'excuse

Listen and reply to the questions **in English**.

Ex. What reason does Manon suggest for Alice arriving late?

missing the bus

1 Why was Alice actually late?
   ....

2 How long had Jean-Luc been waiting for Léila?
   ....

3 Why was she late?
   ....

4 What reason does she give for not taking a taxi?
   ....

5 Where is Jordan when he phones Christine?
   ....

6 Why did he change from the way he originally planned to travel?
   ....

7 What is Christine intending to do now?
   ....

Total: Partie B:

ÉPREUVE 7 Parler — Role Play (1)

A1 À la caisse (Carte A)

You are buying tickets for a theme park in France. You ask the price of an entrance ticket and if there's a reduction for students. Then you buy two tickets. Your teacher or another person will take the part of the cashier and will speak first.

1 Ask how much an entrance ticket costs.

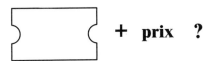

2 Ask if there's a reduction for students.

3 Ask for two tickets.

4 Ask when the park closes.

A1 À la caisse (Carte B)

Vous êtes à la caisse d'un parc d'attractions en France. Je suis l'employé(e).

1	Exam:	Oui, monsieur/mademoiselle?
	Cand:	C'est combien, les billets/l'entrée, s'il vous plaît?
2	Exam:	**C'est 12 euros pour les adultes et 6 euros pour les enfants de moins de 12 ans.**
	Cand:	Est-ce qu'il y a un tarif réduit/une réduction pour les étudiants?
3	Exam:	**Ah non, il n'y a pas de réduction.**
	Cand:	Alors deux billets/entrées, s'il vous plaît.
4	Exam:	**Voilà. Ça fait 24 euros.**
	Cand:	Le parc ferme à quelle heure?
	Exam:	**Ce soir, on ferme à 21 heures.**

B1 Au cinéma (Carte A)

You are at a cinema complex in France. Your teacher or another person will play the part of the cashier and will speak first.

1 Ask whether the film *Gladiator* is in the original version.

2 Ask when the next showing starts.

3 Ask for some tickets.

4 Answer the question.

    !

B1 Au cinéma (Carte B)

Vous êtes à la caisse d'un cinéma en France. Je suis le caissier/la caissière.

1	Exam:	**Bonjour, vous désirez?**
	Cand:	Est-ce que le film *Gladiator* est en version originale?
2	Exam:	**Oui, c'est en anglais.**
	Cand:	C'est à quelle heure, la prochaine séance?
3	Exam:	**C'est à 17h30.**
	Cand:	Alors, deux/trois/quatre entrées, s'il vous plaît.
4	Exam:	**Vous êtes étudiants?**
	Cand:	Oui.
	Exam:	**Alors, pour les étudiants, c'est tarif réduit. Ça fait 12/18/20 euros en tout.**

ÉPREUVE 7 — Parler — Role Play (2)

B2 Dans la rue (Carte A)

You are arranging to meet a French friend at the weekend. Your teacher or another person will play the part of the French friend and will speak first. Ask the following:

1 Say when you are free at the weekend.

sam. am / sam. pm
dim. am / dim. pm

2 Suggest one of these activities.

3 Answer the question.

!

4 Ask how your friend is getting there.

   ?

B2 Dans la rue (Carte B)

Nous sommes dans la rue en France. Je suis un(e) ami(e) français(e).

1 **Exam:** **Tu es libre ce week-end?**
   Cand: Oui, je suis libre samedi/dimanche/matin/après-midi.

2 **Exam:** **Bon, moi aussi. Alors qu'est-ce qu'on fait?**
   Cand: On pourrait aller au cinéma/au musée/à la piscine.

3 **Exam:** **Oui, je veux bien. Alors rendez-vous où et à quelle heure?**
   Cand: …

4 **Exam:** **Bon, d'accord.**
   Cand: Tu y vas comment, à pied etc?
   Exam: **Moi, je vais prendre le bus.**

C1 On s'excuse (Carte A)

[When you see this – ! – you will have to respond to a question you have not prepared.]

You have arrived late and are apologising to your French friend. Your teacher or another person will play the part of the French friend and will speak first.

1 **Désolé(e)** + ?

2 !

3 ✔ +

4 !

5 rentrer + ?

C1 On s'excuse (Carte B)

Vous êtes arrivé(e) en retard. Je suis votre ami(e) français(e).

1 **Exam:** **Ah, te voilà, enfin!**
   Cand: Je suis désolé(e). Tu attends/Tu es là depuis longtemps?

2 **Exam:** **Depuis environ vingt minutes. Pourquoi es-tu en retard?**
   Cand: J'ai manqué le bus/Le bus est arrivé en retard/Je suis parti(e) en retard, etc.

3 **Exam:** **Ce n'est pas grave. Bon, on va prendre un verre.**
   Cand: Oui, bonne idée. Il y a un café au coin de la rue.

4 **Exam:** **Excellent. Et après, qu'est-ce qu'on va faire?**
   Cand: …

5 **Exam:** **Oui, d'accord.**
   Cand: Tu dois rentrer à quelle heure?
   Exam: **À onze heures.**

ÉPREUVE 7 — Conversation and discussion

Les loisirs en général
- Quels sont tes passe-temps?
- Est-ce que tu fais partie d'une équipe/d'un orchestre/d'une chorale?
- Est-ce que tu vas à un club des jeunes/un club au collège?
- Qu'est-ce que tu as fait la dernière fois que tu y es allé(e)?
- Qu'est-ce que tu n'aimes pas faire pendant ton temps libre/tes loisirs?
- Est-ce que tu sors pendant la semaine? Où vas-tu?
- Qu'est-ce que tu as fait la dernière fois que tu es sorti(e)?
- Est-ce que tu vas sortir la semaine prochaine? Où? Quand?
- Est-ce que tu sais jouer au bridge/aux échecs/du piano/de la guitare?
- Est-ce que tu voudrais apprendre à faire quelque chose?
- Tu utilises l'Internet? Quand? Où? Pour quoi faire?

La musique et la radio
- Qu'est-ce que tu aimes comme musique?
- Est-ce que tu as un chanteur ou un groupe préféré?
- Est-ce que tu joues d'un instrument de musique?
- Est-ce que tu aimes écouter de la musique à la radio? Pourquoi?
- Tu écoutes souvent la radio? Quand?
- Quel genre d'émissions aimes-tu écouter? Qu'est-ce que tu as écouté à la radio récemment?

Le sport
- Est-ce que tu fais du sport régulièrement? Combien de fois par semaine/mois?
- Qu'est-ce que tu fais comme sports au collège?
- Penses-tu qu'on fait assez de sport au collège? Pourquoi?
- Quels sports fais-tu en été? Quel est ton sport préféré?
- Est-ce que tu regardes le sport à la télé? Quels sports?
- À ton avis est-ce que le sport est important pour la santé? Pourquoi?
- Est-ce que tu es allé à un match récemment? Où? Qui jouait?
- Est-ce que tu as déjà fait du roller?
- Est-ce qu'il y a un sport que tu aimerais essayer? Pourquoi?

La lecture
- Tu préfères lire les livres ou les magazines? Pourquoi?
- Quel genre de livres aimes-tu? Les livres fantastiques/la science-fiction/les romans policiers (les polars)?
- Quel est ton livre favori? Explique pourquoi.
- Qu'est ce que tu as lu récemment? Qu'est-ce que tu en as pensé?

Le cinéma
- Est-ce que tu vas de temps en temps au cinéma? Combien de fois par mois?
- Quel genre de films préfères-tu? Pourquoi? Quelles sont tes vedettes favorites?
- Quel film as-tu vu récemment? Décris-le.
- Est-ce qu'il y a un film que tu voudrais voir? Pourquoi?

Le week-end
- Comment passes-tu le week-end, normalement?
- Qu'est-ce que tu as fait le week-end dernier?
- Qu'est-ce que tu vas faire le week-end prochain?
- Tu vas sortir avec tes amis? Où?
- Décris ton week-end idéal.

ÉPREUVE 7 Lire   Partie A (1)

1 C'est quelle image?
Écrivez la bonne lettre.

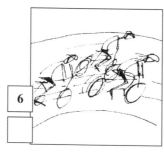

A École de Voile   **B** Piscine   **C** Bibliothèque   **D** Stade

E Patinoire   **F** Exposition de Peintures   **G** Vélodrome – Courses de Cyclisme   **H** École de Danse

2 À l'Aquaparc

Est-ce qu'on peut faire ça à l'Aquaparc? Après chaque phrase, écrivez ✔, ✘ ou ? (on ne sait pas).

Exemple: Aller à la pêche ...?...

1 Faire du cyclisme ....
2 Entrer sans payer ....
3 Manger ses sandwichs, etc. ....
4 Acheter un repas pour moins de 20 euros ....
5 Monter à cheval ....
6 Louer un bateau ....
7 Faire de la planche à voile ....
8 Rester jusqu'à neuf heures du soir ....

AQUAPARC

Location de Bateaux et Pédalos
Stages de voile et de planche à voile
RESTAURANT jusqu'à 350 couverts
BAR – SNACK – MENUS de €9 à €23
On peut pique-niquer autour du lac
Ouvert de 10h à 19h t. l. j.
ENTREE et PARKING GRATUITS

ÉPREUVE 7 — Lire — Partie A (2)

H 3 Une semaine typique
Lisez le texte. Écrivez la lettre du mot qui correspond.

Une semaine typique

Le mercredi, on n'a pas **Ex.** ...D... donc je vais à la piscine car j'adore **1** .... J'aime danser aussi et le samedi après-midi, j'ai des cours de **2** .... Je fais ça **3** .... deux ans. Le week-end, je vais souvent en ville pour **4** .... avec mes copains et regarder les magasins. S'il **5** ...., on va quelquefois au cinéma ou on fait du bowling.

A fait mauvais **B** ballet **C** depuis ~~**D** cours~~ **E** me promener **F** la natation

H 4 La musique – c'est leur passion!
Lisez le texte. Écrivez la lettre du mot qui correspond.

La musique – c'est leur passion!

Pour être **Ex.** ...E... au Conservatoire supérieur de musique à Paris, il faut déjà avoir trois ou quatre années de pratique d'un **1** .... Le concours d'entrée au Conservatoire n'est pas **2** .... Pour les élèves du Conservatoire (âgés de huit ans au minimum), la matinée est consacrée au programme **3** .... normal, mais l'après-midi, ils ont chacun un **4** .... spécialement préparé pour eux. En plus, les élèves jouent régulièrement ensemble dans **5** .... symphonique.

A facile **B** scolaire **C** instrument **D** emploi du temps ~~**E** élève~~ **F** l'orchestre

Total: Partie A:

ÉPREUVE 7 Lire   Partie B (1)

F/H **1** **Arromanches 360° présente**

Your friend's family ask you to help them find out about Arromanches 360°.
From the leaflet, find out the answer to these questions and answer **in English**.

Arromanches 360°
Le prix de la Liberté

À Arromanches, venez vivre dix-huit minutes d'émotion totale.

Dans le nouveau cinéma Arromanches 360°, un film exceptionnel est projeté sur neuf écrans dans une salle circulaire: *Le prix de la Liberté*. Avec la projection à 360 degrés, vous serez plongés au cœur de l'action du Débarquement allié en Normandie et vous pourrez ressentir l'intensité de ce grand moment historique. À la base: un tournage réalisé avec un assemblage de neuf caméras synchronisées. Ce système, fixé à un char de combat, un hélicoptère, un bateau ... vous installe au cœur des paysages et de l'action. *Le prix de la Liberté* sera pour vous tous un formidable souvenir.

Tarifs
Adultes: €3,70
Enfants 10 à 18 ans: €3,30
Étudiants: €3,30

Horaires
Juin–août	*Séances 7/7 jours de*	9h40 à 18h40
Mai et septembre	*Séances 7/7 jours de*	10h10 à 17h40
Octobre–décembre; février–avril	*Séances 7/7 jours de*	10h10 à 16h40
Fermé en janvier		

Ex. What is Arromanches 360? .... *a cinema* ....

1 What is the film called? .... [1]

2 How long does the film last? .... [1]

3 What is the film about? .... [1]

4 What is special about the screens? (Mention **two** things.) ....
   .... [2]

5 How was the film made to produce this special effect? (Mention **two** things.) ....
   .... [2]

6 Will it be open on Easter Sunday? .... [1]

7 What will be the opening time on 1 May? .... [1]

8 How much will it cost for their family: 2 adults, your friend, 19 (who is not a student), and his sister
   age 10? .... [1]

ÉPREUVE 7   Lire   Partie B (2)   7/19

2 Sommaire

Regardez ce sommaire d'un magazine et cochez les bonnes cases.

Infos-Jeunes

Sommaire de l'édition de mars

- **Page 6:** **Télévision** Deux nouvelles séries, dont une pour les amateurs de rock et l'autre pour ceux qui s'intéressent à la nature.
- **Page 7:** **Cinéma** Après les tourments de l'amour dans son dernier film, vous allez revoir Fabrice Laval dans son nouveau rôle d'un homme politique dans 'Les Coulisses du Parlement', un film qui va vous faire rire!
- **Page 8:** **Les grands débats** – ce mois-ci: Avec un téléphone mobile, on n'est jamais libre. Pour vous 'c'est un fil qui vous relie au monde' ou 'c'est une invention qui coûte trop cher et dont on pourrait se passer.'?
- **Page 12:** **Spécial Bac** Comment vous orienter? Un article, pour vous aider à mieux réussir. Profitez de nos conseils!
- **Page 20:** **Faites la Fête** Toutes les recettes qu'il vous faut pour préparer des plats délicieux pour Pâques.
- **Page 24:** **Les Sports des Neiges** Pour le ski alpin ou le roller hockey, choisissez avec soin votre tenue. Toutes les nouvelles idées pour vos gants, vos survêtements et vos chaussures de ski.

Exemple: Il y a une nouvelle série à la télévision au sujet de…

- A ☐ l'alpinisme.
- B ☑ la vie des animaux et les plantes.
- C ☐ la mode.

1 Le nouveau film de Fabrice Laval est…

- A ☐ un film d'amour.
- B ☐ un film policier.
- C ☐ un film comique.

2 Dans l'article à la page 8…

- A ☐ on discute des prix du service téléphonique.
- B ☐ on décrit des téléphones inventés récemment.
- C ☐ on considère les avantages et les désavantages du téléphone portable.

3 L'article sur le Bac a pour but de…

- A ☐ vous aider à bien vous préparer et à faire de votre mieux.
- B ☐ vous donner des exercices pour tester vos connaissances.
- C ☐ vous expliquer le nouveau système d'examens.

4 Dans l'article en page 20, il s'agit de…

- A ☐ la cuisine.
- B ☐ la religion.
- C ☐ la Fête nationale.

5 À la page 24, il y a un article sur…

- A ☐ les sports d'hiver.
- B ☐ la mode.
- C ☐ le tourisme.

ÉPREUVE 7 — Lire — Partie B (3) — 7/20

3 Les 400 coups

Lisez cet article et après chaque phrase, écrivez **V** (vrai) ou **F** (faux) ou **PM** (pas mentionné).

Arte lundi 8 avril
Les 400 coups
Un film en noir et blanc de François Truffaut.

Ce film célèbre est l'histoire d'Antoine Doinel, un jeune adolescent. Il aime le cinéma, la liberté et la mer. Il lui arrive d'être insolent et de mentir et quelquefois il vole, mais, au début du film, c'est un enfant comme les autres.

Ses parents ne sont pas très intelligents et sa mère est souvent méchante avec lui. Son père est plus gentil, mais il ne comprend pas son fils. Antoine travaille plutôt mal à l'école, mais il n'est pas un imbécile. Ses profs ne le comprennent pas non plus.

Dans une scène du film, il est en classe. Il attend les résultats des compositions françaises. Il est confiant et espère une bonne note. Sa copie est citée en premier par le prof… car il a un zéro. Il est accusé d'avoir copié dans un livre de Balzac. Pour Antoine, c'est le début de la fin.

Par manque d'amour et de compréhension, Antoine se sent rejeté par le monde adulte. Alors, il se sauve, il ne va pas à l'école, il commet un vol et il finit dans une maison de correction.

Le rôle d'Antoine est interprété par Jean-Pierre Léaud qui joue dans beaucoup de films de Truffaut.

Les quatre cents coups est un film qui est quelquefois amusant mais quelquefois attendrissant. C'est un des plus beaux films: ne le ratez pas!

© *Télérama Junior*

Ex. "Les quatre cents coups" est l'histoire d'un garçon qui a beaucoup de problèmes.	V
1 Antoine a une sœur mais pas de frères.	
2 Le directeur de ce film est François Truffaut.	
3 Le film est quelquefois comique et quelquefois très tendre.	
4 Antoine s'entend bien avec ses parents mais pas avec ses professeurs.	
5 La mère d'Antoine est plus gentille avec lui que son père.	
6 Une fois, quand il a vraiment bien travaillé à l'école, Antoine reçoit, quand même, une mauvaise note.	
7 Pour avoir une bonne note en français, il a copié dans un livre de Balzac.	
8 Après avoir commis un vol, Antoine doit entrer dans une maison de correction.	
9 Jean-Pierre Léaud joue le rôle principal du film.	
10 L'auteur de cet article admire beaucoup ce film.	

Total: Partie B:

ÉPREUVE 7   Écrire   Partie A 7/21

1 Le sport et les activités

a Complete this list with five different sports.

Exemple: ...le judo...

1 ....
2 ....
3 ....
4 ....
5 ....

b Complete the list with five different leisure activities.

Programme d'activités

Exemple: ...la piscine...

1 ....
2 ....
3 ....
4 ....
5 ....

[10]

2 Mes loisirs

Complete the information **in French** in Karim's letter.

Ex.	Je joue de la  Je joue de la ......flûte......................................	dans l'orchestre du collège. dans l'orchestre du collège.
1	J'adore la musique et samedi prochain, je (ALLER) J'adore la musique et samedi prochain, je	voir l'orchestre de Paris. voir l'orchestre de Paris.
2	À la fin du mois, nous (ALLER) À la fin du mois, nous	voir une pièce au théâtre. voir une pièce au théâtre.
3	On a réservé des 🎟 On a réservé des	bien à l'avance. bien à l'avance.
4	Hier, ma sœur (FAIRE) Hier, ma sœur	du patin pour la première fois. du patin pour la première fois.
5	Nous sommes allés à la ⛸ Nous sommes allés à la	en ville. en ville.
6	Je fais de la Je fais de la	une fois par semaine. une fois par semaine.
7	Samedi dernier, j' (JOUER) Samedi dernier, j'	un match de hockey au stade. un match de hockey au stade.
8	Nous avons bien joué, mais l'autre Nous avons bien joué, mais l'autre	a gagné. a gagné.
9	Comme lecture, je lis surtout des Comme lecture, je lis surtout des	
10	J'aime aussi jouer sur l' J'aime aussi jouer sur l'	

[10]

ÉPREUVE 7 Écrire — Partie B

F/H 3 Un message

You receive this message from a French friend.
Reply **in French** and write a sentence each time.

Exemple: *Merci pour ton message.*

> Il y a un concert de rock
> au stade samedi prochain.
> Tu veux y aller?
> Réponds-moi vite.
> Marc

Say:

1. you'd like to go
2. ask how much the tickets are
3. ask what time the concert starts
4. ask where you are meeting
5. say how you're travelling there

H 4 On répond à Émilie

You have received this letter from your friend, Émilie. She wants to know about how you spend your leisure time, whether you like reading and whether you've seen a good film recently.

> Salut!
> Merci pour ta lettre et le magazine anglais. J'adore la lecture. Je lis de tout – des romans, des bandes dessinées, des magazines. La semaine dernière, j'ai lu 'Crime sur l'Orient Express' d'Agathe Christie. Tu le connais? C'est vraiment bien.
> Quant à mon frère, il n'aime pas beaucoup lire. Il s'intéresse surtout à l'informatique et aux jeux vidéo. Il passe beaucoup de temps dans sa chambre à jouer sur son ordinateur.
> Et toi, quel est ton passe-temps favori? Est-ce que tu sors souvent? Moi, j'aime bien aller au cinéma.
> Samedi dernier, par exemple, je suis allée voir La Guerre des Etoiles avec des amis. C'est un vieux film, mais, à mon avis, c'est vraiment bien. Après, nous avons mangé dans un fast-food. C'était une très bonne soirée. Tu as vu un bon film récemment en vidéo ou au cinéma?
> Vendredi prochain, il y a une soirée disco au collège. Je ne sais pas si je vais y aller. Je n'aime pas beaucoup les soirées discos. Je trouve qu'il y a trop de monde et trop de bruit. Et toi, tu aimes ça?
> Écris-moi bientôt,
> Émilie

Écrivez une lettre à Émilie **en français** (environ **80** mots). Répondez à ces questions
- Quels sont vos passe-temps?
- Comment avez-vous passé un week-end récent?
- Qu'est-ce que vous allez faire la semaine prochaine?
- Décrivez un film ou un livre que vous avez aimé. (Quel genre, vos impressions, etc.)
- Posez-lui une question.

H 5 Un article ou une lettre

Answer either **a** or **b**.

EITHER: **a Mon passe-temps favori**
Écrivez un article (environ **120 à 140** mots) **en français**.

Exemples:

Le sport/La musique
- pourquoi vous aimez le sport/la musique
- les sports que vous pratiquez/les instruments que vous jouez; depuis quand; quand vous pratiquez
- Un match que vous avez joué/vu; équipe, résultat, etc./un concert que vous avez vu; un concert auquel vous avez participé; quand, où, impressions, etc.
- à l'avenir – allez-vous essayer des sports différents; est-ce qu'il y a un sport que vous aimeriez essayer/aimeriez-vous apprendre à jouer un autre instrument.

Le cinéma/La lecture
- le genre de films/livres que vous aimez et pourquoi
- un film/livre qui vous a impressionné – histoire, personnages, (film – photographie, musique, acteurs). etc.
- un film/un livre que vous voudriez voir/lire et pourquoi

OR: **b Une journée extraordinaire**
Voilà le début d'une lettre à un(e) ami(e) français(e).

> Salut!
> Ça va? Je t'écris tout de suite pour te raconter ce qui s'est passé hier. Je suis allé(e)...

Finissez la lettre (environ **120 à 140** mots) **en français**.
Racontez les détails de la journée, par exemple:
- Où?
- Comment?
- Qui?
- Qu'est-ce qui s'est passé?

Encore Tricolore 4

UNITÉ 8 — 8/1

Jeux de vocabulaire – les vacances

1 Ça commence avec un 's'

1. On le trouve sur la plage et dans le désert. Normalement, c'est jaune, mais quelquefois, c'est gris ou même rouge.
2. Tout le monde espère le voir, surtout quand on est en vacances.
3. C'est sept jours.
4. Il y en a quatre dans l'année.
5. C'est le contraire du 'nord'.
6. C'est le nom d'un pays où il y a des montagnes et des lacs mais il n'y a pas de mer.
7. C'est un vêtement qu'on porte souvent en vacances et quand on fait du sport.
8. On la prend quand on va à la piscine ou à la plage, mais ce n'est pas un maillot de bain.

2 Trouvez les synonymes

Exemple: 1e

1. nager
2. le logement
3. une randonnée
4. un vélo
5. se reposer
6. le tarif

a. se détendre
b. une promenade
c. l'hébergement
d. le prix
e. se baigner
f. une bicyclette

1 ☐ 2 ☐ 3 ☐ 4 ☐ 5 ☐ 6 ☐

3 Mots croisés

Horizontalement

1. C'est une fête chrétienne qui a lieu entre le 22 mars et le 25 avril. En France, on offre des œufs, des lapins et des cloches en chocolat. (6)
4. C'est le quatrième mois de l'année. (5)
6. – Tu as quelque chose à lire?
   – Oui, j'ai deux livres dans … valise. (2)
7. Le 15 août est un jour férié et il y aura beaucoup de circulation sur les routes, … jour-là. (2)
9. Diwali est une … hindoue qui est célébrée en hiver. (4)
10. Pour moi, il est important d'être au bord de la mer ou près d'… lac parce que j'adore les sports nautiques. (2)
11. En août, je vais passer mes vacances … Espagne. (2)
13. C'est une saison de l'année quand beaucoup de personnes prennent des vacances. (3)
15. Beaucoup de personnes sont en vacances et les banques et beaucoup de magasins sont fermés. C'est un jour … (5)
16. Le premier …, c'est la fête du travail, mais on ne travaille pas ce jour-là. (3)
17. Le 13 juillet, la veille de la fête nationale, il y a un … populaire dans beaucoup de villes en France. (3)
18. C'est une fête chrétienne très importante qui a lieu le 25 décembre. (4)
19. Pendant les vacances, j'adore visiter les … étrangers. (4)
20. – Je pars dans trois jours!
    – Dans trois jours! Alors je te souhaite une bonne fin de … (6)

Verticalement

1. Le … janvier, c'est le jour de l'an. (7)
2. Le 31 décembre, c'est la …-Sylvestre. (5)
3. Si on veut visiter plusieurs villes, c'est une bonne idée de faire un … en car. (7)
5. Le quatorze juillet, il y a un grand … militaire aux Champs Elysées à Paris. (6)
8. … hiver, je vais partir en vacances de neige. (2)
12. … j'avais beaucoup d'argent, je ferais un voyage en Australie. (2)
14. Beaucoup de Français vont à l' … le 24 décembre pour la messe de minuit. (6)
15. Au mois de septembre, c'est la rentrée scolaire et la … des grandes vacances. (3)
16. C'est le mois entre fevrier et avril. (4)
17. Tout le monde espère avoir du … temps pendant les vacances. (4)

Encore Tricolore 4

Amboise

Amboise
Val de Loire
Touraine
Jardin de la France

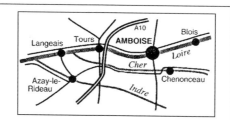

Distractions
Équitation – Tennis – Boules – Golf miniature – Piscine – Pêche en rivière, en étang et en Loire – Promenades en forêt, en campagne (fléchées) – Visites: monuments, musées, curiosités (Amboise et alentours) – Spectacles – Concerts – Promenades aériennes

Excursions – promenades
La ville est située au centre de la région des châteaux. Des excursions sont organisées en car vers Chambord, Cheverny, Blois, Chenonceaux, Villandry, Loches, Azay-le-Rideau, Langeais, Chinon, etc.

D'autres circuits en car permettent, par ailleurs, l'assistance aux spectacles son et lumière.

Des services réguliers d'autobus relient Amboise à Tours, ainsi qu'à Montrichard, Blois, Chaumont.

Tous les renseignements touristiques peuvent être demandés à l'office de tourisme concernant l'accueil et l'animation, etc.

Différents circuits de promenade ont été établis dans les environs, promenades pédestres fléchées, randonnées cyclistes et équestres: les itinéraires sont à votre disposition.

À voir à Amboise
Le château d'Amboise
Le Clos Lucé – célèbre demeure du XVe siècle où Léonard de Vinci a vécu les dernières années de sa vie.
Le beffroi – édifice construit sur les anciens remparts.
Le musée de la poste – l'histoire de la poste à travers les âges.
L'église Saint-Denis – édifice remarquable de l'époque romaine, construit au XIIe siècle.

1 Des activités

On peut faire beaucoup de choses à Amboise, mais pas toutes ces activités. Lesquelles peut-on faire?
Exemple: *a*

a nager
b faire du cheval
c faire de la voile
d faire des randonnées
e visiter un parc d'attractions
f aller à la pêche
g voir la maison où habitait Léonard de Vinci
h se baigner dans la mer
i faire un tour en avion
j prendre le métro

2 Vrai ou faux?

Lisez les phrases et écrivez V (vrai), F (faux) ou PM (pas mentionné).
Exemple: 1 *PM*

1 Il y a des vélos municipaux qu'on peut louer. ....
2 Il y a des bus qui vont aux principales villes. ....
3 On peut demander des itinéraires à l'office de tourisme. ....
4 Il faut avoir une voiture pour aller aux spectacles son et lumière. ....
5 On peut faire des excursions en car. ....
6 On peut visiter beaucoup de châteaux dans la région. ....
7 Il n'y a pas de transports en commun. ....
8 Il y a une auberge de jeunesse à Amboise. ....

3 Un acrostiche

Toutes les réponses se trouvent dans le dépliant.
1 On peut demander des … touristiques à l'office de tourisme. (14)
2 Il est possible d'assister aux spectacles son et … (7)
3 Pour nager, on peut aller à la … à Amboise. (7)
4 Il y en a un à Amboise et beaucoup dans le Val de Loire. (7)
5 Amboise se trouve au centre de la … des châteaux. (6)
6 Le soir, on peut assister à un concert ou à un … (9)
7 Dans ce …, il y a une exposition sur l'histoire de la poste. (5)
8 Il y a beaucoup de … à Amboise et aux alentours. (11)

Encore Tricolore 4

UNITÉ 8 — 8/3

À l'hôtel

1 On téléphone à l'hôtel

Écoutez les messages et complétez la grille.

		1	2	3	4
a	Nombre de chambres				
b	Nombre de nuits				
c	Nombre de personnes				
d	Date d'arrivée				
e	Autres détails				
f	Nom				
g	Numéro de téléphone/fax				

2 Inventez des conversations

1. A – Allô. Hôtel de France, je peux vous aider?
   B – Bonjour, je voudrais réserver …
   A – Oui, c'est pour quand?
   B – 04/07
   A – C'est pour combien de nuits?
   B – ☾☾☾
   A – Oui, vous arriverez vers quelle heure?
   B – [18:30]
   Est-ce qu'il y a … ?
   A – Oui.

2. A – Allô, Hôtel du Lac.
   B – Bonjour, je voudrais réserver …
   A – Oui, c'est pour quelle date?
   B – 15/06
   A – Vous voulez rester combien de nuits?
   B – ☾
   A – Oui, vous arriverez vers quelle heure?
   B – [19:00]
   Est-ce qu'il y a … ?
   A – Ah non, je regrette, il n'y en a pas.

3 Un acrostiche

1. Ça vous permet de monter ou de descendre d'un étage à l'autre sans prendre l'ascenseur. (8)
2. C'est pour pendre les vêtements. (6)
3. Ça sert à se laver. (5)
4. C'est pour s'essuyer après un bain ou une douche. (9)
5. C'est un coussin rectangulaire qui soutient la tête quand on dort. (8)
6. C'est un appareil qui vous permet de monter ou de descendre d'un étage à l'autre. (9)

Encore Tricolore 4

Vive les vacances!

UNITÉ 8 | 8/4

1 Vacances à venir ou vacances passées?

Lisez ces phrases et décidez si on parle des vacances à venir ou des vacances passées.

Vacances à venir: Ex. *1*............................ **Vacances passées:** ....

1. On va prendre le Shuttle. Ce sera plus rapide.
2. On a pris le ferry à Saint-Malo. Ça allait bien.
3. Nous sommes allés en Dordogne.
4. On ira dans les Alpes.
5. On louera un appartement.
6. On a loué un gîte.
7. On a eu du beau temps.
8. On dit qu'il y aura de la neige.
9. Nous ferons des randonnées en montagne.
10. Nous avons trouvé la région très jolie.
11. Nous sommes allés à la pêche. C'était amusant.
12. On fera du ski d'été. Je n'ai jamais fait ça.

2 Vacances à Saint-Malo

a Que fera-t-on?

Vous travaillez comme accompagnateur d'un groupe de touristes. Répondez à leurs questions en consultant le programme.

1. Que fera-t-on lundi?
2. Quand ira-t-on au Mont Saint-Michel?
3. Est-ce que nous ferons une excursion en bateau?
4. Que ferons-nous mardi, s'il pleut?
5. Et quand pourrons-nous faire du shopping?
6. Ira-t-on à la plage un jour?

PROGRAMME POUR LA SEMAINE		
jour	s'il fait beau	s'il fait mauvais
lundi	tour des remparts	aquarium
mardi	excursion en bateau	musée de cire et le château
mercredi	plage	piscine
jeudi	excursion en car au Mont Saint-Michel	cinéma
vendredi	visite de la vieille ville et shopping	Centre commercial

la météo de la semaine	
lu.	(soleil/nuage)
ma.	(pluie)
mer.	(soleil)
je.	(nuage)
ven.	(soleil)

b Quel temps a-t-il fait?

Décrivez le temps pour chaque jour.

c Qu'a-t-on fait?

Décrivez ce que vous avez fait pendant la semaine.

Encore Tricolore 4

Des vacances jeunes

1 Un acrostiche

1 C'est là qu'on met les ordures. (8)
2 Ça se dit quand il n'y a plus de place. (7)
3 Ça se dit si le camping est ouvert toute l'année sans interruption. (9)
4 On le tourne pour avoir de l'eau. On peut obtenir de l'eau chaude ou de l'eau froide. (7)
5 Si on ne veut pas être au soleil, on peut demander un emplacement à l'… (5)
6 Si on peut la boire sans danger, on dit que l'eau est … (7)
7 C'est un lieu pour une tente ou une caravane. (11)

2 Trouvez les contraires

Exemple: 1*h*

1 à l'ombre
2 fermé
3 saisonnier
4 réserver
5 chambres disponibles
6 en retard
7 l'arrivée
8 jour férié

a annuler
b le départ
c ouvert
d en avance
e jour ouvrable
f permanent
g complet
h au soleil

3 Complétez les groupes

Trouvez un mot pour compléter chaque groupe.

a	les jeux d'enfants	b	l'équitation
c	Pâques	d	pluvieux
e	une pizzeria	f	au bord de la mer

1 le tennis, le golf, la pêche, …..
2 un café, un restaurant, un fast-food, …..
3 ensoleillé, nuageux, orageux, …..
4 à la campagne, à la montagne, en ville, …..
5 le bloc sanitaire, le bureau d'accueil, les emplacements, …..
6 Noël, le Jour de l'An, la Fête Nationale, …..

4 Si on faisait un chantier?

*Read the details about the work camp and answer the questions **in English**.*

1 Give one advantage of taking part in a work camp.
   ....
   ....

2 What proportion of your time is devoted to work?
   ....
   ....

3 What sort of work is required?
   ....
   ....

4 What sort of accommodation is offered?
   ....
   ....

5 Give three facilities available in the resort.
   ....
   ....

6 When does the work camp start?
   ....
   ....

Un chantier, c'est …
- un moyen sympa et pas cher de passer des vacances actives et de rencontrer des gens.
- un travail collectif utile et une expérience enrichissante
- une occasion de découvrir une région ou de pratiquer des activités sportives

Les programmes sont conçus sur un double mi-temps travail/loisirs.

Logement: auberge de jeunesse
Age: 18–25 ans; 10 participants
Dates: 28 août–3 sept.

Aménagement auberge de jeunesse

L'auberge de jeunesse des Deux Alpes vous propose de venir participer à ses travaux de rénovation.
Les Deux Alpes est une station de ski qui ne manque pas d'intérêt l'été. Elle offre au randonneur de magnifiques promenades à pied ou en VTT sur les sentiers balisés, mais aussi toute l'infrastructure d'une station animée: ski d'été, piscine, patinoire, tennis. Côté travail, il s'agit de la rénovation intérieure de l'auberge.

Encore Tricolore 4

Mots croisés – les vacances

Horizontalement
1. Il fait beau. Allons à la .... (5)
2. Tu ... arrivé à l'hôtel hier soir, n'est-ce pas? (2)
4. Nous passons nos vacances dans un petit ... en Normandie. (7)
7. Voilà mes photos de vacances prises avec mon nouvel ...-... . (8-5)
8. Où as-tu passé ... vacances? (3)
9. ... qui est bien au camping, c'est qu'il y a une belle piscine. (2)
10. Le temps s'améliorera cet après-midi. On a dit qu'il y aurait de belles .... (10)
14. ..., il y a de l'ombre, et là-bas il y a du soleil. (3)
19. Bonne fin de ...! (6)
21. Il fait trop chaud. Allons nous mettre à l'... (5)
23. Nous restons seulement une ... dans ce camping. (4)
24. À la frontière, il faut passer par la ... et déclarer certaines marchandises. (6)
27. Nous sommes bien contents du terrain de camping. Notre ... se trouve dans une prairie, près de la piscine. (11)
28. Voilà le robinet pour l' ... potable. (3)

Verticalement
1. La ... ... est un sport assez récent qu'on pratique beaucoup en mer et sur les lacs. (7,1,5)
3. Un parasol vous protège du .... (6)
5. Je voudrais une chambre avec un grand ... pour trois nuits. (3)
6. Pour faire des économies, de plus en plus de familles passent leurs vacances dans un ..., plutôt que d'aller dans un hôtel. (4)
11. Nous allons en vacances en septembre, c'est moins ... (4)
12. Oui, mais en septembre, il ne fait pas ... beau. (2)
13. Pour se laver, il y a une douche et un ... dans chaque chambre. (6)
15. Nous passons nos vacances sur un grand terrain de camping. Nous ne dormons pas sous la tente, nous avons loué une ... . (8)
16. Vous avez réservé? C'est à quel ..., s'il vous plaît? (3)
17. Pour loger à l'auberge de jeunesse, il faut une ... d'adhérant. (5)
18. Oh là là, j'ai acheté trop de choses! Je n'arrive pas à tout mettre dans ma ... . (6)
20. Est-ce que vous préférez prendre vos vacances en ... ou en hiver? (3)
22. On va passer un mois ... Italie, cet été. (2)
24. On ... que la Corse est très belle. C'est vrai? (3)
25. Et ton frère? Que fait- ... pendant les vacances? (2)
26. Il faut mettre une crème solaire pour vous protéger contre ... soleil, qui est très fort. (2)

Encore Tricolore 4

Assassinée

UNE JEUNE AUTO-STOPPEUSE ASSASSINÉE DANS L'AVEYRON

C'était la première fois qu'elle utilisait ce moyen de transport
Martine Solignac (19 ans) a été retrouvée à 6 km de chez elle

De notre corr. particulier
François DURGEL, TOULOUSE

Encore une nouvelle victime de l'auto-stop. Ces dernières semaines, les agressions – et parfois les assassinats – d'auto-stoppeurs se sont multipliés. Chaque fois, le scénario se déroule de la même façon: un adolescent – très souvent une jeune fille – fait imprudemment du stop, isolé sur le bord d'une route de campagne. On le retrouve, quelques heures plus tard, blessé ou tué.

Une fois de plus, donc, vendredi dernier, sur une petite départementale, près de Toulouse, un tueur rôdait.

Martine Solignac, dix-neuf ans, en effet, est morte, probablement tuée par l'automobiliste qui l'avait prise en charge. L'émotion est vive dans la région et plus particulièrement à Pomayrols, village situé au bord du Lot, au pied des monts de l'Aubrac, où Martine demeurait chez ses parents, dans leur propriété, 'Aux Creusets'. **Son père, Raymond Solignac, est le maire de Pomayrols.**

La jeune fille qui, durant l'année universitaire, étudiait à Toulouse, était connue pour son sérieux et sa gentillesse. **Il semble, disent les parents, que c'était la première fois qu'elle faisait du stop.** D'ailleurs, les gens du pays pratiquent peu ce moyen de transport.

Martine Solignac, après quelques jours passés chez d'autres membres de sa famille, à Villeneuve-d'Aveyron, une localité située non loin de Villeneuve-de-Rouergue, à l'autre extrémité du département, annonce vendredi, au déjeuner, qu'elle souhaite regagner Pomayrols et retrouver les siens.

Ne disposant, dans l'heure, d'aucun moyen de transport, Martine décide alors de se risquer à faire du stop.

C'est le milieu de l'après-midi. La jeune fille téléphone à ses parents, les avertit de sa décision de rentrer et du moyen qu'elle a choisi pour le faire. Elle leur annonce qu'elle sera à Pomayrols dans la soirée, pour dîner. Martine, qui porte seulement un petit sac de voyage, prend la route de Villefranche.

Cabine téléphonique

On peut imaginer qu'elle n'a pas à attendre longtemps qu'un automobiliste s'arrête pour la prendre, puisque, **environ une heure plus tard, à la sortie de Rodez, au carrefour de La Roquette, un témoin qui connaît la jeune fille l'aperçoit. Elle vient de descendre d'une Renault 5 blanche**, qui, moteur tournant, paraît attendre la jeune fille pendant que celle-ci se dirige vers une cabine téléphonique.

Effectivement, aux Creusets, chez les Solignac, le téléphone sonne. '**Tout va bien**, dit Martine à sa mère, **soyez tranquilles. Je vous téléphone d'une cabine sur la route; dans moins d'une heure, je serai à la maison.**'

Ce sera la dernière fois que Mme Solignac entendra la voix toujours enjouée de sa fille. Martine n'étant pas rentrée à 22 heures, on pense d'abord qu'elle a pu s'arrêter sur la route, à Laissac, un gros bourg, où l'automobiliste qui la convoyait a fait quelques courses. Mais, passé minuit, l'inquiétude fait place à l'angoisse. On avise les gendarmes.

Avec les parents, des voisins, plusieurs brigades de gendarmes, on cherchera jusqu'au petit matin entre La Roquette et Pomayrols, soit sur près de cinquante kilomètres. **On retrouve le témoin qui a vu la jeune fille dans la Renault 5. Mais il ne peut donner qu'un signalement très vague du conducteur du véhicule et il n'a pas songé à relever le numéro d'immatriculation.**

Mais le lendemain, en début d'après-midi, un promeneur qui s'est engagé dans un petit bois, après avoir quitté la route le long de laquelle on avait cherché Martine toute la nuit, découvre, à moins de six kilomètres de la propriété des Solignac, le corps sans vie de la malheureuse jeune fille.

Martine a été frappée violemment en plein front, avec une pierre sans doute. Elles est en partie dévêtue. Les gendarmes, dans l'attente de l'autopsie qui aura lieu aujourd'hui, peuvent seulement indiquer que Martine Solignac n'a pas subi d'actes de sadisme et que son meurtrier ne s'est pas acharné sur elle. Il semble que le coup à la tête ait suffi à provoquer la mort. On remarque également que le sac de voyage de Martine n'a pas été retrouvé.

On pense que l'homme qui a tué la jeune fille n'était pas connu d'elle. Sinon, il est probable que Martine, en téléphonant à ses parents, aurait précisé de qui il s'agissait, ne serait-ce que pour les rassurer. **Pourtant, celui qui allait être son meurtrier a su mettre Martine en confiance. Elle a, en effet, accepté que l'homme, prétextant sans doute de la ramener plus directement chez elle, quitte la grande route et s'engage dans le petit chemin près duquel on l'a trouvée morte.**

France Soir

Trouvez la bonne réponse

1 Est-ce que Martine faisait régulièrement de l'auto-stop?
 A Oui **B** Non

2 Pourquoi a-t-elle décidé de faire du stop ce jour-là?
 A Parce qu'il n'y avait pas d'autre moyen de transport à l'heure où elle partait. **B** Parce qu'elle n'avait pas beaucoup d'argent.

3 Quand est-elle partie?
 A le matin **B** l'après-midi **C** le soir

4 Est-ce qu'elle a attendu longtemps?
 A Probablement.
 B On pense que non.

5 Un témoin l'a vue descendre d'une voiture blanche. Où allait-elle?
 A dans un magasin **B** vers un café **C** vers une cabine téléphonique

6 Quand est-ce que ses parents ont appelé les gendarmes?
 A à 22 heures **B** après minuit **C** le lendemain matin

7 Où est-ce qu'on a trouvé le corps de Martine?
 A près de la route **B** dans une rivière **C** dans un petit bois

8 Selon l'article, il est probable que Martine …
 A connaissait l'automobiliste.
 B avait confiance en l'automobiliste.
 C soupçonnait l'automobiliste.

Encore Tricolore 4

Tu comprends?

UNITÉ 8   8/8

1 La météo

Écoutez la météo et écrivez la bonne lettre.

lundi	matin	A
	après-midi	
mardi	matin	
	après-midi	
mercredi	matin	
	après-midi	
jeudi	matin	
	après-midi	

A, B, C, D, E, F, G, H

2 On téléphone à l'hôtel

Écoutez la conversation et complétez les détails de la réservation.

Nom:	
Date d'arrivée:	
Heure approximative d'arrivée:	
Nuits:	
Chambre	
personnes:	**Ex.** 2
Tarif:	
chambre avec balcon:	
chambre sans balcon:	
fumeur (F)/non-fumeur (N)	
Hôtel: parking (✔/✗)	
restaurant (✔/✗)	

3 Des vacances récentes

Un jeune Belge raconte ses vacances. Écoutez la conversation et cochez (✔) les bonnes cases.

Ex. L'année dernière, je suis allé a ☐ en Italie

   b ✔ en France c ☐ en Suisse avec ma famille.
1 Nous avons passé une semaine à Nice, où nous avons loué

   a ☐ un appartement b ☐ un gîte c ☐ une caravane.
2 Il a fait un temps splendide mais l'après-midi, il faisait trop chaud pour

   a ☐ sortir en ville b ☐ se baigner dans la piscine

   c ☐ er sur la plage.
3 Nice est une belle ville avec

   a ☐ de belles maisons b ☐ un joli marché

   c ☐ des musées intéressants.
4 – Est-ce que vous avez fait des excursions?
   – Oui, un jour, nous avons fait une excursion à Monte-Carlo et nous avons visité

   a ☐ l'aquarium b ☐ le casino c ☐ le château.
5 – Qu'est-ce que tu as acheté comme souvenirs?
   – J'ai acheté a ☐ de petits gâteaux b ☐ un T-shirt

   c ☐ un porte-clés.
6 – Vous êtes rentrés directement à Bruxelles?
   – Non, avant de rentrer, nous avons passé deux nuits dans

   a ☐ un hôtel b ☐ un camping

   c ☐ une auberge de jeunesse à Annecy.
7 – Vous voudriez retourner à Nice?
   – Oui, nous avons tous bien aimé Nice et la région et nous allons y retourner

   a ☐ en juillet b ☐ en août c ☐ l'année prochaine.

4 Les vacances en questions

Écoutez la discussion et complétez le texte.

A Alpes	B amie	C ~~camping~~	D Etats-Unis
E examens	F excellent	G famille	H montagne
I nager	J paysage	K tennis	

– **Qu'est-ce que tu fais pendant les vacances, d'habitude?**
– Ça dépend – pendant les grandes vacances, je pars en vacances avec ma famille. D'habitude, nous faisons du **Ex.** .C... en France, pendant deux semaines. Autrement, je sors avec mes amis, je vais au cinéma, je joue au **1** ...... ou je joue sur l'ordinateur.
– **Où préfères-tu passer des vacances?**
– Je préfère aller au bord de la mer, parce que j'adore **2** ...... et les sports nautiques.
– **Quel genre de vacances préfères-tu?**
– Moi, je préfère des vacances actives et sportives; par exemple, l'année dernière, je suis partie en voyage scolaire aux **3** .... Nous avons fait beaucoup d'activités sportives – c'était vraiment **4** ....
– **Tu préfères passer les vacances en famille ou avec des amis?**
– Je m'entends bien avec ma **5** ...... , mais j'aime avoir un peu d'indépendance aussi. C'est bien si je peux emmener une **6** ...... avec nous.
– **Qu'est-ce que tu vas faire pendant les prochaines vacances?**
– Pendant les vacances de Pâques, je dois réviser, parce que, en juin, je dois passer des **7** ...... importants.
– **Est-ce que tu as des projets de vacances cet été?**
– Non, pas encore, mais je voudrais partir avec mes amis. Nous pensons aller à la **8** ...... pour quelques jours.
– **Est-ce qu'il y a un pays que tu voudrais visiter un jour?**
– Oui, j'aimerais beaucoup aller aux **9** .... Je voudrais visiter New York et aussi la Californie. J'ai vu beaucoup de photos de la Californie et le **10** ...... est très impressionnant.

Encore Tricolore 4

UNITÉ 8 — 8/9

Presse-Jeunesse: Les Alpes

Située entre la France, la Suisse et l'Italie, la région des Alpes est une des régions les plus spectaculaires de l'Europe.

Six questions sur les Alpes

Choisissez la bonne réponse.

1 Les Alpes françaises s'étendent de la mer Méditerranée au Lac Leman (Lake Geneva). Le Lac Leman forme une frontière naturelle entre la France et quel autre pays?
   A l'Italie **B** l'Autriche **C** la Suisse

2 Quel est le plus haut sommet des Alpes?
   A Le Mont Blanc **B** Le Mont Rose **C** Le Mont Everest

3 Les Alpes se divisent en deux grandes parties: les Alpes du sud et les Alpes du nord. Dans les Alpes du sud, le climat est plus sec et le paysage est plus sauvage. On élève quels animaux ici?
   A des chevaux **B** des moutons **C** des vaches

4 Quelle est la principale activité économique de la région?
   A l'agriculture **B** le tourisme **C** la production d'électricité

5 Le tunnel du Mont Blanc est un des plus longs tunnels routiers du monde. Il relie la France à quel autre pays?
   A l'Allemagne **B** l'Espagne **C** l'Italie

6 Les premiers Jeux Olympiques d'hiver, en 1924, ont eu lieu dans quelle ville?
   A Chamonix **B** Grenoble **C** Annecy

Je travaille dans la région

Voici trois personnes qui travaillent dans cette région.

Bonjour! Je m'appelle Elisabeth Guenard. Je suis monitrice de ski à Val d'Isère. Je ne suis pas de la région, je suis parisienne, mais je suis venue travailler ici à l'école de ski. J'ai commencé à faire du ski assez tard, à l'âge de dix-neuf ans. J'ai beaucoup aimé ça et j'ai décidé de devenir monitrice de ski. Je suis allée à l'École Nationale de Ski à Chamonix pour préparer mon diplôme. J'ai dû faire sept ans de préparation. Mais maintenant, ça y est et je travaille comme monitrice de ski de décembre jusqu'au mois d'avril. En été, je travaille à Annecy, où je suis maître-nageuse.

Bonjour! Je m'appelle Pierre Mercier. Je suis guide à Chamonix. Moi, je suis né ici. J'ai commencé à faire du ski à l'âge de sept ans. J'aime bien faire du ski, mais je préfère faire de l'alpinisme. Moi aussi, je suis allé à l'École Nationale de Ski et d'Alpinisme à Chamonix pour préparer mon diplôme.
   Le travail de guide me plaît beaucoup. On accompagne souvent des groupes d'alpinistes. La semaine dernière, par exemple, je suis allé dans les Dolomites en Italie. La semaine prochaine, j'accompagnerai des skieurs qui veulent descendre le Mont Blanc. Je prends mes vacances en été. D'habitude, je ne pars pas loin, mais cet été, j'irai au Canada.

Bonjour! Je m'appelle Anne Laroche. Je suis née à Grenoble. Je suis hôtesse d'accueil dans un grand hôtel à Flaine. Il y a beaucoup d'étrangers qui logent à l'hôtel, surtout des Anglais. Je dois donc bien parler anglais.
   Flaine est une station de ski assez moderne. On a dû tout construire ici, les magasins, les appartements, les hôtels, même la route. Maintenant, c'est un véritable centre de vacances avec une piscine, une patinoire, une bibliothèque, des restaurants, des cafés et même un 'pub' à l'anglaise.
   Quand je ne travaille pas, j'aime profiter d'être à la montagne pour faire du ski. J'ai commencé à faire du ski à l'âge de dix ans et ça me plaît énormément.

Qui est-ce?

1 Qui est monitrice de ski?
2 Qui doit bien parler anglais?
3 Qui est né à Grenoble?
4 Qui a appris à faire du ski à l'âge de 19 ans?
5 Qui aime bien le ski mais préfère l'alpinisme?
6 Qui travaillera comme maître-nageuse cet été?
7 Qui ira en Amérique du nord cet été?
8 Qui est allé en Italie la semaine dernière?

Six questions sur les Alpes – Solution: 1C 2A 3B 4B 5C 6A

ÉPREUVE 8   Écouter   Partie A 8/10

F **1 Quel camping?**

Qu'est-ce qu'il y a dans chaque camping? Écoutez et, pour chaque camping, écrivez les bonnes lettres.

A   B   C   D   E   F   G   H

Camping Les Hirondelles | A | | | E |
Camping Soleil | | | | |

F **2 À l'office de tourisme**

Écoutez ces touristes à l'office de tourisme. Qu'est-ce qu'ils demandent? Écrivez la bonne lettre.

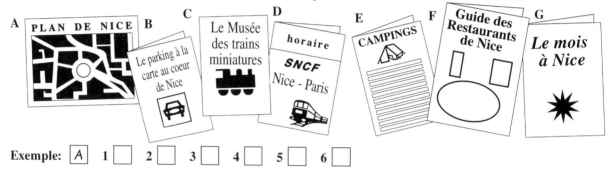

Exemple: | A | 1 | | 2 | | 3 | | 4 | | 5 | | 6 | |

F/H **3 Météo**

A   B   C  D  E   F

Écoutez et pour chaque partie du week-end, écrivez la bonne lettre dans la case.

Exemple:	vendredi	après-midi	C
1		soir	
2	samedi	matin	
3		après-midi	
4	dimanche	journée	
5		soir	

F/H **4 Souvenirs de vacances**

Écoutez ces jeunes. Qu'est-ce qu'ils pensent de leurs vacances? Ils ont une opinion positive ou négative?
Pour chaque personne, cochez une case (Positive, Négative) et écrivez la bonne lettre dans la case.

		Opinion Positive	Opinion Négative	Description
Exemple:	Magali	✓		A
1	Stéphane			
2	Nicolas			
3	Daniel			
4	Laurent			

A un grand succès B ennuyeux C un vrai désastre D trop de touristes E intéressant

Total: Partie A:

ÉPREUVE 8 Écouter Partie B 8/11

1 Un message enregistré

Vous travaillez dans un hôtel en France. Regardez la fiche de réservation. Écoutez le message enregistré au téléphone. Notez les détails de la réservation **en français**.

	Hôtel Boule d'Or Réservation	Réservation pour un repas	
Ex.	Nombre de chambres ....*une*............	heure	5
1	Nombre de personnes	nombre de personnes	6
2	Date d'arrivée	Nom du/de la client(e)	7
3	Pour combien de nuits? **a** 1 **b** 2 **c** 4		
4	Détails de la chambre		

[/7]

2 Luc parle de ses vacances

Listen to Luc talking about his holiday and answer the questions **in English**.

1. In which month did Luc go to La Rochelle? ....
2. Who went with him? ....
3. Why did he find the trip boring? ....
4. What would he rather have done for his holiday? ....
5. What is the weather usually like in La Rochelle at this time of year? ....
6. What could you usually do in La Rochelle at this time? ....
7. What was the weather like this year? ....
8. What was one result of this change in the weather? ....
9. What was Luc's overall reaction to this holiday? ....

[/9]

3 Vélos à louer

Écoutez et cochez la bonne case.

Ex. On peut louer des vélos **A** ☐ à l'auberge de jeunesse. **B** ☐ dans le parc.
   C ☑ dans un magasin spécial.

1. L'endroit où on loue des vélos est **A** ☐ facile **B** ☐ difficile **C** ☐ impossible   à trouver.
2. Avec les vélos, la famille Michel va **A** ☐ faire des randonnées dans la région.
   B ☐ faire des courses cyclistes. **C** ☐ se promener en ville.
3. M. Michel veut louer des vélos pour **A** ☐ trois **B** ☐ quatre **C** ☐ deux   personnes.
4. Le fils de M. Michel a **A** ☐ quinze ans. **B** ☐ treize ans. **C** ☐ quatorze ans.
5. Pour louer un vélo, il faut payer **A** ☐ 50 euros **B** ☐ 18 euros **C** ☐ 4 euros   par jour.
6. En plus, il faut payer **A** ☐ une caution et une assurance. **B** ☐ une assurance seulement.
   C ☐ une caution seulement.
7. La famille va chercher les vélos **A** ☐ cet après-midi. **B** ☐ demain matin. **C** ☐ après-demain.
8. Le magasin ouvre **A** ☐ à 8h00. **B** ☐ à 8h30. **C** ☐ à 9h00.
9. On va payer avec **A** ☐ un chèque. **B** ☐ des chèques de voyage. **C** ☐ une carte de crédit.

[/9]

Total: Partie B: [/25]

Encore Tricolore 4 nouvelle édition © Mascie-Taylor, Honnor, Nelson Thornes 2002

ÉPREUVE 8   Parler   Role Play (1)   8/12

A1 À l'hôtel   *Carte A*

You arrive at a hotel in Belgium. You want to book a room. Your teacher or another person will play the part of the receptionist and will speak first.

1 Say what kind of room you would like.

2 Say for how many nights you want to stay.

3 Ask how much it costs per night.

   ?

4 Ask what time breakfast is.

   ?

A1 À l'hôtel   *Carte B*

Nous sommes dans un hôtel en Belgique. Je suis le/la réceptionniste.

1 **Exam:** **Bonjour, monsieur/mademoiselle. Je peux vous aider?**
   Cand: Bonjour, je voudrais une chambre… s'il vous plaît.

2 **Exam:** **Oui, c'est pour combien de nuits?**
   Cand: C'est pour… nuit(s).

3 **Exam:** **Oui, nous avons une chambre de libre.**
   Cand: C'est combien, la nuit?

4 **Exam:** **C'est 50 euros, petit déjeuner compris.**
   Cand: Bon, et c'est à quelle heure, le petit déjeuner?
   Exam: **C'est entre sept heures et dix heures.**

B1 Au camping   *Carte A*

You are at a campsite in France. Your teacher or another person will play the part of the employee and will speak first. Mention the following:

1 Say you have reserved a place for a tent.
2 Give your name.
3 Answer the question.
   !
4 Ask a question about the facilities on the campsite e.g. if there's a shop, restaurant, swimming pool, etc.

   ?

B1 Au camping   *Carte B*

Vous êtes au bureau d'accueil d'un camping en France. Je travaille à l'accueil.

1 **Exam:** **Bonjour, je peux vous aider?**
   Cand: Bonjour, nous avons réservé un emplacement pour une tente.

2 **Exam:** **Oui, c'est à quel nom, s'il vous plaît?**
   Cand: C'est…

3 **Exam:** **Ah oui, un emplacement pour une tente pour trois nuits. C'est pour combien de personnes?**
   Cand: C'est pour… personnes.

4 **Exam:** **Très bien. Voilà les détails.**
   Cand: Merci. Est-ce qu'il y a un magasin/un restaurant/une piscine/etc. au camping?
   Exam: **Oui, c'est à l'autre bout du camping.**

ÉPREUVE 8   Parler   Role Play (2)   8/13

B2 À l'auberge de jeunesse (Carte A)

You are on holiday in Switzerland with a friend. You arrive at the youth hostel where you hope to spend a few days. Your teacher or another person will play the part of the warden and will speak first.

1. Ask if there are any places. **?**
2. Say the number of people and how many girls/boys.
3. Answer the question.
   !
4. Ask when the hostel closes at night. **?**

B2 À l'auberge de jeunesse (Carte B)

Vous arrivez à l'auberge de jeunesse où je travaille.

1. **Exam:** Bonjour, je peux vous aider?
   Cand: Avez-vous de la place, s'il vous plaît?
2. **Exam: Oui, c'est pour combien de personnes?**
   Cand: …
3. **Exam: Oui, c'est pour combien de nuits?**
   Cand: …
4. **Exam: Bon, alors les dortoirs sont au premier étage.**
   Cand: L'auberge ferme à quelle heure, le soir?
   Exam: On ferme à minuit. Vous pouvez demander une clé si vous allez rentrer plus tard.

C1 On téléphone à l'hôtel (Carte A)

[When you see this – ! – you will have to respond to a question you have not prepared.]

You telephone a hotel to enquire about rooms. Your teacher or another person will play the part of the hotel employee and will speak first.

1. Détails (chambres, personnes)
2. Dates
3. !
4. Directions?
5. !

C1 On téléphone à l'hôtel (Carte B)

Vous téléphonez à l'hôtel où je travaille. Vous voulez faire une réservation.

1. **Exam: Allô, Hôtel du Lac.**
   Cand: Bonjour, je voudrais réserver une/deux/trois/etc. chambre(s) pour… personnes/etc.
2. **Exam: Oui, c'est pour quelle date et pour combien de nuits?**
   Cand: …
3. **Exam: Bon alors, qu'est-ce que vous préférez comme chambre, une des chambre(s) avec balcon et vue sur la mer, une chambre fumeurs/non-fumeurs?**
   Cand: Je voudrais/préfère…
4. **Exam: Très bien.**
   Cand: Pouvez-vous me donner des directions pour aller à l'hôtel, s'il vous plaît?
5. **Exam: Oui, je vais vous envoyer un dépliant. Vous arriverez vers quelle heure?**
   Cand: …
   Exam: Bon, merci monsieur/mademoiselle.

ÉPREUVE 8 — Conversation and discussion

Les vacances en général
- Où aimes-tu passer les vacances? Pourquoi?
- Qu'est-ce que tu fais généralement pendant les grandes vacances?
- Quel genre de vacances préfères-tu? Pourquoi?
- Qu'est-ce que tu aimes faire comme activités?
- Tu préfères passer les vacances en famille ou avec des amis? Pourquoi?

Les vacances à l'étranger
- Est-ce que tu es déjà allé(e) à l'étranger? Où ça?
- Quelles ont été tes impressions de ce pays?
- Tu préfères passer les vacances à l'étranger ou ici? Pourquoi?

Des vacances passées
- Où es-tu allé(e) en vacances l'année dernière?
- Quand? Avec qui es-tu parti(e)?
- Comment as-tu voyagé?
- Où as-tu logé?
- Quel temps faisait-il?
- Tu es resté(e) longtemps?
- Qu'est-ce que tu as fait/vu?
- Qu'est-ce que tu as acheté comme cadeaux/souvenirs? Pour qui?
- Tu t'es bien amusé(e)? Pourquoi/Pourquoi pas?
- Raconte une chose qui était bien et une chose qui était moins bien.
- Raconte-moi un problème/incident que tu as eu pendant les vacances.

Les vacances à l'avenir
- Qu'est-ce que tu feras pendant les prochaines vacances?
- Comment passeras-tu les grandes vacances?
- Où iras-tu? Avec qui? Quand partirez-vous?
- Pour combien de temps? Et où logerez-vous?
- Est-ce que vous ferez des activités sportives?

Les vacances idéales
- Est-ce qu'il y a un pays que tu voudrais visiter un jour?
- Si tu avais beaucoup d'argent, où voudrais-tu aller et pourquoi?
- Comment seraient tes vacances idéales?

Le camping et les auberges de jeunesse
- As-tu déjà fait du camping?
- Si oui, parle un peu de ça (où, quand, avec qui, etc.)
- Qu'est-ce que tu en penses?
- (Si non,) aimerais-tu faire du camping? Pourquoi (pas)?
- Es-tu allé(e) dans une auberge de jeunesse? Où ça?
- Comment as-tu trouvé ce genre d'hébergement?

Le tourisme et le climat dans ta région
- Qu'est-ce que les touristes visitent dans la région où tu habites?
- Quel temps fait-il aujourd'hui?
- Quel temps fait-il généralement ici en été/en hiver/etc.?

ÉPREUVE 8 Lire   Partie A (1) 8/15

1 Au camping

C'est quelle image? Écrivez la bonne lettre.

A   C   E   G   I

B   D   F   H

Exemple: E Animaux acceptés

1 ☐ Poubelles   4 ☐ Laverie automatique   7 ☐ Bloc sanitaire
2 ☐ La plage   5 ☐ Eau potable   8 ☐ Plats à emporter
3 ☐ Jeux pour enfants 6 ☐ Location de vélos

2 Vous aimez le camping?

Read the letters and questions and write the correct letter

A Ma famille fait du camping, donc moi aussi, mais sans enthousiasme. Je n'ai pas le choix.

B Je fais rarement du camping parce que ça m'ennuie. En plus, je ne le trouve pas très confortable et, quand il fait mauvais temps, c'est déprimant.

C Mes amis aiment beaucoup ça, alors je les accompagne. Finalement, je trouve ça très amusant, surtout quand il fait beau.

D Moi, en général, je reste à la maison. Je n'ai jamais essayé le camping, donc je ne suis pas sûr.

E J'aimerais bien essayer un jour, pour me faire une opinion.

F Invitez-moi de préférence dans un hôtel cinq étoiles! Je ne trouve pas très amusant de dormir dans un sac de couchage.

G Je fais du camping tous les ans. C'est une vraie passion.

Ex.	Who loves camping and goes camping every year?	G
1	Who has never tried camping but would like to?	
2	Who doesn't like sleeping in a sleeping bag?	
3	Who isn't very keen on camping, but has to go along with the family?	
4	Who goes along with their friends who really like camping?	
5	Who would much rather stay in a luxury hotel?	
6	Who usually stays at home in the holidays and has never tried camping?	
7	Who thinks camping is boring?	
8	Who likes camping, especially in good weather?	
9	Who gets depressed if the weather is bad?	

Encore Tricolore 4 nouvelle édition © Mascie-Taylor, Honnor, Nelson Thornes 2002

ÉPREUVE 8   Lire   Partie A (2)   8/16

[F/H] **3 Quel hôtel?**

Trouvez le meilleur hôtel pour ces clients. Pour chaque client (1–8), écrivez la lettre de l'hôtel qui correspond.

A Hôtel du Futura
A proximité immédiate du Parc du FUTUROSCOPE (accès à 10 minutes à pied), 290 chambres de catégorie 'une étoile', dont 13 spécialement conçues pour l'accueil des personnes handicapées. Toutes chambres équipées pour accueillir jusqu'à 4 personnes, avec douche, toilettes individuelles et télévision.
Prix de la chambre: *Haute saison* €39
                          Baisse saison €27

B Hôtel Papillons
(5 mn. de la gare, proche tous bus, proche du marché et des grands magasins)
Chambre avec douche ou salle de bains, téléphone direct et télévision: €30
Spécial étape (une nuit et un repas) – une personne: €38

C Hôtel de l'Oie Blanche ★★★★
Hôtel grand confort, tout proche de la cité médiévale et dans une belle maison de caractère. 40 chambres, piscine, bar, restaurant gastronomique, parking privé.
Prix des chambres – €90

D Hôtel Belle Vue ★★★
42 chambres €40 à €54 avec climatisation, téléphone et télévision; repas €20 à €30; proche du château, parc, piscine, tennis, terrain de jeux pour enfants, salle de billard, terrain jeu de boules, volley-ball, location de vélos (VTT); anglais parlé.

Les clients

Ex.	**M. et Mme Vardon.** Ils sont assez riches. Ils s'intéressent beaucoup à l'histoire.	C
1	**Quatre étudiants.** Ils n'ont pas beaucoup d'argent. Ils voudraient visiter un parc d'attractions.	
2	**M. et Mme B.** Quand ils sont en vacances, ils ne veulent pas économiser – ils préfèrent bien manger, surtout goûter les spécialités de la région.	
3	**La famille D.** Avec deux adolescents et deux petites filles, il faut trouver un hôtel où il est facile de s'amuser.	
4	**La famille T.** Ils n'ont pas de voiture, mais avec les transports en commun, il est facile de voyager dans la région. Pour eux, il est important de trouver un hôtel pas trop cher.	
5	**La famille J.** Pour cette famille, il est important d'avoir des choses intéressantes à voir assez près de l'hôtel – surtout pour le petit Charles dans son fauteuil roulant. Il s'intéresse à tout, mais il adore surtout le cinéma.	
6	**Mme D.** Pour elle, la grande joie des vacances c'est de se promener dans les grands magasins pendant la journée et, le soir, de dîner à l'hôtel et regarder la télé dans sa chambre.	
7	**M. et Mme L.** Pour des vacances réussies, ils ont besoin d'un hôtel de luxe, avec une piscine et des repas de luxe.	
8	**La famille S.** C'est une famille très sportive. En vacances, pas question de repos! Ils ont envie de s'exercer et de s'amuser!	

Total: Partie A:

ÉPREUVE 8   Lire   Partie B (1)

1 Une lettre de confirmation

Lisez la lettre et cochez les bonnes cases.

> Hotel du Parc
> 75005 Paris
> le 08 juin
>
> Madame,
> Nous avons bien reçu votre lettre du 6 juin et nous vous remercions de l'attention que vous nous accordez. Nous avons le plaisir de vous proposer la réservation suivante:
> du 07 au 11 juillet (4 nuits), une chambre double avec salle de bain complète, TV, mini bar, téléphone, au tarif de 60 euros la nuit, taxe et service inclus.
> Le petit déjeuner buffet est inclus.
>
> Je regrette, mais il n'est pas possible de garer votre voiture à l'hôtel, mais il est assez facile de trouver une place dans les petites rues derrière l'hôtel.
> Afin de garantir votre réservation, nous vous prions de bien vouloir nous faire parvenir un numéro de carte de crédit ainsi que la date d'expiration.
> Dans l'attente de vous recevoir dans notre hôtel, je vous prie d'agréer, Madame, l'expression de nos sincères salutations.
> La réception

		Oui	Non	On ne sait pas
Exemple:	On a réservé deux chambres doubles.		✔	
1	On va rester cinq nuits.			
2	Il y a un sèche-cheveux dans la chambre.			
3	Le prix de la chambre est de soixante euros.			
4	Le petit déjeuner est compris.			
5	L'hôtel n'a pas de parking.			
6	Pour confirmer la réservation, il faut envoyer des détails d'une carte de crédit.			

2 Le temps pour vos vacances

Lisez les prévisions et pour chaque ville, écrivez **une** lettre.

A ☀ B ⛅ C 🌧   D ⛈   E 🌡+/− F 🌡+/−   G ↗   H ↗↗↗

Prévisions pour la journée du 10 juin

En général, une journée assez belle en Europe, et très chaud dans le sud – 30 degrés à Ajaccio.
Un temps très ensoleillé cet après-midi à Rome, et très chaud à Athènes. Risque d'orages ce matin à Madrid,
En Ecosse, à Edimbourg, il y aura du vent très fort, et dans le nord de l'Angleterre, à York, par exemple, du temps froid ce matin. Il y aura quelques averses plus tard à Londres et dans le nord de la France, à Paris, un vent faible cet après-midi.
En Allemagne, il fera moins beau avec risque de pluie sur Berlin.

AJACCIO (**Exemple**)	E
ATHÈNES	
BERLIN	
EDIMBOURG	
LONDRES	
MADRID	
PARIS	
ROME	
YORK	

Encore Tricolore 4 nouvelle édition © Mascie-Taylor, Honnor, Nelson Thornes 2002

ÉPREUVE 8   Lire   Partie B (2)   8/18

3 Des vacances pour tous les goûts

Lisez cet article. Pour chaque titre, au choix écrivez la bonne lettre.

Des vacances pour tous les goûts

Cet été, on vous propose un grand choix de stages de vacances pour tous les goûts.

A Dans une région très photogénique, apprenez les techniques de base de la photo ou perfectionnez vos talents. Découvrez les possibilités insoupçonnées de votre appareil photo.

B Circuit en vélo dans le Val de Loire. En groupes de sept ou huit personnes, vous découvrirez les beaux châteaux de la région. Le soir vous serez logé dans une auberge de jeunesse ou on fera du camping (selon la saison).

C Trois jours d'initiation à la navigation, suivis de trois jours de randonnée nautique en kayak de mer avec, chaque soir, du camping sauvage sur une petite île.

D Vous n'êtes pas sportif, vous n'avez pas envie de vous instruire? On vous propose un séjour détente qui vous offrira des possibilités d'activités, mais qui vous permettra de bronzer sur la plage en toute quiétude, si c'est ça qui vous plaira!

E Pourquoi pas un stage multi-activités en Bretagne comme celui-ci, qui comprend un grand choix d'activités, de la planche à voile aux randonnées en VTT et des cours de cuisine?

F Dans une forêt immense, le plaisir de faire des promenades à cheval pendant 2 à 3 heures par jour. Le reste du temps, faites une sieste, essayez d'autres activités ou, pour les vrais 'fanas', apprenez à panser votre cheval et à nettoyer son écurie.

Les titres

Ex.	Les vacances – c'est pour se reposer	D
1	Du cyclotourisme international	
2	Pour ceux qui adorent l'équitation	
3	Pour ceux qui aiment la mer	
4	Un safari-photo	
5	Goûtez à tout!	

4 Si on faisait un chantier?

Pour finir les phrases, choisissez parmi les expressions A à G.

Hautes Pyrénées – Un chantier en montagne
Aménager un jardin en montagne
Ce séjour se présente sous la forme d'un chantier environnement. C'est un moyen sympa de faire du travail et du loisir.
Au pied du Pic du Midi, le lac Payolle est un site privilégié pour la détente et les loisirs. Les jeunes participeront à la création d'un jardin de montagne mettant en valeur et protégeant la flore locale. Pour cela, des randonnées en montagne vous amèneront à reconnaître les fleurs et les plantes de la région.

On créera également des sentiers et on écrira des brochures pour tout expliquer aux visiteurs. Le tout sera en collaboration avec les associations locales. En échange de ce travail à mi-temps, des activités seront proposées: canoë-kayak, vélo, randonnées en montagne.

Logement: gîte ou camping
Age: 15–17 ans; 20 participants
Dates: 12–26 juillet

Ex.	'Participez à un chantier!'…	B
1	On créera…	
2	On fera…	
3	On apprendra…	
4	Vous pourrez…	
5	Le chantier aura lieu…	
6	Le chantier durera…	

A …deux semaines.
B …pour travailler et s'amuser en équipe.
C …à reconnaître les fleurs et les plantes.
D …au mois de juillet.
E …des randonnées en montagne.
F …apprendre à faire du canoë-kayak.
G …un jardin de montagne et des sentiers.

Total: Partie B:

ÉPREUVE 8 Écrire   Partie A 8/19

1 Des listes

a Make a list of five things to take on a camping holiday.

Exemple: des piles

1 ....
2 ....
3 ....
4 ....
5 ....

b Write a list of five foreign countries you would like to visit.

Exemple: le Danemark

1 ....
2 ....
3 ....
4 ....
5 ....

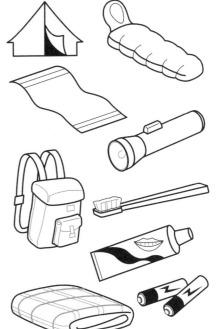

2 Des phrases

Complete the information **in French**.

Exemple:	Aujourd'hui, il fait mauvais et il y a du ![cloud] . Aujourd'hui, il fait mauvais et il y a du ......brouillard...................................... .
1	Normalement, en été, il ☀ , mais aujourd'hui, il ☁. Normalement, en été, il .... , mais aujourd'hui, il ....
2	En hiver, il ne 🌧 pas beaucoup, mais il y a souvent du 🪁. En hiver, il ne .... pas beaucoup, mais il y a souvent du ....
3	L'année dernière, j' (PASSER) mes vacances avec mes parents. L'année dernière, j' .... mes vacances avec mes parents.
4	En août, je vais passer mes vacances avec mes amis à la 🏔 . En août, je vais passer mes vacances avec mes amis à la ....
5	Qu'est-ce que tu (FAIRE) pendant les vacances, normalement? Qu'est-ce que tu .... pendant les vacances, normalement?
6	(POUVOIR) -vous me donner un 🗺 , s'il vous plaît? .... -vous me donner un .... , s'il vous plaît?
7	Est-ce qu'on (POUVOIR) louer des vélos ici? Est-ce qu'on .... louer des vélos ici?

ÉPREUVE 8　　Écrire　　Partie B 8/20

F/H　**3**　**Une carte postale**

You receive this postcard from a French friend.

> Salut!
> Je suis en vacances chez mes grands-parents. Ils habitent au bord de la mer. Il fait assez beau. Pendant la journée, on va à la plage et on joue au volley. Le soir, on joue aux cartes. Ça va, mais c'est un peu ennuyeux.
> Amitiés,
> Catherine

Write a similar postcard **in French** and write a sentence each time.

Example: *Je passe une semaine ici.*

Say:
1. where you're staying
2. what the weather is like
3. what you do during the day
4. what you do in the evening
5. what you think of it

H　**4**　**Des projets de vacances**

Vous allez faire un voyage à l'étranger. Écrivez une lettre à un(e) ami(e) français(e) (environ **90 à 100** mots) **en français**.
Commencez et finissez la lettre comme il faut.
Donnez les détails suivants:
- où? quand? comment? avec qui? logement? situation? pour combien de temps?
- des activités que vous allez faire
- pourquoi vous avez choisi ce genre de voyage
- ce que vous avez acheté pour le voyage (vêtements, livres, matériel, etc.)

H　**5**　**Un voyage à l'étranger**

Écrivez un article (environ **120 à 140** mots) **en français** pour décrire un voyage que vous avez fait (vrai ou imaginaire).
Répondez à toutes ces questions:
- Où êtes-vous allé(e)?
- Comment avez-vous voyagé?
- Qu'est-ce que vous avez fait d'intéressant?
- Que pensez-vous de ce voyage?
- Quelles étaient vos impressions du pays que vous avez visité?
- Quelles sont les différences entre ce pays et votre pays?
- Où voudriez-vous aller l'année prochaine et pourquoi?

Encore Tricolore 4

UNITÉ 9 9/1

Jeux de vocabulaire

1 Mots croisés

Horizontalement
1. On peut acheter des médicaments dans ce magasin. (9)
6. Une piqûre, ça fait mal, mais on peut appliquer un glaçon pour calmer la d… (7)
9. Le climat est très … dans cette région. Il ne pleut presque jamais. (3)
10. Qu'est-ce que vous avez mangé et qu'est-ce que vous avez … hier? (2)
11. Est-ce que tu … mal à la gorge? (2)
13. Si le soleil est fort, n'oubliez pas de mettre une … solaire. (5)
14. Mon ami ne va pas bien. Il a mal à la … et il a envie de vomir. (4)
16. C'est un papier sur lequel le médecin écrit le traitement médical et qu'on donne ensuite au pharmacien. (10)
19. Nous n'avons pas mangé à midi et maintenant nous avons … (4)
21. – Vous toussez beaucoup?
    – Oui, pouvez-vous me conseiller un sirop pour la …? (4)
22. Si on est vraiment …, il faut appeler le médecin. (6)

Verticalement
1. Ça vient d'un insecte et ça fait mal. (6)
2. Si on fait du sport, il faut boire avant, pendant et … l'effort. (5)
3. Avant de prendre un …, il faut lire la posologie (*dosage*). (10)
4. Si on reste longtemps au soleil, on risque de souffrir d'un … de chaleur. (4)
5. Je voudrais … sirop s'il vous plaît, une grosse bouteille. (2)
7. Ça va? Tu … enrhumé? (2)
8. Oui, malheureusement, j'ai un … depuis quelques jours. (5)
12. Ce garçon ne … sent pas bien et il a de la fièvre. (2)
14. Comme tu es un peu asthmatique, n'oublie pas … inhalateur. (3)
15. Il fait chaud, je n'ai plus d'eau et j'ai … (4)
17. Brr. J'… froid. (2)
18. Tu as …? Tu as le visage rouge. (5)
20. Ma mère est tombée et elle a … au bras. (3)
21. Moi, j'ai sommeil. Et toi, tu … sens fatigué? (2)

2 Trouvez les synonymes

Exemple: 1*e*
1. un hôpital
2. un mal de tête
3. un docteur
4. se baigner
5. sérieux
6. un blessé

a. un médecin
b. grave
c. un malade
d. une migraine
e. une clinique
f. nager

3 Chasse à l'intrus

Trouvez le mot qui ne va pas avec les autres, puis expliquez pourquoi.

Exemple: <u>remboursable</u>, solaire, antiseptique, anti-moustique
  Ce n'est pas une crème.

1. des pastilles, du sirop, du déodorant, de l'aspirine
   ....
2. du shampooing, du savon, du dentifrice, de la chaleur
   ....
3. une piqûre, une guêpe, une abeille, un moustique
   ....
4. la grippe, la pilule, le rhume, la toux
   ....
5. un pharmacien, un médecin, un infirmier, un ingénieur
   ....

Pour vous aider

Ce n'est pas…
un métier médical ou paramédical
un problème de santé
un produit de toilette
un médicament
un insecte

Encore Tricolore 4

Le corps humain

1 Le corps humain

Écrivez les parties du corps.

1 _____
2 _____
3 _____
4 _____
5 _____
6 _____
7 _____
8 _____
9 _____
10 _____
11 _____
12 _____
13 _____
14 _____
15 _____
16 _____
17 _____
18 _____
19 _____
20 _____
21 _____

2 L'abc du corps

Trouvez une partie du corps pour compléter la liste.

A – l'abdomen
B ....
C ....
D ....
E ....
F – le front
G ....
H – la hanche
L – la lèvre
M – le menton
N ....
O ....
P ....
S – les sourcils
T ....
V ....
Y ....

Encore Tricolore 4

UNITÉ 9 9/3

Sur l'ordinateur

Sur l'ordinateur

Vous vous servez d'un ordinateur? Voici quelques conseils pour protéger votre santé.
Si vous vous asseyez devant un ordinateur pendant de longues périodes, ça peut vous donner mal aux épaules et mal au dos. Et le travail sur clavier peut contribuer à certains problèmes de poignets, de doigts et de bras. Il est important aussi de reposer les yeux de temps en temps.

Les yeux
- Si possible, fixez un écran anti-reflets au moniteur.
- Toutes les dix minutes, éloignez vos yeux de l'écran et regardez quelque chose d'autre.
- Toutes les heures, prenez une pause de dix minutes pour reposer les yeux.

Le corps
- Si possible, asseyez-vous sur une chaise réglable, qui soutient le dos.
- Mettez les deux pieds sur le plancher. Les genoux et les coudes doivent faire un angle de 90 degrés.
- Le clavier doit être au même niveau que les bras.
- Quand vous tapez, gardez les poignets plats et détendus.
- De temps en temps, haussez les épaules et secouez les mains.

Pour vous aider

| détendu *relaxed* | écarter les yeux *to glance away* | réglable *adjustable* | soutenir *to support* |

1 Vous avez bien compris?

a *According to the article, which parts of the body may suffer if you spend too long in front of a computer? Tick the appropriate boxes.*

A ☐ shoulders   F ☐ back
B ☐ ears   G ☐ arms
C ☐ eyes   H ☐ hands
D ☐ legs   I ☐ wrists
E ☐ feet

b *In what order are you given this advice?*

Example: .1.b.

a Sit on an adjustable chair, if possible.
b Fix an anti-glare screen to the monitor.
c Shrug your shoulders and shake your hands from time to time.
d Take a ten minute break every hour.
e Glance away from the screen every ten minutes and look at something different.
f Keep your wrists flat and relaxed when typing.

2 Devant l'ordinateur

Complétez le texte avec un de ces mots:

| A dos   B bras   C tête   D pieds   E poignets   F épaules |

1 la .... droite
2 les .... détendues
3 les .... horizontaux, au niveau du clavier
4 une chaise qui soutient le ....
5 les .... plats
6 les .... plats sur le plancher

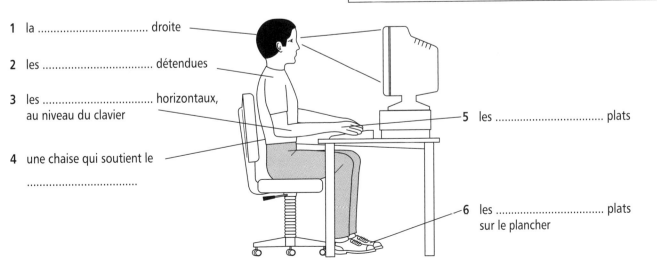

Encore Tricolore 4

UNITÉ 9 — 9/4

Premiers soins

Sauriez-vous quoi faire en cas d'accident? Faites ce jeu-test pour savoir comment vous réagiriez et découvrez ensuite comment il faut réagir.

1. Vous êtes au stade. La personne à côté de vous vient de tomber par terre. Elle s'est probablement évanouie. Que faut-il faire?
   - **A** Il faut essayer de remettre la personne debout.
   - **B** Il faut la laisser par terre et lui lever les jambes.
   - **C** Il faut s'éloigner le plus vite possible.

2. Vous vous promenez à la campagne quand votre ami tombe maladroitement. Il a mal à la cheville mais il peut marcher avec difficulté. Il s'est probablement fait une entorse à la cheville. Que faut-il faire?
   - **A** Il faut mettre un bandage serré, si vous en avez un, et faire transporter votre ami chez le pharmacien ou chez le médecin.
   - **B** Il faut lui enlever sa chaussure et masser son pied.
   - **C** Il faut lui conseiller d'acheter une moto.

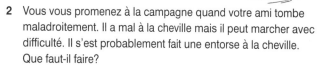

3. En faisant la cuisine, votre sœur s'est brûlé le bras. Que faites-vous?
   - **A** Je regarde dans la casserole pour voir ce qu'on va manger.
   - **B** Je ne fais rien parce que les brûlures guérissent toutes seules.
   - **C** Je lui mets le bras dans de l'eau froide, puis je lui mets un pansement sec.

4. Votre ami s'est fait mordre à la main par un chien. Que faut-il faire?
   - **A** Il faut nettoyer soigneusement la blessure, puis la protéger avec un pansement et consulter un médecin.
   - **B** Il ne faut pas toucher à la blessure, mais vous pouvez donner de l'aspirine à votre ami.
   - **C** Il faut donner à manger au chien.

5. Un enfant, qui grimpait dans l'arbre, a fait une mauvaise chute. Il semble avoir la jambe cassée. Que faut-il faire?
   - **A** Il faut l'aider à marcher jusqu'à une voiture, puis l'emmener à l'hôpital.
   - **B** Il faut rassurer l'enfant, le réchauffer, éviter tout mouvement de la jambe et appeler un médecin.
   - **C** Il faut lui dire de prendre une échelle la prochaine fois.

6. En jouant au volley sur la plage, votre ami(e) tombe et se coupe le poignet. Ça saigne beaucoup. Que faut-il faire?
   - **A** Il faut aller chercher quelqu'un d'autre pour continuer le jeu.
   - **B** Il faut faire vite: protéger la plaie avec un pansement et appuyer fermement pour arrêter le saignement, puis chercher de l'aide médicale.
   - **C** Il faut nettoyer la plaie pour enlever le sable, puis la laisser à l'air libre.

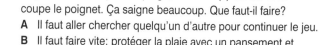

7. Vous faites une promenade à la campagne et votre ami marche sur un serpent qu'il n'a pas vu. Le serpent le mord. Vous pensez que c'est une vipère. Que faut-il faire?
   - **A** Il faut encourager votre ami à marcher, puis continuer votre promenade. S'il a encore mal le soir, il doit consulter un médecin.
   - **B** Il faut grimper dans un arbre et attendre le départ du serpent.
   - **C** Il faut faire venir de l'aide médicale et en l'attendant, votre ami doit rester calmement étendu par terre, en évitant tout mouvement inutile.

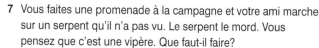

8. Vous passez vos vacances dans un gîte à la campagne. Le prochain village est à 25 kilomètres. Un enfant de trois ans, qui est en vacances avec vous, avale une vingtaine de comprimés. Que faut-il faire?
   - **A** Il faut le coucher et attendre que ça passe.
   - **B** Il faut essayer de le faire vomir, puis l'emmener chez un médecin ou à l'hôpital.
   - **C** Il faut lui demander s'il sait compter jusqu'à vingt.

9. Le soir, un petit garçon met le feu à son pyjama en s'approchant trop près du feu. Quelle est la première chose à faire?
   - **A** Essayer d'étouffer le feu, en enroulant l'enfant dans une couverture ou dans une serviette.
   - **B** Aller chercher les voisins.
   - **C** Appeler les pompiers.

10. Vous êtes le seul témoin d'un accident de la route. Quelle est la première chose que vous devez faire?
    - **A** Protéger le lieu de l'accident: par exemple en mettant un triangle rouge derrière la voiture.
    - **B** Courir jusqu'à la maison la plus proche pour téléphoner à Police-Secours.
    - **C** Essayer de faire sortir les victimes des voitures.

Solution: 1B 2A 3C 4A 5B 6B 7C 8B 9A 10A

Encore Tricolore 4

On se fait soigner

UNITÉ 9 | **9/5**

1A Chez le dentiste Le/la client(e) 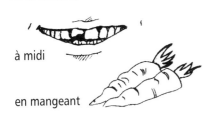 à midi en mangeant	**1B Chez le dentiste** Le/la dentiste *Vous commencez* Qu'est-ce qui ne va pas? quand? comment? traiter tout de suite
2A Chez le pharmacien Le/la client(e) ce matin en coupant combien?	**2B Chez le pharmacien** Le pharmacien/la pharmacienne *Vous commencez* Je peux vous aider? comment? mettre un pansement 18 euros
3A Chez le médecin (1) Le/la client(e) depuis mardi 	**3B Chez le médecin (1)** Le médecin *Vous commencez* Qu'est-ce qui vous amène? fièvre? depuis quand? une ordonnance rester à la maison
4A Chez le médecin (2) Le/la client(e) depuis mercredi  en portant une grosse valise revenir?	**4B Chez le médecin (2)** Le médecin *Vous commencez* Qu'est-ce qui ne va pas? depuis quand? comment? rester au lit pendant une semaine une ordonnance pour une pommade ne pas conduire revenir dans une semaine
5A Chez le dentiste/le médecin Le/La client(e) un problème depuis quand? revenir? combien?	**5B Chez le dentiste/le médecin** Le/La dentiste/Le médecin *Vous commencez* quel problème? depuis quand? revenir? prix

Encore Tricolore 4

Comment cesser de fumer?

UNITÉ 9 — 9/6

Monsieur François Clia a arrêté de fumer, il y a trois ans. Il fumait depuis l'adolescence et aujourd'hui il a quarante ans. Ça n'a pas été facile: il avait déjà essayé d'arrêter de fumer trois fois avant de s'arrêter pour de bon.

– Monsieur Clia, racontez-nous votre premier arrêt.

– C'était il y a une dizaine d'années, quand j'avais trente ans. Je travaillais avec deux copains dans le même bureau. Nous fumions chacun deux paquets par jour. Un matin, l'un d'entre nous, Henri, a lancé un pari: qui tiendrait le plus longtemps sans cigarette? C'était en milieu de semaine. On s'est arrêté pendant deux, trois jours, puis après le week-end, tout le monde refumait.

– Alors, vous vous êtes arrêté pendant quelques jours seulement. Et la deuxième fois?

– C'était à la suite d'une bronchite. Mon médecin m'a conseillé d'arrêter. J'ai diminué 'ma dose' de dix cigarettes par jour à cinq, mais ensuite, c'est devenu plus difficile. Et après, j'ai repris comme avant.

– Puis la troisième fois?

– C'était quand ma femme attendait son second enfant. Elle a arrêté de fumer et je me suis senti un peu obligé de faire comme elle. C'était dur, mais j'ai tenu pendant deux ans.

– Enfin, vous vous êtes arrêté pour de bon. Pouvez-vous nous raconter ça?

– Cette fois-là, je voulais vraiment en finir avec le tabac. Tous les dimanches matin, avec mon fils de douze ans, nous avions pris l'habitude de courir pendant trois quarts d'heure. Et régulièrement, il me distançait: j'arrivais après lui complètement essoufflé. Je me suis décidé d'arrêter. J'ai prévenu mes collègues de bureau, la famille. Tous m'ont donné un coup de main.

– Et comment avez-vous donc réussi, cette fois?

– Il n'existe pas de remède miracle. Cependant, il y a certains petits trucs qui m'ont aidé. Je me suis mis au chewing-gum. J'ai bu un verre d'eau ou j'ai croqué une pomme quand j'avais envie de fumer. J'ai fait aussi des exercices de respiration. Au début, j'étais plus irritable et, à d'autres moments, fatigué et apathique. Puis, j'ai réorganisé un peu ma vie. Je me suis mis au sport: le jogging, le dimanche matin avec mon fils, et la natation une fois par semaine. Au bout d'un an sans tabac, je me sentais beaucoup mieux et j'avais économisé: suffisant pour un beau petit voyage!

1 Un résumé

Complétez le résumé avec les mots dans la case.

A ans	B depuis	C deux	D eau	E jour	F médecin
G pomme	H quelques	I réduit	J sans	K trente	L trois

François Clia fumait 1 **Ex. B** son adolescence. Il avait essayé d'arrêter de fumer 2 .... fois avant de s'arrêter pour de bon. La première fois, il avait 3 .... ans et il fumait 4 .... paquets par 5 .... à ce moment-là. Mais au bout de 6 .... jours, il refumait. La deuxième fois, son 7 .... lui a conseillé d'arrêter. Il a 8 .... le nombre de cigarettes qu'il fumait, mais finalement, il a recommencé à fumer.

La troisième fois, il s'est arrêté parce que sa femme attendait un enfant, mais après deux 9 ...., il a recommencé à fumer.

Mais, finalement, il s'est arrêté pour de bon. Quand il avait envie de fumer une cigarette, il a bu un verre d'10 .... ou il a mangé une 11 .... Au bout d'un an 12 .... tabac il se sentait beaucoup mieux et il avait économisé beaucoup.

2 Un acrostiche

Toutes les réponses se trouvent dans l'article.

1 regularly
2 almost
3 for a long time
4 middle
5 completely
6 during
7 same
8 before

Encore Tricolore 4

Tu comprends?

UNITÉ 9 · 9/7

1 Il y a un problème

Écoutez les conversations et écrivez la bonne lettre.

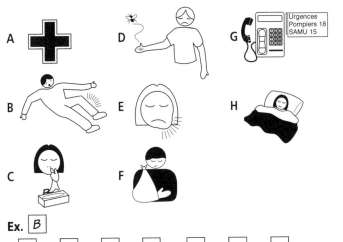

Ex. **B**
1 ☐ 2 ☐ 3 ☐ 4 ☐ 5 ☐ 6 ☐ 7 ☐

2 Chez le médecin

Un jeune Suisse est en vacances en France. Il va chez le médecin. Écoutez la conversation et cochez (✔) les bonnes cases.

Ex. – Bonjour, qu'est-ce qui ne va pas?
– J'ai mal **A** ☐ à la tête **B** ☐ à la gorge **C** ✔ à l'estomac.

1 J'ai la diarrhée et j'ai vomi **A** ☐ pendant la nuit
B ☐ ce matin **C** ☐ hier après-midi.

2 – Quand est-ce que ça a commencé?
– Ça a commencé **A** ☐ hier matin **B** ☐ hier après-midi
C ☐ hier soir. À midi, j'ai mangé au restaurant avec des amis.

3 – Qu'est-ce que vous avez mangé au restaurant?
– J'ai mangé **A** ☐ des œufs **B** ☐ des crevettes
C ☐ du poisson. C'est peut-être ça.

4 – Oui, c'est possible. Bon, avez-vous pris quelque chose?
– **A** ☐ Oui, j'ai pris des comprimés à la diarrhée.
B ☐ Non, je n'ai rien pris.

5 – Avez-vous des allergies?
– **A** ☐ Oui, j'ai une allergie contre la pénicilline
B ☐ Non, je n'ai pas d'allergies.

6 – Bon, aujourd'hui ne mangez rien, mais buvez beaucoup d'eau. Je vais vous donner une ordonnance aussi. Quand est-ce que vous allez rentrer chez vous?
– Je vais rentrer **A** ☐ demain **B** ☐ dans deux jours
C ☐ samedi prochain.
– Si ça ne va pas mieux dans trois jours, allez voir votre médecin, chez vous.

3 On parle de la santé

a L'exercice et la nourriture
Écoutez la discussion et complétez le texte.

| A bonbons | B cyclisme | C danse | D exercice | ~~E forme~~ |
| F natation | G ordinateur | H repas | | |

I: Marc, qu'est-ce que tu fais pour être en forme?
M: Moi, pour garder la **Ex.** ..*E*.., je fais du sport ... deux, trois fois par semaine, en général.
I: Quel genre de sport?
M: Alors, du tennis, du badminton, de la **1** .... Mais le plus souvent, du badminton. Normalement, je joue avec mes amis, le samedi après-midi.
I: Et toi, Stéphanie, tu fais du sport, aussi?
S: Moi, non, je ne suis pas très sportive. Mais je fais attention à ce que je mange. J'essaie de ne pas manger trop de **2** ...... ni de chocolat. Je mange beaucoup de fruits et de légumes et j'essaie de manger des **3** ...... réguliers.
I: Et toi, Laurent?
L: Moi aussi, je mange comme il faut et je fais un peu de sport – du **4** ...... et du jogging surtout – alors, plutôt des sports individuels.
I: Julie, est-ce que tu fais de l'**5** ...... régulièrement?
J: Oui, je fais de la **6** ...... et je marche beaucoup. Je trouve que l'exercice est très important. Aujourd'hui, on a tendance à passer trop de temps assis devant son **7** ....

b Le tabac et l'alcool
*Écoutez la discussion et répondez aux questions **en anglais**.*

1 Why did Marc decide to stop smoking?
....
....

2 What two reasons does Julie give for not smoking?
....
....

3 Give two reasons she mentions for some of her friends smoking. ....
....

4 What is her attitude to alcohol?
....
....

5 What type of behaviour does she dislike when someone has drunk too much?
....

ÉPREUVE 9 Écouter — Partie A 9/8

[F] 1 À la pharmacie

Qu'est-ce qu'on achète? Regardez les images. Écrivez la bonne lettre dans la case.

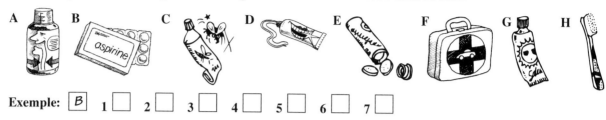

Exemple: B 1 ☐ 2 ☐ 3 ☐ 4 ☐ 5 ☐ 6 ☐ 7 ☐

[F/H] 2 Ça fait mal?

Écoutez ces personnes qui ont mal quelque part et pour chaque personne, cochez la bonne case.

[F/H] 3 Qu'est-ce qui ne va pas?

Écoutez la conversation entre Cécile et le médecin. Cochez la bonne case.
Ex. Qu'est-ce qui ne va pas?

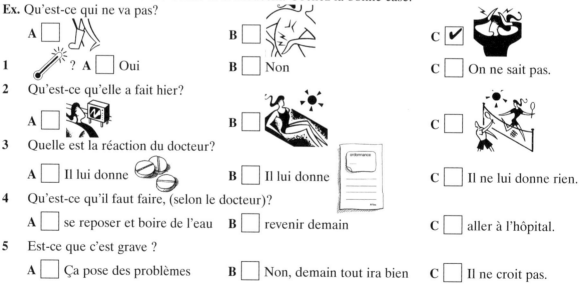

1 ? A ☐ Oui   B ☐ Non   C ☐ On ne sait pas.
2 Qu'est-ce qu'elle a fait hier?
   A ☐   B ☐   C ☐
3 Quelle est la réaction du docteur?
   A ☐ Il lui donne   B ☐ Il lui donne   C ☐ Il ne lui donne rien.
4 Qu'est-ce qu'il faut faire, (selon le docteur)?
   A ☐ se reposer et boire de l'eau   B ☐ revenir demain   C ☐ aller à l'hôpital.
5 Est-ce que c'est grave ?
   A ☐ Ça pose des problèmes   B ☐ Non, demain tout ira bien   C ☐ Il ne croit pas.

4 Pour avoir la forme

[F/H] Écoutez. Pour chaque personne qui parle, choisissez la bonne phrase dans la liste.
A Il ne faut pas boire trop d'alcool.
B Il faut manger équilibré.
C Il faut bien dormir.
D S'amuser vous fait du bien.
E L'exercice est important.
F Il ne faut pas fumer.
G Il faut éviter le stress.

Ex. G 1 ☐ 2 ☐ 3 ☐ 4 ☐ 5 ☐ 6 ☐

Total: Partie A:

ÉPREUVE 9 Écouter — Partie B 9/9

1 Ça s'est passé comment?

Ces personnes parlent de leurs accidents. Pour finir les phrases, choisissez parmi les expressions A à F.

Ex. Marie s'est cassé la jambe…	D	3	Sandrine s'est fait pîquer par une insecte…	
1 Charles s'est fait mal à la main gauche…		4	José souffre d'un coup de chaleur…	
2 Christophe s'est coupé le doigt…		5	Lucie s'est brûlé le bras…	

A …en préparant le dîner.
B …en s'endormant sur la plage.
C …en grimpant sur les rochers.
D …en tombant de son cheval.
E …en faisant du jardinage.
F …en grillant des saucisses.

[5]

2 Des patients

Écoutez ces patients chez le médecin, l'opticien ou le dentiste. Choisissez les bonnes réponses.

A Il faut arrêter tout effort physique. Donc pas de sport pour le moment. ☐
B Un nouveau travail? Vos yeux vont probablement s'adapter. ☐
C Rassurez-vous, il n'est pas cassé. **Ex.**
D Il faudra au moins quatre ou cinq visites. ☐
E Oui, oui. Vous avez de la fièvre. Je crois que c'est un virus. ☐
F Ah, oui, en effet. Ouvrez la bouche et je vais vous faire une piqûre. ☐
G C'est seulement l'oreille gauche ou les deux oreilles? ☐
H Alors, vous ne dormez pas depuis trois mois? Vous êtes beaucoup stressé en ce moment? ☐

[7]

3 Attention sur les routes!

Listen to this report about road conditions and answer the questions **in English**.

Ex. What has caused the difficult driving conditions? ......*The bad weather*......

1 What other hazard apart from wet roads is mentioned? ....
2 How many people were in the car involved in the first accident? ....
3 Who alerted the emergency services? ....
4 How many people were seriously injured? ....
5 How many vehicles were involved in the second accident? ....
6 Were the drivers seriously injured? ....
7 What factor contributed to this outcome? ....

[7]

4 La vie des jeunes

Écoutez ces adolescents qui parlent de leurs joies et de leurs problèmes. Cochez la bonne case. Il y a trois conversations. **Ex.** Aujourd'hui, Daphne est… A ☑ en pleine forme. B ☐ très stressée. C ☐ assez triste.

1 Dimanche dernier, elle… A ☐ a téléphoné à son petit ami, Bertrand. B ☐ est sorti avec Bertrand. C ☐ a envoyé un e-mail à Bertrand.

2 Pour le moment, Mathieu…
A ☐ est en pleine forme. B ☐ se sent épuisé. C ☐ dort assez bien la nuit.

3 De caractère, il est… A ☐ assez optimiste. B ☐ plutôt pessimiste. C ☐ enthousiaste.

4 Marie-Claire s'entend bien…
A ☐ avec sa sœur, mais pas avec ses parents.
B ☐ avec sa sœur, mais pas avec son petit ami.
C ☐ avec ses parents et sa sœur.

5 La sœur de Marie-Claire… A ☐ n'a pas de petit ami. B ☐ est plus jeune que Marie-Claire. C ☐ essaie d'influencer sa sœur.

6 Pour Marie-Claire la famille … A ☐ a beaucoup d'importance. B ☐ n'a pas d'importance. C ☐ n'est pas aussi importante que son petit ami.

[6]

Total: Partie B: [25]

ÉPREUVE 9   Parler   Role Play (1)   9/10

A1 En famille   (Carte A)

You are staying with friends in France. You're not feeling well. Your teacher or another person will play the part of your friend and will speak first.

1   Say you don't feel well.

2   Say which part of you hurts.

3   Say you'd like a drink of water.

4   Say you're going to lie down.

A1 En famille   (Carte B)

Vous êtes chez des amis en France. Je suis votre ami(e).

1   **Exam:** Ça va?
    Cand: Non, ça ne va pas/je ne me sens pas très bien.

2   **Exam:** Qu'est-ce qu'il y a?
    Cand: J'ai mal…

3   **Exam:** Tu veux prendre quelque chose?
    Cand: Je voudrais un verre d'eau, s'il te plaît.

4   **Exam:** Bien sûr. Tu as besoin d'autre chose?
    Cand: Je vais me coucher.
    Exam: Oui, bonne idée.

B1 À la pharmacie   (Carte A)

You do not feel well while you are on holiday in France so you go to the chemist's. Your teacher or another person will play the part of the chemist and will speak first. Mention the following:

1   Say you are not well and explain what's wrong.
2   Give another symptom.
3   Answer the question.
    !
4   Say how long you're staying in France.

B1 À la pharmacie   (Carte B)

Vous êtes à la pharmacie. Je suis le pharmacien//la pharmacienne.

1   **Exam:** Bonjour, je peux vous aider?
    Cand: Oui, je ne me sens pas bien…

2   **Exam:** Oui, vous avez d'autres symptômes?
    Cand: Oui…

3   **Exam:** Vous avez des allergies?
    Cand: …

4   **Exam:** Ce médicament est très bien. Vous restez longtemps en France?
    Cand: Je reste jusqu'au…
    Exam: Bon alors, si ça ne va pas mieux dans quelques jours, il faut aller chez le médecin.

ÉPREUVE 9   Parler   Role Play (2)   9/11

B2 On prend un rendez-vous (Carte A)

You are on holiday in Belgium and have toothache. You telephone the dentist's surgery to ask for an appointment. Your teacher or another person will play the part of the receptionist and will speak first.

1. Say you want to make an appointment.
2. Say you have toothache and ask if you can see the dentist today.
3. Accept the appointment and confirm the time.
4. Answer the question.
  !

B2 On prend un rendez-vous (Carte B)

Vous téléphonez chez le dentiste où je travaille. Vous voulez prendre un rendez-vous. Je suis le/la réceptionniste.

1. **Exam:** **Allô, cabinet dentaire Dupont.**
   Cand: Bonjour, je voudrais prendre un rendez-vous, s'il vous plaît.

2. **Exam:** **Bon alors, je peux vous donner un rendez-vous vendredi à quatre heures.**
   Cand: J'ai mal aux dents, alors, est-ce que je peux voir le dentiste aujourd'hui?

3. **Exam:** **Si c'est urgent, je peux vous donner un rendez-vous ce soir à 18h30. Ça ira?**
   Cand: Oui, alors, ce soir à 18h30.

4. **Exam:** **Oui, c'est à quel nom, s'il vous plaît?**
   Cand: …
   Exam: **C'est (nom). Merci, au revoir.**

C1 Chez le médecin (Carte A)

[When you see this – ! – you will have to respond to a question you have not prepared.]

You feel unwell while on holiday in France and go to see the doctor. Your teacher or another person will play the part of the doctor and will speak first.

1. Symptômes
2. !
3. Médicaments
4. Allergies
5. !

C1 Chez le médecin (Carte B)

Vous êtes en vacances en France et vous vous sentez malade. Je suis le médecin.

1. **Exam:** **Bonjour, qu'est-ce qui ne va pas?**
   Cand: J'ai mal… et…

2. **Exam:** **Alors, qu'est-ce qui s'est passé?/ Qu'est-ce que vous avez fait hier?/ Quand est-ce que ça a commencé?**
   Cand: …

3. **Exam:** **Bon, avez-vous pris quelque chose?**
   Cand: Oui, j'ai pris…/Non, je n'ai rien pris.

4. **Exam:** **Avez-vous des allergies?**
   Cand: Oui, j'ai une allergie à …/Non, je n'ai pas d'allergies.

5. **Exam:** **Bon, je vais vous donner une ordonnance. Quand est-ce que vous allez rentrer chez vous?**
   Cand: Je vais rentrer…
   Exam: **Si ça ne va pas mieux dans trois jours, revenez me voir/allez voir votre médecin, chez vous.**

Encore Tricolore 4 nouvelle édition © Mascie-Taylor, Honnor, Nelson Thornes 2002

ÉPREUVE 9 — Conversation and discussion 9/12

La forme
- Être en forme, c'est important?
- Pour avoir la forme, qu'est-ce qu'il faut faire et ne pas faire?
- Et toi, qu'est-ce que tu fais pour rester en forme?
- Manger bien, qu'est-ce que ça veut dire?
- Est-ce que tu fais attention à ce que tu manges?
- L'exercice, est-il vraiment important? Pourquoi?
- Est-ce que tu fais de l'exercice régulièrement?

Le tabac et l'alcool
- Est-ce que tu as des amis qui fument?
- Qu'en penses-tu?
- Pourquoi est-ce qu'on commence à fumer?
- Pourquoi est-il difficile d'arrêter de fumer?
- Beaucoup de jeunes boivent le week-end ou en soirée. Qu'en penses-tu?

Le stress
- A ton avis, quelles sont les causes principales du stress?
- Qu'est-ce qu'on peut faire pour l'éviter?
- Que fais-tu pour te relaxer?

La santé et la médecine
- Que penses-tu des émissions sur la santé à la télé?
- Comment trouves-tu les séries comme *Urgences*?
- As-tu suivi des cours de premiers soins? Où? Quand?
- Est-ce que tu voudrais travailler comme médecin/dentiste/pharmacien(ne)/infirmier(-ière)/dans le secteur médical ou paramédical? Pourquoi?

ÉPREUVE 9   Lire   Partie A (1) 9/13

1 Le corps humain

Écrivez la bonne lettre dans la case.

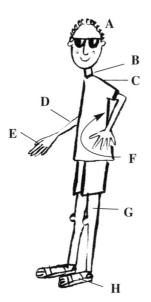

Ex.	le cou	B
1	le bras	
2	le dos	
3	l'épaule	
4	la jambe	
5	le pied	
6	la tête	

2 Attention!

Lisez les phrases. Écrivez dans la case la lettre qui correspond à chaque illustration.

A J'ai mal aux dents.
B Il ne faut pas nager ici.
C J'ai besoin de médicaments.
D Où est la pharmacie?
E Il y a un incendie et il faut téléphoner pour du secours.
F Il est interdit de fumer ici.
G Je suis enrhumé et j'ai besoin de mouchoirs en papier.

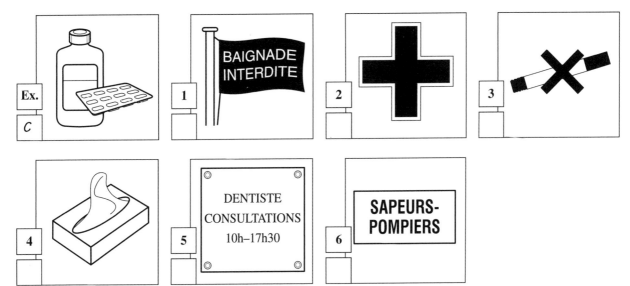

Encore Tricolore 4 nouvelle édition © Mascie-Taylor, Honnor, Nelson Thornes 2002

ÉPREUVE 9 Lire — Partie A (2)

F/H 3 Un coup de soleil

Lisez le texte. Écrivez dans la case la lettre du mot qui correspond.

> Vous ne vous **Ex.** [H] pas bien? Vous avez **1** [ ] à la tête, des sensations de vertige? Vous avez de la **2** [ ]? Vous avez **3** [ ] de vomir? Vous êtes **4** [ ]?
>
> C'est sans doute un coup de chaleur. Mettez-vous à l'ombre, dans un endroit frais. Buvez de l' **5** [ ].
>
> Mettez une serviette mouillée sur la **6** [ ]. Prenez une **7** [ ].
>
> Si ça ne va pas mieux dans deux jours, appelez le **8** [ ].

A aspirine **B** eau **C** envie **D** fatigué **E** fièvre **F** mal **G** médecin ~~**H** sentez~~ **I** tête

F/H 4 Allô parents ici ados

Lisez l'article. Pour chaque phrase, écrivez vrai **V** (Vrai), **F** (Faux) ou **PM** (pas mentionné).

> Et si le 23 septembre parents et ados se donnaient la main? C'est dans ce but que le CFA (Comité Français pour l'Adolescence) instaure une journée nationale rien que pour vous, destinée à évoquer les problèmes qui touchent particulièrement les 13–20 ans (suicide, drogue, maladies…).
>
> Des rencontres sportives réuniront les jeunes et leurs aînés, tandis que des groupes amateurs de rock donneront le ton. Au Stade Wimille (Porte-Dauphine) entre 12h et 20h, de nombreux stands, jeux-concours vous accueilleront, des médecins répondront à vos questions sur la santé.

Ex.	On peut acheter des boissons alcoolisées au stade.	PM
1	Le 23 septembre, on va essayer de réunir les jeunes et les adultes.	
2	L'événement principal sera un concert de musique classique.	
3	Il y aura une exposition importante au Stade Wimille.	
4	Il y a un grand parking au stade.	
5	On aura la possibilité de discuter de ses problèmes de santé avec des médecins.	

Total: Partie A

ÉPREUVE 9   Lire   Partie B (1)   9/15

1 Êtes-vous bien dans votre assiette?

Lisez cet article publié dans un magazine français. Pour finir les phrases, choisissez parmi les phrases A à H et écrivez la bonne lettre.

Êtes-vous bien dans votre assiette?

Manger régulier
Essayez de manger des repas réguliers au lieu de grignoter au cours de la journée. Surtout ne manquez pas le petit déjeuner. C'est un repas essentiel, parce que le corps a besoin de recharger ses batteries après la nuit.

Manger équilibré
Saucissons, pâtes, saucissons, pâtes… c'est vrai que c'est drôlement bon, mais pas très équilibré. Pour grandir, notre corps a besoin de manger de tous les aliments. N'oubliez pas de manger chaque jour des fruits et des légumes.

Éviter de grignoter
On sait qu'il ne faut pas grignoter entre les repas, mais si vous avez envie de manger un casse-croûte, choisissez plutôt un fruit, un yaourt ou un sandwich. Essayez d'éviter des sucreries comme des biscuits, du chocolat et des gâteaux.

N'oubliez pas de boire
Buvez de l'eau – c'est la seule boisson indispensable à la vie. Consommez en modération les boissons à base de caféine, comme le café, le thé et le coca.

Manger plaisir
Manger, c'est aussi bon pour le moral! C'est une occasion de se mettre à table, de parler de sa journée, de rencontrer des autres et de partager un moment agréable.

Ex.	Mangez régulièrement…	F
1	Le petit déjeuner est…	
2	Essayez de ne pas…	
3	Essayez de suivre…	
4	Ne mangez pas trop…	
5	Si vous avez vraiment faim…	
6	Buvez suffisamment…	
7	Ne buvez pas trop de…	

A …d'eau, environ deux litres par jour.
B …mangez une pomme ou une carotte.
C …un repas important, qu'il ne faut pas manquer.
D …grignoter au cours de la journée.
E …un régime équilibré.
F …trois repas par jour.
G …de bonbons, ni de choses sucrées.
H …boissons sucrées.

ÉPREUVE 9   Lire   Partie B (2)

2 Le tabagisme

Lisez ces opinions. Pour chaque phrase, écrivez le bon nom.

> J'ai allumé ma première cigarette au réveillon du nouvel an. Je voulais faire comme les autres. Je le faisais juste pour essayer, pour voir comment c'était.
> **Paul**
>
> Chez moi, mon père et ma sœur aînée fument. J'aimerais qu'ils cessent de fumer parce que ça me donne mal à la gorge. Mon père a essayé d'arrêter mais ce n'est pas facile.
> **Cécile**
>
> Je sais que fumer, c'est mauvais pour la santé, mais je fume quelquefois, en soirée, quand je suis avec des copains qui fument. C'est calmant. Ça m'aide à me détendre.
> **Marc**
>
> Fumer, c'est une mauvaise habitude. Hélas, quand on commence à fumer, il est difficile d'arrêter. Voilà quelques astuces qui peuvent aider: manger du chewing gum, faire un nouveau sport, chercher des amis qui ne fument pas.
> **Roland**
>
> J'ai essayé une cigarette une fois, mais ça ne me plaisait pas – j'avais un mauvais goût dans la bouche.
> **Nita**
>
> L'été dernier, j'ai commencé à fumer par curiosité. J'ai continué à fumer, peut-être pour faire comme les autres. Maintenant, je voudrais arrêter. J'ai déjà essayé d'arrêter, mais sans réussir.
> **Karim**
>
> Je fumais autrefois, mais il y a deux ans, j'ai décidé d'arrêter. J'aime faire du sport, et peu à peu, je remarquais que j'avais du mal à courir. J'étais très vite essoufflée. Donc je me suis dit: il faut arrêter. Ça a été dur, mais quand j'ai réussi, je me sentais tellement mieux.
> **Sophie**
>
> Il n'y a personne dans ma famille qui fume, donc ça m'a aidé à ne pas commencer à fumer.
> **Fatima**

Ex. *Sophie* a essayé les cigarettes mais ne fume plus.

1 .... n'aime pas fumer.

2 .... est un fumeur passif.

3 .... a trouvé que fumer, ça gêne pour le sport.

4 .... n'a jamais fumé parce que ses parents ne fument pas.

5 .... ne peut pas arrêter de fumer.

6 .... a commencé à fumer pendant une fête.

7 .... fume surtout quand il est avec d'autres qui fument.

8 .... donne des conseils pour cesser de fumer.

ÉPREUVE 9   Lire   Partie B (3)   9/17

3 Médecins sans Frontières

Read this article. Make notes **in English**. Remember to include all the relevant details.

Les Médecins Sans Frontières en questions

Qui sont les Médecins Sans Frontières?

Chaque année, 2900 volontaires partent en mission avec Médecins sans Frontières. Un tiers des volontaires sont 'nouveaux' chaque année. Parmi eux, il y a bien sûr le personnel médical: des médecins, des infirmières, des chirurgiens… Mais une partie des volontaires n'appartient pas au corps médical: ce sont les personnes responsables de toutes les questions de matériel (les logisticiens) et administratives (les administrateurs).

Comment devient-on membre de Médecins sans Frontières?

Pour être un jour recruté comme volontaire, il faut répondre à trois critères:
- D'abord, avoir une bonne compétence professionnelle. Les études sont donc essentielles.
- La maîtrise des langues étrangères est indispensable, en particulier l'anglais.
- Il faut être très motivé et avoir bon caractère. Dans une mission, on peut vivre à plusieurs dans une petite pièce, se laver tous les matins à l'eau froide et travailler 15 heures par jour. Et tout ça en conservant sa bonne humeur.

Quels sont les points forts de Médecins sans Frontières?

L'urgence est la première spécificité de Médecins sans Frontières. Nous avons mis au point des techniques qui nous permettent de faire face rapidement à des situations d'urgence.
La force de Médecins sans Frontières, c'est aussi son indépendance financière. Cela nous permet de déclencher une opération d'urgence sans attendre que des gouvernements ou des institutions comme l'Europe donnent leur feu vert et débloquent de l'argent.

© Bayard Presse *Okapi*

Ex. How many volunteers leave for a mission each year? .... *2900* ....

1. What are the three categories of volunteer workers mentioned in the first paragraph? .... [3]

2. What proportion of the work force is recruited each year? .... [1]

3. What are the first two essentials for those wishing to join? .... [2]

4. Explain why it is important to be good-humoured to work for *Médecins sans Frontières*? .... [2]

5. What are two of the organisation's strong points? .... [2]

Total: Partie B: 10/25

ÉPREUVE 9　Écrire　Partie A

1　Le corps humain

a　Label five different parts of the head and neck **in French**.

Ex. la gorge

A ....

B ....

C ....

D ....

E ....

b　Label five different parts of the body **in French**.

Ex. le ventre

A ....

B ....

C ....

D ....

E ....

2　Des phrases

Complete the information in French.

Ex. Ma grand-mère (AVOIR)	peur des souris.
Ma grand-mère ....a...........	peur des souris.
1 Moi, j' (AVOIR)	besoin d'argent pour acheter des médicaments.
Moi, j'	besoin d'argent pour acheter des médicaments.
2 Mon frère est malade et il a de la ▭ .	
Mon frère est malade et il a de la	
3 J'ai mal à la gorge, alors je vais acheter du sirop à la ✚ .	
J'ai mal à la gorge, alors je vais acheter du sirop à la	
4 Ma sœur a la grippe et elle va voir le ▭ .	
Ma sœur a la grippe et elle va voir le	
5 Ce matin, nous avons fait du sport et maintenant, nous avons ▭ ▭ .	
Ce matin, nous avons fait du sport et maintenant, nous avons	
6 Les filles ont beaucoup marché; maintenant, elles (AVOIR)	mal aux ▭ .
Les filles ont beaucoup marché; maintenant, elles	mal aux ....
7 Vous (AVOIR)	raison, il faut éviter le soleil à midi.
Vous	raison, il faut éviter le soleil à midi.
8 Si tu (AVOIR)	mal à la tête, vas t'asseoir à l'ombre.
Si tu	mal à la tête, vas t'asseoir à l'ombre.
9 Je n'ai pas mangé à midi et maintenant j'ai ▭ .	
Je n'ai pas mangé à midi et maintenant j'ai	

ÉPREUVE 9 Écrire Partie B 9/19

3 Un message

You have received this note from a French friend. Write a message **in French** explaining that you are not able to go because you are unwell. Write about **30** words in full sentences.
- say you are sorry but you can't go
- say you are unwell
- explain what is wrong
- say what you have to do to get better
- say when and how you will contact your friend in the future

> *Tu viens au cinéma ce soir? Rendez-vous devant le cinéma à 19 heures.*
> *À bientôt,*
> *Daniel*

4 Accidents et problèmes

Answer either **a** or **b**.
EITHER:
a Un accident
Vous êtes à l'hôpital parce que vous avez eu un accident. Écrivez une lettre à un(e) ami(e) français(e). Écrivez environ **70 à 80** mots **en français**.
Parlez de:
- ce qui s'est passé exactement
- vos blessures
- comment vous passez le temps à l'hôpital
- ce que vous pensez de votre séjour à l'hôpital
- quand vous allez rentrer à la maison

OR:
b Des problèmes en vacances
Vous êtes en vacances et il y a eu un problème (quelqu'un dans votre famille est tombé malade/il y a eu un petit accident, etc.)
Écrivez une lettre à un(e) ami(e) français(e) pour lui raconter. Écrivez environ **70 à 80** mots **en français**.
Décrivez:
- le(s) problème(s)
- les circonstances: comment c'est arrivé
- ce que vous avez fait
- vos réactions et ce que vous faites maintenant
- quand vous allez rentrer chez vous

5 Rester en forme, c'est important?

Écrivez un article (environ **120 à 140** mots) **en français** pour expliquer pourquoi il est important de rester en forme.
Répondez à ces trois questions:
- Pourquoi est-il important de faire attention à sa santé?
- Pour avoir la forme, qu'est-ce qu'il faut faire et ne pas faire?
- Comment peut-on éviter le stress?

Puis, répondez pour vous:
- Qu'est-ce que vous faisiez autrefois?
- Qu'est-ce que vous faites maintenant?
- Qu'est-ce que vous allez faire à l'avenir pour rester en forme?

ou parlez de quelqu'un d'autre
- Décrivez quelqu'un (vrai ou imaginaire) qui n'était pas en forme.
- Comment a-t-il changé son mode de vie?
- Comment va-t-il continuer de rester en forme?

Encore Tricolore 4

UNITÉ 10 — 10/1

Deux verbes dans une phrase (1)

DOSSIER-LANGUE

Verbs followed by an infinitive

In French, there are often two verbs together in a sentence: a **main verb** + an **infinitive**, e.g.
*Qu'est-ce qu'on **peut faire**?* What can we do?   ***Va chercher*** *une chaise.* Go and fetch a chair.

1 Complétez le lexique

All these verbs can be followed directly by an infinitive. Check that you know them all.

	français	anglais
1	adorer	**Ex.** *to love/to adore*
2	....	*to like*
3	aller	....
	compter	*to count on (doing something)*
4	désirer	....
	devoir	*to have to, (I must, etc.)*
5	espérer	....
	faillir	*to nearly/almost do something*
	oser	*to dare*
6	....	*to think*
7	pouvoir	....
8	....	*to prefer*
	savoir	*to know (how to do something)*
9	venir	....
10	vouloir	....

2 Complétez les bulles

1. Je voudrais **Ex. 1** *envoyer* cette lettre le plus vite possi-
2. Où pensez-vous .... vos vacances?
3. Il est monté .... ses devoirs.
4. Ouf! J'ai failli .... le train!
5. Savez-vous ....?

faire   manquer   ~~envoyer~~   nager   passer

3 Trouvez les paires

Exemple: 1 *j*

1. Nous espérons...
2. Nous préférons...
3. Ma sœur, Julie et son mari viendront...
4. Ils adorent...
5. Leurs enfants aiment...
6. Mais la petite fille n'ose pas...
7. Pendant la première semaine, on va...
8. Plus tard, on compte...
9. Mon neveu, Nicolas sait...
10. S'il fait mauvais temps, nous devrons...

a trouver d'autres activités.
b passer nos vacances à la campagne.
c faire du camping.
d monter à cheval.
e se baigner dans la mer.
f être au bord de la mer.
g se promener à bicyclette.
h faire de l'équitation.
i nous rejoindre pour la deuxième semaine.
j visiter la Provence.

4 À vous!

a *Répondez!*

1. Savez-vous jouer aux échecs?
2. Voulez-vous faire des études supérieures?
3. Qu'est-ce que vous allez choisir comme matières l'année prochaine?
4. Préférez-vous surfer le Net ou chercher des infos dans une encyclopédie?
5. Espérez-vous apprendre à conduire?

b *Complétez ces phrases, (n'oubliez pas d'utiliser des infinitifs).*

1. Je sais ...., mais je ne sais pas ....
2. J'adore ...., mais je déteste ....
3. Je n'aime pas ...., je préfère ....
4. Comme métier, je voudrais ....
5. Pendant les vacances, j'aimerais ....

Encore Tricolore 4

UNITÉ 10 | **10/2**

Deux verbes dans une phrase (2)

Verbs followed by à + infinitive

1 Complétez le lexique

1 aider qqn à	**Ex.** to help someone to
s'amuser à	to enjoy (doing something)
2 apprendre à	....
3	to begin to
consentir à	to agree to
4	to continue to
5 encourager qqn à	....
6 hésiter à	....
s'intéresser à	to be interested in (doing something)
7 .... qqn à	to invite someone to
8 se mettre à	....
9 .... (du temps) à	to spend time in (doing something)
10 réussir à	.... (doing something)

2 Complétez les phrases

Complétez les phrases avec les expressions dans la case. Ensuite, écrivez l'anglais.
Exemple: 1 C – I helped him (to) change the tyre.

A conduire	B faire mes devoirs	C changer
D venir au café après les cours	E finir	F pleuvoir
G essayer de nouvelles recettes		

1 Je l'ai aidé à .... le pneu.
....

2 Apprenez-vous à ....?
....

3 Quel désastre! J'ai passé tout le week-end à ....
....

4 J'aime cuisiner et je m'intéresse à ....
....
....

5 C'est mon anniversaire. Je vous invite à ....
....
....

6 Tu as réussi à .... les mots croisés
....

7 J'ai mis mon imper parce qu' il a commencé à ....
....
....

3 Une lettre

Écrivez une réponse à cette lettre de votre correspondant(e). N'oubliez pas de répondre aux questions (marquées 1, 2, 3, etc.)

> La Rochelle
> le 25 mai.
>
> Salut!
> La semaine prochaine, c'est les examens au lycée! J'ai passé tout le week-end à réviser et j'en ai marre! Et toi, tu passes ton temps à réviser aussi? (1)
> C'est bientôt les vacances. Ma mère m'a dit que je pourrai inviter un ami à passer une semaine chez nous au mois d'août. Est-ce que tu pourras venir? (2) Ça serait génial!
> Je ne sais pas si tu t'intéresses à faire du cyclisme, (3) mais si c'est le cas, on pourra louer un vélo pour toi et aller à l'île de Ré. Il y aura un festival de musique ici cet été. Est-ce que tu t'intéresses à la musique? (4)
> Est-ce que tu passes beaucoup de temps à écouter la radio? (5)
> Pour gagner de l'argent pour les vacances, je vais aider mon oncle à construire son nouveau garage. Veux-tu nous aider à faire ça aussi? (6)
> Maintenant, je dois continuer à faire mes révisions. Réponds-moi vite!
> Alex

> (town/date)
>
> Cher/Chère Alex,
> J'ai bien reçu ta lettre et moi aussi, je passe beaucoup de temps à réviser (1). Merci bien pour ton invitation. Je (2)...

Encore Tricolore 4

Deux verbes dans une phrase (3)

Verbs followed by de + infinitive

1 Complétez le lexique

1	s'arrêter de	**Ex.** *to stop (doing something)*
2	....	to cease, stop (doing something)
	conseiller (à qqn) de	to advise (someone) to
3	....	to decide to
	se dépêcher de	to hurry (to do something)
	empêcher de	to prevent (someone from doing something)
4	essayer de	....
	menacer de	to threaten to
	être obligé de	to be obliged, have to
5	....	to forget to
6	....	to refuse to
7	risquer de	.... *(doing something)*

Expressions with *avoir* (followed by de + the infinitive):

avoir besoin de	to need to
avoir l'intention de	to intend to
avoir peur de	to be afraid to
avoir le droit de	to have the right, be allowed to
avoir le temps de	to have the time to
avoir envie de	to wish to

2 Complétez les phrases

Complétez les phrases avec les expressions dans la case. Écrivez l'anglais. **Ex. 1** H – *It's stopped snowing.*

A a décidé	B ai besoin	C oubliez	D refuse	E n'ai pas eu le temps	F a peur	G étions obligés	H a cessé

1 Il .... de neiger.

2 Ce matin, mon frère .... de partir plus tôt.

3 À cause du mauvais temps, nous .... de rester ici jusqu'au matin.

4 Mon ami a téléphoné ce matin, mais je .... de lui parler.

5 Je dois trouver un petit job, j' .... de gagner de l'argent.

6 Mon amie prend le bateau. Elle .... de voyager en avion.

7 Je .... de faire tous ces devoirs – j'en ai marre!

8 N' .... pas de m'envoyer un message.

UNITÉ 10 — 10/3

3 Des résolutions pour l'année prochaine

Il n'est pas nécessaire d'attendre le Nouvel An pour prendre de nouvelles résolutions! Pourquoi ne pas prendre des résolutions pour la rentrée? Lisez les résolutions de ces lycéens pour la prochaine année scolaire. Ensuite, faites les activités en bas.

Patrick
L'année prochaine, j'essayerai de faire au moins une heure de devoirs le samedi avant de sortir. Comme ça, je ne serai pas obligé de passer tout le dimanche à travailler.

Laura
L'année prochaine, je ne vais pas refuser de sortir le week-end, si on m'invite. Cette année j'ai vraiment trop travaillé et je n'ai pas eu le temps de voir mes amis. Si je continue comme ça, je risque de les perdre!

Alice
L'année prochaine, j'ai l'intention de me coucher avant dix heures et demie, pendant la semaine, et avant dix heures, le dimanche. Naturellement, je refuserai de me coucher avant minuit le samedi! Il faut quand même vivre un peu!

Christophe
L'année prochaine, je cesserai de déjeuner à la cantine. Au lieu de faire ça, je prendrai le temps de me préparer un sandwich ou une petite salade avant de partir le matin. Comme ça, j'espère manger moins et plus sainement.

Corinne
J'ai décidé d'arriver au lycée au moins cinq minutes avant mes cours. Quelques profs ont déjà menacé de ne pas me laisser entrer en classe si j'ai plus de cinq minutes de retard. L'année prochaine, je me lèverai à sept heures et demie et je me dépêcherai de m'habiller. Si je suis en retard, je ne me maquillerai pas et je n'écouterai pas la radio. Bonne résolution, non? Mais on ne sait jamais!

a Vrai ou faux?

1	Laura va essayer de garder ses amis.	**Ex.** V
2	Le samedi, Patrick a décidé de finir tous ses devoirs avant de sortir.	
3	Christophe n'aura pas besoin de préparer des sandwichs, car il déjeunera à la cantine.	
4	Corinne ne risque pas d'être en retard parce qu'elle se lève toujours à sept heures.	
5	Alice a l'intention de se coucher avant dix heures et demie tous les jours.	
6	Patrick n'a pas envie de passer tout le dimanche à travailler.	
7	Si Corinne est très en retard pour ses cours, elle risque de ne pas avoir le droit d'entrer dans la classe.	
8	Alice va continuer de se coucher assez tard le samedi.	

b À vous!

Prenez au moins deux nouvelles résolutions pour l'année prochaine!

Encore Tricolore 4

Mots croisés – les métiers

Horizontalement

1 C'est quelqu'un qui travaille pour le gouvernement, mais ce n'est pas un politicien. (13)
5 Si vous … des choses dans un magasin, on vous appelle un vendeur ou une vendeuse. (6)
7 Le médecin est très fatigué – il travaille … le temps (4)
9 … je suis reçu aux examens, je ferai des études en médecine. (2)
10 C'est une femme qui vend des conserves, du sucre, des œufs, un peu de tout, quoi. (7)
12 La semaine dernière, tu … fait combien d'heures supplémentaires? (2)
13 … matière préférée est la technologie et je voudrais travailler dans l'informatique. (2)
14 C'est une personne qui porte des vêtements à la mode. Les maisons de couture en emploient beaucoup. (9)
18 – Ton frère travaille dans ce village?
    – Oui, il … agriculteur. (3)
19 Je voudrais devenir vétérinaire … travailler avec les animaux. (2)
22 C'est une personne qui travaille à l'hôpital et qui s'occupe des malades. (10)

Verticalement

2 C'est quelqu'un qui fait du travail manuel, par exemple dans une usine. (7)
3 Mon frère et ma sœur travaillent au théâtre. Il est acteur et elle est …(7)
4 J'aimerais faire mon stage en … en France. (10)
6 C'est un métier juridique, où l'on s'occupe des contrats, des testaments etc. (6)
8 C'est quelqu'un qui 'conduit' un avion. (6)
10 C'est quelqu'un qui fait des études à l'université ou dans une école spécialisée. (8)
11 Qu'est-ce que vous faites comme …? (6)
13 Mon père travaille à la banque et … mère est institutrice. (2)
15 Mon oncle travaille comme moniteur de ski en hiver, et comme maître-nageur … été. (2)
16 … gendarme est une personne qui s'occupe de l'ordre et de la sécurité publique. (2)
17 Je … veux pas travailler à l'intérieur, je préfère travailler dehors. (2)
20 Pour devenir avocat, qu'est-ce qu' … doit faire? (2)
21 … vous n'avez pas de travail, on dit que vous êtes au chômage. (2)

Encore Tricolore 4

Jeux de mots – Les métiers

1 Toutes sortes de métiers

jardinier   chauffeur(-euse) de taxi   médecin   boulanger
instituteur   secrétaire   maçon   professeur   restaurateur
hôtesse de l'air   informaticien   banquier   pharmacien(ne)
comptable

Regardez la case et trouvez…

a 2 métiers paramédicaux ....
b 2 métiers dans l'éducation ....
c 2 métiers qui vous permettront de voyager ....
    ....
d 2 métiers qu'on peut exercer en plein air ....
    ....
e 2 métiers dans l'alimentation ....
f 2 métiers de bureau ....
g 2 métiers dans les finances ....

2 Quel métier?

Ces personnes essaient de choisir un métier. Quel(s) métier(s) proposeriez-vous à chaque personne? (Pour vous aider, regardez les images.)

Exemple: 1 *représentant*

1 Marc voudrait faire un métier où il travaille avec le public. Il s'intéresse au commerce.

2 Hélène voudrait aller à l'université et, plus tard, travailler avec les enfants.

3 Jean-Pierre s'intéresse à la mécanique. Il passe beaucoup de son temps libre à réparer sa voiture.

4 Noémie aime beaucoup la chimie et elle cherche une carrière paramédicale. Elle ne veut être ni médecin ni infirmière.

5 Alice veut faire quelque chose qui lui permettra d'aider les gens. Dans son temps libre, elle travaille dans un centre pour les personnes du troisième âge.

6 Sophie s'intéresse à la beauté et à la mode. Elle aussi, elle cherche un métier qui demandera du contact avec le public.

7 Luc aime réparer les télévisions et les magnétophones de ses amis. Plus tard, il voudrait créer sa propre entreprise.

8 Anne veut faire une carrière dans l'alimentation. Elle ne veut pas travailler dans un restaurant ou dans un magasin et elle est prête à faire des études supérieures.

9 Pierre, qui aime beaucoup les maths, s'intéresse aussi au budget familial. Il veut faire quelque chose dans les finances et, lui aussi, est prêt à continuer ses études.

10 Christine préfère une vie mouvementée avec, si possible, des aventures. Elle aime écrire des articles pour le journal scolaire.

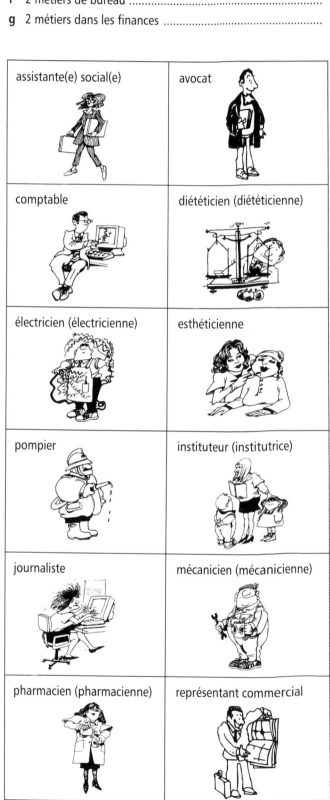

Encore Tricolore 4

UNITÉ 10 — 10/6

On cherche des renseignements

1 Un lexique à faire

Lisez la lettre et complétez le lexique.

> 3, rue du Château,
> Versailles.
> le 18 juin
>
> Camping 'Belle-France'
>
> Monsieur/Madame,
>   Suite à votre annonce parue le lundi 17 juin, dans le journal 'Ouest–France', je vous écris pour vous demander des renseignements supplémentaires sur le poste d'animateur/animatrice.
>
>   Pourriez-vous m'indiquer les conditions exactes de ce poste, (horaires, salaire, etc.) et en quoi consiste le travail?
>   Auriez-vous l'amabilité de m'envoyer aussi les documents nécessaires pour poser ma candidature?
>   Veuillez agréer, Monsieur/Madame, l'expression de mes sentiments distingués.

Annotations:
- In a formal letter omit Cher/Chère:
- Make sure you state clearly which job you are applying for, if possible, where you saw the advert.
- State clearly what you want to know]
- State clearly what you want them to send you.
- This rather long formula really is the correct way to end a formal letter in French. You will need to copy it out in full when writing your own letter.

Lexique

Trouvez dans la lettre les mots et phrases pour compléter le lexique.

Une lettre	A letter
....	in response to.../with reference to...
....	I am writing to ask you for...
....	could you...?
....	would you be kind enough to send me...?
....	some information about...
....	What does the work involve? /consist of?
....	to apply (for a job)

2 Une lettre

Choisissez une de ces annonces et écrivez une lettre pour demander des renseignements.

Kiosque-Photo
Vendeurs/vendeuses
Cette entreprise commerciale, avec plus de 50 kiosques-photo en France, demande des vendeurs/vendeuses jeunes et enthousiastes pour travailler pendant l'été. On vous offre une formation gratuite et du travail agréable.
Écrivez à Kiosques-Photo
4 ave. de la Cathédrale
Albi

Restos-France
Vous voulez travailler dans la restauration?
Vous voulez apprendre, en travaillant en même temps dans un restaurant populaire dans une grande ville ou dans un centre touristique?
Si vous avez entre 18 et 35 ans, demandez des renseignements et des dossiers d'inscription pour nos stages en restaurant.
Restos-France
Saint-Denis
Paris

Encore Tricolore 4

Je peux lui laisser un message?

Vous passez des vacances en France chez une famille. Ce soir, les parents, M. et Mme Berradon, dînent chez des amis et les enfants, Claire et Jordan, sont à une réunion au club de tennis. Écoutez et essayez de noter les messages:

1 Un message pour Mme Berradon

Mme Dauphine a téléphoné. Elle voudrait savoir si vous pouvez travailler
(où?) ....
(quand?) ....

2 Un message pour Claire

Sophie a téléphoné. Est-ce que tu voudrais aller (où?) ....
(quand?) .... avec elle et aussi avec
.... et ....

3 Un message pour Jordan

Nicolas a téléphoné. Est-ce que tu pourrais ....
....

4 Un message pour M. Berradon

Votre frère a téléphoné. Est-ce que vous pourriez lui donner
....

5 Un message pour toute la famille

La Tante Marie a téléphoné. Elle voudrait savoir si toute la famille pourrait
.... chez elle (quel jour?) ....
(à quelle heure?) ....

Encore Tricolore 4

Tu comprends?

1 C'est quel métier?

Écoutez et écrivez les bonnes lettres.

Exemple: ..D.. 1 ...... 2 ...... 3 ...... 4 ...... 5 ...... 6 ...... 7 ......

2 Mon emploi pour les vacances

Écoutez et écrivez V (vrai), F (faux) ou PM (pas mentionné).

1	Anaïs...	
a	a travaillé comme vendeuse.	Ex. V
b	a trouvé son travail fatigant.	
c	a trouvé son emploi par 'piston'.	
d	a écouté de la musique au travail.	
2	Marc...	
a	a travaillé en plein air.	
b	a cueilli des raisins.	
c	a trouvé le travail très facile.	
d	a gagné plus de 10 euros par jour.	
3	Francine...	
a	a travaillé dans un supermarché. ...	
b	a travaillé un peu comme caissière.	
c	n'a pas aimé son emploi.	
d	a trouvé son emploi par 'piston'.	
4	Nicolas...	
a	a travaillé à la gare.	
b	voulait travailler dans un restaurant.	
c	n'a pas aimé son emploi.	
d	s'est fait des copains sur son lieu de travail.	
e	a l'intention de partir en vacances.	

3 Sondage: Ton argent de poche – tu en fais quoi?

Écoutez et cochez les bonnes cases.

Nom	vêtements	CDs	Jeux vidéo	bonbons et snacks	sorties	magazines	téléphone portable
1 Laure	✔						
2 Alex							
3 Jessica							
4 Nassim							
5 Stéphanie							

4 Des conversations – projets pour l'avenir

Écoutez les conversations et cochez (✔) les bonnes cases. Il y a trois conversations.

Conversation 1: Après les examens
1 – Lucie, qu'est-ce que tu vas faire après les examens?
  – Je vais **A** ☐ partir en vacances. **B** ☐ dormir pendant deux ou trois jours.
    C ☑ essayer de trouver un job.
2 – Qu'est-ce que tu as l'intention de faire après l'école?
  – Je voudrais **A** ☐ aller directement à l'université. **B** ☐ voyager un peu d'abord.
    C ☐ gagner de l'argent avant d'aller à l'université.
3 – Qu'est-ce que tu voudrais faire comme métier?
  – Franchement, **A** ☐ je ne sais pas encore. **B** ☐ je voudrais travailler dans l'informatique. **C** ☐ j'aimerais travailler avec les enfants.

Conversation 2: Les petits emplois
1 – Daniel, est-ce que tu as un petit job?
  – Oui, je travaille **A** ☐ le samedi **B** ☐ pendant les vacances **C** ☐ quelquefois.
2 – Qu'est-ce que tu fais avec ton argent de poche ou avec l'argent que tu gagnes?
  – Normalement, **A** ☐ je fais des économies. **B** ☐ j'achète des vêtements
    C ☐ je me paie des sorties. J'aime sortir le week-end avec mes copains.
3 – Est-ce que tes amis travaillent?
  – Mon meilleur ami **A** ☐ travaille au supermarché **B** ☐ travaille à la ferme
    C ☐ n'a pas réussi à trouver du travail.

Conversation 3: Un stage en entreprise
1 – Dis-moi, Rebecca, où as-tu fait ton stage en entreprise?
  – Je l'ai fait **A** ☐ dans la ville où j'habite. **B** ☐ en France.
    C ☐ dans une autre ville.
2 – Qu'est-ce que tu as fait?
  – J'ai travaillé **A** ☐ dans une école
    B ☐ dans un bureau
    C ☐ en plein air.
3 – Comment as-tu trouvé le stage?
  – Je l'ai trouvé **A** ☐ intéressant et utile pour mon français. **B** ☐ utile mais fatigant. **C** ☐ excellent et très utile pour mon français.

Encore Tricolore 4 nouvelle édition © Mascie-Taylor, Honnor, Nelson Thornes 2002

ÉPREUVE 10 Écouter — Partie A 10/9

F **1 C'est quel métier?**

Écoutez et écrivez la bonne lettre dans la case.

| A | B | C | D |
| E | F | G | H |

Exemple: B 1 ☐ 2 ☐ 3 ☐ 4 ☐ 5 ☐ 6 ☐ 7 ☐

F **2 Sondage – Votre argent de poche**

Écoutez et complétez la grille.

		sorties	snacks	vêtements	musique etc.	autre
Exemple:	Eric	✔			✔	✔
1	Pauline					
2	Sébastien					
3	Caroline					

F/H **3 On cherche des employés**

Vous cherchez un emploi en France pour l'été et vous entendez cette annonce à la radio. Notez les détails **en français**.

Ex. où en France ? ..... *La Rochelle* .....

1 genre d'emploi ....

2 dates de .... à ....

3 heures (par semaine) ....

4 langues demandées ....

5 préférence à quelqu'un qui ....

F/H **4 Je fais mon stage en entreprise**

On parle de son stage en entreprise. Pour chaque stage, donnez une opinion **positive** et une opinion **négative**. Remplissez la grille **en français**.

	Nom	Stage	Positive	Négative
1	Marie-Thérèse	école maternelle	*adore les enfants*	
2	Fabien	un bureau		
3	Isabelle	une boulangerie		

Total: Partie A

ÉPREUVE 10   Écouter   Partie B (1) |10/10|

1 Claire Dunoir parle de son métier

Que fait Claire Dunoir dans la vie? Répondez aux questions **en français**.

Ex. Elle est ..... *vendeuse dans une librairie* .....

1 Quelles sont ses heures de travail?

   Elle travaille de .... jusqu'à ....

2 Quels sont les avantages de son travail? (écrivez **deux** avantages)

   ....

   ....

3 Quels sont les inconvénients de son travail? (écrivez **deux** inconvénients)

   ....

   ....

   |5|

2 On parle de l'avenir

On parle de l'avenir. Qu'est-ce que ces jeunes voudraient faire? Pourquoi? Remplissez la grille **en français**.

	voudrait faire	raison
Céline	*devenir actrice*	
Marc		
Alice		
Guillaume		

|7|

3 Des problèmes

Vous allez entendre quelqu'un qui parle de ses problèmes. Répondez aux questions **en français** ou cochez la bonne case.

Ex. Comment est sa vie à présent? (cochez une case)

   A ☐ facile   B ☑ difficile   C ☐ intéressante

1 Où est ce qu'il travaillait avant? ....

2 Pourquoi a-t-il perdu son emploi? ....

3 Depuis ce temps-là, qu'est-ce qu'il fait? ....

4 Quelle est l'attitude de la femme face aux problèmes de son mari? (cochez une case)

   A ☐ elle les comprend   B ☐ elle ne comprend pas   C ☐ elle l'aide à trouver du travail

5 Quel est le résultat de cela ? ....

|5|

ÉPREUVE 1   Écouter   Partie B (2)   10/11

4   Que feriez-vous si …?

You are with some French friends who are discussing what they would do in certain situations. Your sister wants to know what they are saying. Reply to the questions **in English**.

Alex

Ex. What would Alex like to be? …*pop singer*……

1. Besides liking singing, what is another reason he gives for this choice of career?
   ....
   ....

Khéna

2. What would Khéna buy if she won the lottery? ....
   ....

3. What would she use it for? ....
   ....

Laurent

....

4. If Laurent were president of France, what would he change? ....
   ....

5. What would he get rid of? ....
   ....

6. What would he make more important? ....
   ....

Mélanie

7. Why would Mélanie like to live in Guadeloupe? ....
   ....

8. What sporting activity does she especially want to do there? ....
   ....

Total: Partie B

ÉPREUVE 10 Parler Role Play (1) 10/12

A1 Un petit job (Carte A)

You are speaking to a French friend about your part-time job. If you don't have a job, invent the details. Your teacher or another person will play the part of your friend and will speak first.

1 Say where you work.

2 Say when you start work.
3 Say which day you work.
4 Say how you normally travel home after work.

A1 Un petit job (Carte B)

Nous parlons de ton travail. Je suis un(e) ami(e) français(e).

1 **Exam:** **Où est-ce que tu travailles?**
   Cand: Je travaille…

2 **Exam:** **Tu commences à quelle heure?**
   Cand: Je commence à…

3 **Exam:** **Et tu travailles quel(s) jour(s)?**
   Cand: Je travaille…

4 **Exam:** **Comment est-ce que tu rentres à la maison après?**
   Cand: Normalement, je rentre…

B1 Un stage en entreprise (Carte A)

You are speaking to a French friend about your work experience. If you haven't done work experience yet, invent the details. Your teacher or another person will play the part of your friend and will speak first. Mention the following:

1 Say where you worked.
2 Say what your hours were.
3 Answer the question.
   !
4 Say for how long you did the work experience.

B1 Un stage en entreprise (Carte B)

Nous parlons de votre stage en entreprise. Je suis un(e) ami(e) français(e).

1 **Exam:** **Qu'est-ce que tu as fait comme stage?**
   Cand: J'ai fait…

2 **Exam:** **Quels étaient tes horaires?**
   Cand: Je travaillais de… à…

3 **Exam:** **Qu'est-ce que tu as fait exactement?**
   Cand: …

4 **Exam:** **Ton stage a duré combien de temps?**
   Cand: Ça a duré…

Encore Tricolore 4 nouvelle édition © Mascie-Taylor, Honnor, Nelson Thornes 2002

ÉPREUVE 10   Parler   Role Play (2)   10/13

B2 Un petit emploi   *Carte A*

You are discussing your Saturday job with a French friend. If you don't have a job, invent the details. Your teacher or another person will play the part of your friend and will speak first.

1 Say what your job is.
2 Answer the question.
   !
3 Mention one thing you did last week.
4 Say whether or not you like your work and why (not).

B2 Un petit emploi   *Carte B*

Nous parlons de ton travail. Je suis un(e) ami(e) français(e).

1 **Exam:** C'est quoi, ton emploi?
   Cand: Je travaille…

2 **Exam:** Depuis quand fais-tu ce travail?
   Cand: Je fais ça /Je travaille depuis…

3 **Exam:** Qu'est-ce que tu as fait la semaine dernière au travail?
   Cand: …

4 **Exam:** Est-ce que tu aimes ce travail?
   Cand: Oui/Non parce que…
   Exam: Bon, c'est intéressant.

C1 On cherche un emploi   *Carte A*

[When you see this – ! – you will have to respond to a question you have not prepared.]

You have seen an advert for holiday work in a hotel in France and you telephone the hotel to find out more. Your teacher or another person will play the part of the hotel manager and will speak first.

Hôtel de la plage

cherche personnel pour été
(juin–septembre)
Logement compris

1 Raison de votre appel
2 !
3 travail déjà fait
4 !
5 posez une question

C1 On cherche un emploi   *Carte B*

Vous téléphonez à l'Hôtel de la Plage. Je m'occupe du personnel à l'hôtel.

1 **Exam:** Bonjour, je peux vous aider?
   Cand: Je vous téléphone parce que je cherche du travail, etc. …

2 **Exam:** Pourquoi voulez-vous travailler en France?
   Cand: Parce que j'aime la vie en France/je fais des études de français/je voudrais perfectionner/améliorer mon français, etc.

3 **Exam:** Qu'est-ce que vous avez déjà fait comme travail?
   Cand: J'ai déjà travaillé dans un supermarché/un café/un hôtel en Angleterre, etc.

4 **Exam:** Bon, et quand pourrez-vous travailler?
   Cand: Je pourrai commencer… et travailler jusqu'à…

5 **Exam:** Très bien.
   Cand: *(candidate will ask a question)*
   Exam: *(give appropriate answer)*

ÉPREUVE 10 — Conversation and discussion — 10/14

Le travail
- Tu as un travail/job/petit boulot?
- Depuis quand?
- Qu'est-ce que tu fais exactement?
- Tu aimes faire ça? Pourquoi/Pourquoi pas?
- Quels sont les avantages/les inconvénients?
- Qu'est-ce que tu fais avec l'argent que tu gagnes?
- Est-ce que tes amis travaillent? Où travaillent-ils?
- Tu as travaillé pendant les vacances? Où? Quand?

Des projets pour l'avenir
- Qu'est-ce que tu vas faire après les examens?
- Est-ce que tu changeras d'école, l'année prochaine?
- Qu'est-ce que tu feras comme matières, l'année prochaine?
- Est-ce qu'il y a une nouvelle matière que tu aimerais étudier?
- Qu'est-ce que tu as l'intention de faire après l'école?
- Tu vas continuer tes études? Pourquoi?
- Est-ce que tu veux aller à l'université? Pour faire quoi?

Un stage en entreprise
dans le passé
- Qu'est-ce que tu as fait comme stage en entreprise?
- Pourquoi as-tu décidé de faire ça?
- Ton stage a duré combien de temps?
- Décris une journée typique.
- Comment as-tu trouvé le stage?

au futur
- Quand est-ce que tu vas faire un stage en entreprise?
- Qu'est-ce que tu espères faire?

Le monde du travail
- Que font tes parents dans la vie?
- Qu'est-ce que tu espères faire comme métier plus tard?
- Pourquoi?
- Qu'est-ce qui est important quand on choisit un métier?
- Où aimerais-tu travailler? à l'étranger/pour une grande entreprise/en plein air? Pourquoi?
- Le télétravail, qu'est-ce que c'est?
- Quels en sont les avantages et les inconvénients, à ton avis?

ÉPREUVE 10   Lire   Partie A (1) 10/15

1 C'est quel métier?

Regardez ces métiers. Écrivez dans la case la lettre du métier qui correspond à chaque illustration.

- A   hôtesse de l'air
- B   fermier
- C   boulanger
- D   chauffeur
- E   vendeuse
- F   employée de bureau

Ex. B   1 □   2 □   3 □   4 □   5 □

2 Projets d'avenir

Lisez la lettre. Écrivez dans la case la lettre du mot qui correspond.

> Salut!
>
> Merci de ta lettre. Tu m'as demandé de te parler de mes examens et de mes projets pour l'avenir – eh bien, voilà.
>
> Comme langues vivantes, j'étudie **Ex.** G et **1** □ et comme sciences je fais **2** □. Ici, l'examen scolaire le plus important s'appelle **3** □. Après le lycée, j'espère aller **4** □ et, comme j'aime beaucoup les animaux, je voudrais devenir **5** □. Cependant, avant de commencer à travailler régulièrement, j'ai **6** □ de voyager un peu et mon **7** □ est de visiter mon correspondant qui habite en Martinique.
>
> Écris-moi vite et raconte-moi un peu tes projets **8** □.
>
> Bises!
>
> Françoise

A le bac   B la chimie   C l'intention   D d'avenir   E rêve
F l'espagnol   ~~G l'anglais~~   H à l'université   I vétérinaire

ÉPREUVE 10 Lire Partie A (2) 10/16

3 Offres d'emploi

Regardez cette publicité. Répondez aux questions. Écrivez la bonne lettre.

A Hôtel **** Cannes recherche Réceptionniste bilingue (anglais/allemand)	**C** Réceptionniste chez le dentiste Vous aimez travailler avec le public? Voici un métier qui offre des contacts sociaux et de la variété	**E** Grand magasin demande Coiffeur ou Coiffeuse tous les après-midis sauf lundi et samedi
B Vous aimez les enfants? On recherche Jeunes filles au pair 18/25 ans Voyage aller-retour payé Nourries et logées	**D** Sténodactylo Travaillez à l'ordinateur ou suivez un cours de sténographie – vous avez le choix!	**F** Les Garages Renouveaux demandent ingénieurs et employés de bureau Réparation et location de voitures
		G Jeunes personnes demandées pour travailler au Festival Estival (1 juillet au 20)

C'est quelle annonce? On cherche des personnes pour …

Ex.	…faire de l'animation en été.	G
1	…réparer les voitures ou les louer au public.	
2	…répondre au téléphone et parler aux gens qui ont mal aux dents.	
3	…couper les cheveux.	
4	…s'occuper des enfants dans une famille.	
5	…parler plus d'une langue.	
6	…taper à la machine et faire du classement.	

4 Le succès à vingt ans

Lisez l'article.

Le succès à vingt ans

À dix-huit ans, les jumeaux Jean-Pierre et Luc Trémier, nés à Bordeaux, sont sortis du lycée tous les deux munis du bac mais sans emploi. Ils ont cherché du travail, mais en vain. 'Le chômage, nous n'en voulions pas… mais que faire?' a dit Jean-Pierre.

Quelques mois plus tard, ils ont décidé de voler de leurs propres ailes. Au lycée, au collège même, ils s'amusaient à fabriquer des gadgets, des nouveautés, qu'ils vendaient à leurs copains. Pourquoi pas en vendre dans les magasins de souvenirs?

Au début, c'était très dur. Ils ont fait des économies, ils ont vendu leur chaîne hi-fi et leur moto, et avec l'argent, ils ont acheté du cuir et du bois. À partir de ces matériaux, ils ont fabriqué des porte-clefs amusants et des badges, tous personnalisés, de bonne qualité et en couleurs brillantes.

Aujourd'hui, à vingt ans, ils sont déjà hommes d'affaires. Ils ont leur propre entreprise dans le quartier Saint-Michel et leurs produits sont très à la mode. Ils ont même reçu des propositions pour exporter aux États-Unis!

Écrivez dans les blancs la lettre du mot qui correspond.

Jean-Pierre et Luc sont des **Ex.** ..F.... .

Après avoir quitté le lycée, ils n'ont pas pu trouver **1** …….. .

Pour éviter **2** …….. ils ont décidé de fabriquer et de **3** …….. des nouveautés.

Pour commencer, ils ont trouvé la vie très **4** …….. .

Ils ont dû vendre beaucoup de leurs possessions pour avoir l'argent pour **5** …….. les matériaux pour fabriquer les badges et les gadgets.

Maintenant, à l'âge de vingt ans, ils ont leur propre **6** …….. .

A vendre	B entreprise	C acheter	D d'emploi	E difficile	F frères	G le chômage

Total: Partie A: /25

ÉPREUVE 10   Lire   Partie B (1)

F/H   **1**   **Une lettre à Nathalie**

D'abord, lisez la lettre. Ensuite, lisez les phrases et cochez les bonnes cases.

> Chère Nathalie,
>
> Merci beaucoup de ta lettre. Je t'écris un petit mot seulement, parce que je suis en train de réviser pour mes examens. Ils vont commencer lundi prochain, hélas! Je déteste les examens – toi aussi?
>
> Pour m'encourager, ma mère m'a donné de l'argent et, samedi, je suis allée en ville avec mes copines. Je me suis payé un nouveau jean et un collant et j'ai acheté quelques magazines en plus. J'adore les magazines, mais d'habitude je ne les achète pas. Avec mon argent de poche je dois financer mes sorties de week-end, les cadeaux d'anniversaire pour mes amis et des snacks – s'il en reste à la fin du mois, ce qui est vraiment assez rare! Donc, pas assez d'argent pour les magazines.
>
> Après les examens je vais faire mon stage en entreprise – j'ai eu de la chance car je vais faire du maquillage au théâtre. C'est ma tante Hélène, qui travaille comme esthéticienne, qui m'a trouvé ce boulot. C'est du 'piston', en effet.
>
> Enfin, pour l'instant c'est tout – je dois retourner à la chimie, mon premier examen!
> Réponds-moi vite!
> Grosses bises
> Géraldine

Ex. Géraldine est …
- A ✓ la correspondante de Nathalie.
- B ☐ la cousine de Nathalie.
- C ☐ une camarade de classe de Nathalie.

1 Géraldine n'a pas beaucoup de temps, parce qu'elle…
- A ☐ a beaucoup de lettres à écrire.
- B ☐ travaille pour ses examens.
- C ☐ doit aller en ville.

2 Son premier examen sera…
- A ☐ une langue vivante.
- B ☐ des travaux pratiques.
- C ☐ une matière scientifique.

3 Elle trouve les examens…
- A ☐ faciles.
- B ☐ embêtants.
- C ☐ intéressants.

4 Sa mère lui a donné
- A ☐ un nouveau pull.
- B ☐ des magazines.
- C ☐ de l'argent.

5 Normalement, Géraldine n'achète pas de magazines…
- A ☐ parce qu'elle n'a pas assez d'argent de poche.
- B ☐ parce qu'elle ne les trouve pas intéressants.
- C ☐ parce que ses amies lui prêtent leurs magazines.

6 Géraldine reçoit de l'argent de poche…
- A ☐ tous les mois.
- B ☐ toutes les deux semaines.
- C ☐ tous les samedis matin.

7 Pour son stage en entreprise, Géraldine va…
- A ☐ vendre du maquillage.
- B ☐ travailler au théâtre.
- C ☐ travailler dans un magasin de mode.

8 Elle a trouvé cet emploi…
- A ☐ toute seule.
- B ☐ avec l'aide de son lycée.
- C ☐ avec l'aide de sa tante.

ÉPREUVE 10 — Lire — Partie B (2) — 10/18

2 Des conseils pour trouver un emploi

Lisez l'article. Pour finir les phrases, choisissez parmi les expressions A à I.

Des conseils pour trouver un emploi

- Pour vous aider, il faut consulter les associations comme le CIDJ et contacter d'autres groupes de chercheurs d'emploi.
- Trouvez des renseignements sur les entreprises où il y a du travail en lisant les journaux et en regardant toutes les petites annonces.
- Choisissez soigneusement votre formation suivie et essayez d'avoir des diplômes.
- Essayez de ne pas perdre votre intérêt et enthousiasme – même si vous ne trouvez pas de travail très vite.
- Prenez du temps à préparer votre CV – c'est un document essentiel pour trouver de l'emploi.
- Il faut savoir s'adapter dans le monde d'aujourd'hui. Essayez donc de ne pas trop se spécialiser et ne laissez pas tomber vos loisirs comme la musique ou le sport.
- Et, finalement, si vous avez une interview, habillez-vous avec soin, souriez et parlez distinctement (et poliment, bien sûr!).

Ex.	Pour votre interview…	F
1	Pour trouver des renseignements…	
2	Vous pouvez consulter…	
3	Regardez…	
4	Choisissez avec soin…	
5	Essayez d'obtenir…	
6	Essayez de rester…	
7	Votre CV…	
8	Continuez à vous intéresser…	

A …est très important.
B …cherchez dans le journal.
C …des organisations comme le CIDJ.
D …des diplômes.
E …à la musique et le sport.
F …il faut être bien habillé et poli.
G …enthousiaste.
H …vos cours à suivre.
I …les petites annonces dans le journal.

ÉPREUVE 10   Lire   Partie B (3)

3 Trouver un job pour les vacances

Read the article and reply to the questions **in English.**

Trouver un job pour les vacances

Avec deux mois de vacances ou plus à occuper, la concurrence pour les petits boulots est de plus en plus rude.

Plusieurs raisons à cela. Pour commencer, le nombre d'étudiants qui font des études longues, bien plus loin que le bac, a augmenté considérablement récemment. Maintenant, deux tiers des jeunes de vingt ans ou plus sont scolarisés et, bien sûr, cherchent des emplois saisonniers.

De plus, la concurrence s'accélère. Autrefois, les boulots saisonniers d'animation, vente de glace sur les plages, cueillette de pommes ou de raisin etc., étaient remplis essentiellement par les étudiants. Maintenant, ils se retrouvent en concurrence avec les chômeurs. En fait, les entreprises préfèrent employer des chômeurs, car de cette façon elles reçoivent des aides financières de l'État.

Pour compliquer la situation, les étudiants sont aussi en compétition avec les jeunes qui cherchent à faire des stages – en général non payés ou très peu payés – dans le cadre de leurs études ou pour améliorer leur curriculum vitæ.

Finalement, les grandes sociétés, devant l'avalanche de candidatures qu'elles reçoivent, emploient de préférence les enfants de leurs employés plutôt que des jeunes dont ils ne connaissent rien.

Une seule solution: le piston, en utilisant les relations de papa ou de maman pour découvrir un petit boulot miracle.

Example: How long do the summer holidays last in France? ..*about two months*..

1. What change has taken place in the numbers of students going on to further education?
   ....

2. What proportion of twenty-year-olds are currently looking for holiday jobs?
   ....

3. Mention two holiday jobs that students often do. [2]
   ....

4. Why is there now greater competition for jobs like this?
   ....

5. Why do businesses sometimes prefer to employ unemployed people in preference to students?
   ....

6. For what reason might students undertake unpaid or low-paid employment?
   ....

7. Who can often help students to find work?
   ....

8. Why is this possible?
   ....

Total: Partie B

ÉPREUVE 10 Écrire   Partie A |10/20|

1 Des listes

a Make a list **in French** of six different jobs, including one that you might like to do in the future.

Exemple: *professeur*

1 ....
2 ....
3 ....
4 ....
5 ....
6 ....

b Write the names (**in French**) of two school subjects you would like to continue studying in the future and two which you'd like to drop.

L'année prochaine, je voudrais étudier

Exemple: *l'art dramatique*

1 ....
2 ....

Je ne veux plus étudier

1 ....
2 ....

|10|

2 Des phrases

Complete the information **in French** in Christophe's letter.

Ex. Après les examens, je (VOULOIR)	quitter l'école.
Après les examens, je *voudrais*	quitter l'école.
1 Comme métier, je voudrais être	
Comme métier, je voudrais être	.
2 Mon père travaille dans le marketing et ma mère est	.
Mon père travaille dans le marketing et ma mère est	.
3 Pendant les grandes vacances, j' (ESPERER)	trouver un petit emploi.
Pendant les grandes vacances, j'	trouver un petit emploi.
4 Le samedi, je travaille dans un	.
Le samedi, je travaille dans un	.
5 Avec l'argent que je gagne, j' (ACHETER)	des vêtements.
Avec l'argent que je gagne, j'	des vêtements.
6 L'année dernière, j' (FAIRE)	un stage en entreprise.
L'année dernière, j'	un stage en entreprise.
7 J' (TRAVAILLER)	dans une agence de voyages pendant une semaine.
J'	dans une agence de voyages pendant une semaine.
8 J' (TROUVER)	le travail très intéressant.
J'	le travail très intéressant.
9 L'année prochaine, je (ALLER)	étudier les maths.
L'année prochaine, je	étudier les maths.
10 Après l'école, je (VOULOIR)	aller à l'université.
Après l'école, je	aller à l'université.

|10|

ÉPREUVE 10 Écrire Partie B

F/H 3 Au bureau

Answer either **a** or **b**
EITHER:
a Un stage en entreprise
You receive this e-mail from a French friend. Write a reply of about **30** words **in French**.

> C'était comment ton stage en entreprise?
> Où as-tu travaillé?
> Ça a duré combien de temps?
> Qu'est-ce que tu as fait?

OR:
b Un message
You are working with a French colleague in an office. You are going out of the office for a while. Send an e-mail (about **30** words) **in French** to your colleague.
Say:
1 what you did this morning
2 where you're going
3 when you will be back
4 how (s)he can contact you

H 4 Un emploi d'été

Écrivez une lettre (environ **90 à 100** mots) **en français** pour demander un emploi. Donnez les détails suivants:
- détails personnels
- où vous voulez travailler et pourquoi
- le travail que vous avez déjà fait (où, quand, etc.)
- les dates quand vous serez libre
- posez une question sur l'emploi

Cyber-espace

un nouveau parc d'attractions
On cherche des employés pour la haute saison. (juin–septembre)
Possibilité de travailler à l'hôtel, aux restaurants, aux magasins, aux attractions.

H 5 Les examens et après

Vous avez reçu cette lettre d'un ami français. Écrivez une lettre **en français** (environ **120 à 140** mots) pour donner vos idées et vos opinions.

> Salut!
> J'ai passé plusieurs semaines à réviser, mais maintenant c'est terminé! J'ai fini mes examens la semaine dernière. Pour fêter la fin des examens, je suis allé au restaurant avec mes amis. Maintenant je cherche un emploi pour les vacances, mais ce n'est pas facile.
> Et chez toi, comment ça va? Bonne chance avec tes examens!
> Amitiés,
> Alex

Répondez à ces questions:
- Comment avez-vous organisé vos révisions? (quand, comment, etc.)
- Quand est-ce que les examens commenceront et finiront?
- Qu'est-ce que vous allez faire à la fin des examens?
- Est-ce que vous allez travailler pendant les vacances?
- Quels sont les avantages et les inconvénients de ce travail?
- Avez-vous déjà travaillé? Comment cela s'est-il passé?
- Qu'est-ce que vous allez faire après les vacances en septembre?

Encore Tricolore 4

COMMENT ÇA SE DIT — G/1

L'alphabet, les accents et la prononciation 🎧

Listen to the recording as you work through this section.

1 L'alphabet

Écoutez.
A B C D
E F G H
I J K L M
N O P Q
R S T U
V W X Y Z

2 Les accents

Écoutez.
à, é, è, ê, î, ô, ù, ç

3 Et après?

Écrivez 1-8. Écoutez la lettre, puis dites et écrivez la lettre qui suit dans l'alphabet.
Ex. 1 b

1 ...   5 ...
2 ...   6 ...
3 ...   7 ...
4 ...   8 ...

4 Les sites Internet

Écoutez et complétez les détails.
1 L'éléctricité de France: **Ex.** www.edf.fr
2 une chaîne de télé: www. ......
3 une station de radio: www. ......
4 les trains français: www. ......
5 une librairie: www. ......
6 une chaîne de cinémas: www. ......
7 les transports à Paris: www. ......

5 Un peu de géographie

Écoutez et écrivez les six noms. Décidez si c'est une ville (v), un fleuve (f), des montagnes (m) ou un pays (p).

1 **Ex.** L'Allemagne (p)
2 ......
3 ......
4 ......
5 ......
6 ......

6 La liaison

You rarely hear a consonant if it is the last letter of a French word, e.g.

petit, **très**, **grand**, **deux**

But if the following word begins with a vowel or a silent h, the consonant is often pronounced with the vowel of the next word, for example:

**un petit‿accident, très‿important,
un grand‿événement, deux‿oranges**

This is called a liaison. The two words are pronounced together without a break, like a single word.

Écoutez les paires de phrases. Cochez (✔) la case si on fait la liaison, faites une croix (✘) si on ne la fait pas.

1 **Ex.** a ✔   b ✘
2 a ☐   b ☐
3 a ☐   b ☐
4 a ☐   b ☐
5 a ☐   b ☐
6 a ☐   b ☐

7 Stress

There are many words which look the same (or almost the same) in English and in French and have the same meaning: *accident, impossible, gymnastique*.
However, in French, each syllable of a word is normally stressed equally, whereas in English, there is often a stronger emphasis on one syllable.

Écoutez les paires de mots. Décidez si le mot est prononcé en anglais (A) ou en français (F).

1 **Ex.** a F   b A
2 a ☐   b ☐
3 a ☐   b ☐
4 a ☐   b ☐
5 a ☐   b ☐
6 a ☐   b ☐

Encore Tricolore 4

COMMENT ÇA SE DIT G/2

Les voyelles (vowel sounds)

Écoutez et répétez les exemples. Puis écoutez, répétez et complétez les phrases.

	Equivalent sound in English	French spellings	Examples
1	**a** as in cat	**a emm**	**a**mi, **a**voir, f**emm**e, ch**e**val
	Ma f**emm**e, son **Ex.** c h a t et son l**a**pin **a**dorent l**a** s**a**lade au j**a**rdin.		
2	**a** as in father	**â**	**â**ge, g**â**teau, p**â**té, ch**â**teau
	On vend des p**â**tes, du p**â**té et du _ _ _ _ _ _ au ch**â**teau.		
3	**e** as in set	**é, ée, ez, -er** (at end of word, exception cher), **ied, ef, es, et**	**é**té, employ**ée**, all**ez**, jou**er**, p**ied**, cl**ef**, l**es**, **et**
	M**é**m**é** a ferm**é** le caf**é** à _ _ _ _ **et** est all**ée** à p**ied** ch**ez** le boulang**er**.		
4	**e** as in the	**e** (in one syllable words)	j**e**, m**e**, l**e**, pr**e**mier
	Si j**e** t**e** l**e** dis, c**e** n**e** s**e**ra pas un _ _ _ _ _ _.		
5	**e** as in bear	**è, ê, aî, ais**	fr**è**re, **ê**tre, ch**aî**ne, pal**ais**
	La r**ei**ne et son _ _ _ _ _ préf**è**rent les dess**e**rts de mon p**è**re.		
6	**ee** as in feet	**i, î, y** (alone or before consonant)	**i**mage, r**i**che, **î**le, **i**l **y** a
	Qu**i** d**i**t qu'**i**c**i** **i**l **y** a un c**y**bercafé où **i**l est possible de _ _ _ _ _ ?		
7	**y** as in yes	**i** or **y** (before a vowel), **ill** (exceptions: mille, ville)	p**i**ano, **y**eux, l**i**eu, f**ill**e
	La gent**ille** f**ille** aux _ _ _ _ qui br**ill**ent trava**ille** avec G**i**lles au p**i**ano.		
8	**o** as in hope	**o, ô, au, eau, aux**	eur**o**, ch**o**se, c**ô**té, **au**, **eau**
	Le hér**ô**s avec b**eau**coup d'**é**m**o**tion tourne le _ _ _ et regarde l'**o**céan.		
9	**o** as in hot	**o** (before a pronounced consonant)	p**o**rte, r**o**be, c**o**mme, p**o**ste
	En **o**ctobre, un **o**ctopus a p**o**rté un _ _ _ _ _ **o**range dans le d**o**rtoir.		
10	**oo** as in cool	**ou**	v**ou**s, r**ou**ge, t**ou**riste, t**ou**jours
	En a**oû**t, t**ou**t le gr**ou**pe j**ou**e aux _ _ _ _ _ _ sur la pel**ou**se à T**ou**l**ou**se.		
11	**w** as in wacky or weep	**ou** (before a vowel), **oi, oy**	**ou**i, **oi**seau, L**ou**is, v**oi**là
	Oui, les _ _ _ _ _ **oi**seaux b**oi**vent de l'eau.		
12	no equivalent in English	**u**	nat**u**re, b**u**reau, r**u**e, s**u**r
	Dans la _ _ _, Herc**u**le a v**u** la stat**u**e d'une tort**u**e.		
13	no equivalent in English	**eu** (exception: eu – past participle of 'avoir')	f**eu**, p**eu**, curi**eux**, génér**eux**
	Math**ieu**, très h**eu**r**eux**, a fait la q**ueue** pour le _ _ _ des **œu**fs.		
14	no equivalent in English	**eu, eur, œur**	l**eu**r, c**œu**r, n**eu**f, pl**eu**rer
	L**eu**r _ _ _ _ _ pl**eu**re pendant des h**eu**res.		
15	no equivalent in English	**ui**	l**ui**, h**ui**t, c**ui**sine, h**ui**le
	Une _ _ _ _ _, h**ui**t c**ui**siniers comptent les c**ui**llères.		

Nasal vowels

When a vowel (a, e, i, o, u) is followed by m or n, the vowel is pronounced slightly differently. These are called 'nasal vowels' and there are four of them. *Écoutez et répétez les exemples. Puis écoutez, répétez et complétez les phrases.*

	Nasal vowels	Examples	Phrase
1	**-am, -an, -em, -en**	c**am**ping, bl**an**c, **em**ploi, **en**fant	C**en**t _ _ _ _ _ _ _ ch**an**tent **en** même t**em**ps.
2	**-on, -om**	mel**on**, m**on**tre, l**on**g, coch**on**	Le coch**on** de m**on** **on**cle Lé**on** adore le _ _ _ _ _.
3	**-im, -in, -aim, -ain**	**im**per, **in**génieur, f**aim**, m**ain**	C**in**q tr**ain**s améric**ain**s apportent du _ _ _ au magas**in**.
4	**-um, -un**	**un**, br**un**, parf**um**, l**un**di	J'adore le parf**um** _ _ _ _ de Verd**un**.

Encore Tricolore 4

COMMENT ÇA SE DIT G/3

les consonnes (consonants) 🎧

General points

You rarely hear a consonant if it is the last letter of a French word:
l'art, un camp, content, le riz, le sport.
If you do hear a consonant, then it is probably followed by the letter *e*:
la classe, une liste, la salade, la tente.

You rarely hear the final 's' in a plural word:
des melons, des sandwichs, des tables, des trains.
But if the following word begins with a vowel, there may be a 'z' sound. This is called a liaison.
mes amis, les enfants, des oiseaux, ses insectes.

Écoutez et répétez les exemples. Puis écoutez, répétez et complétez les phrases.

	Equivalent sound in English	French spellings	Examples
1	**c** as in car	**c** (before a, o, u), **qu**, **k**	é**c**ole, **c**ar, **qu**atorze, **k**ilo
	Quinze **c**urés **qu**ittent le **qu**artier et **c**omptent les _ _ _ _ _ _ dans un **c**oin.		
2	**sh** as in she	**ch**	**ch**âteau, **ch**ocolat, **ch**eval, **ch**at
	Charles **ch**erche le _ _ _ _ _ _ dans la **ch**ambre du **ch**âteau.		
3	**g** as in gate	**g** (before a, o, u)	**g**arage, **g**orge, **g**uichet, va**g**ue
	Le **g**arçon du **g**uichet **g**agne un **g**âteau à la _ _ _ _ pour le **g**oûter.		
4	**s** as in treasure (like j)	**g** (before e, i, y); **j**	**g**enou, **g**irafe, **j**ambe, pa**g**e
	Un _ _ _ _ **g**énial, le **g**énéral a fait de la **g**ymnastique dans le **g**îte.		
5	**ni** as in onion	**gn**	bai**gn**er, oi**gn**on, monta**gn**e, a**gn**eau
	Un espa**gn**ol ga**gn**e cinquante _ _ _ _ _ _ _ _ et un a**gn**eau en Espa**gn**e.		
6	silent **h**	**h** is not pronounced	**h**omme, **h**ockey, **h**eureux, **h**ôtel
	Henri, le **h**éros **h**eureux, arrive à l'_ _ _ _ _ _ _ à **h**uit **h**eures.		
7	**r** pronounced differently from English	**r**	**r**aisin, **r**ègle, **r**oute, ouv**r**i**r**
	Roland le **r**at **r**efuse de **r**endre la _ _ _ _ **r**ouge.		
8	**s** as in safe	**s** (at beginning of word), **ss**, **c** (before e, i), **ç**, **sc**, **ti** (in words ending in -tion)	**s**ouris, boi**ss**on, **c**itron, **ç**a, **sc**iences, solu**ti**on
	Sous un **c**iel **s**ensationnel, **c**ent _ _ _ _ _ _ _ _ dan**s**ent dans l'o**c**éan.		
9	**t** as in tea	**t**, **th**	**t**ante, **th**éâtre, **t**ourner, **t**élé
	Thierry prend du _ _ _ et parle au **th**éâtre de ses **th**éories.		
10	**gs** as in eggs / **ks** as in kicks	**x** (before a vowel) / **x** (before a consonant)	e**x**amen, e**x**emple / e**x**cuser, e**x**pliquer
	Il écrit des e**x**ercices dans l'_ _ _ _ _ _ _, puis s'e**x**cuse et s'en va en e**x**cursion.		
11	**z** as in zoo	**z**, **s** (between two vowels)	ga**z**, chai**s**e, cho**s**e, rai**s**on
	Il y a **z**éro cho**s**e dans la _ _ _ _ piétonne.		

Encore Tricolore 4

Rubrics and instructions

Les instructions

Arrangez ... les mots correctement / Arrange ... the words correctly
Changez ... / Change ...
  les mots en couleurs/soulignés / the words in colour/underlined
  de partenaire / partner
  de rôle / roles
Choisissez ... / Choose ...
  les bonnes phrases / the right sentences
  la bonne réponse dans la liste / the right answer in the list
  les bons mots pour finir la phrase / the right words to finish the sentence
  parmi les mots dans la case / from the words in the box
Cochez ... / Tick ...
  la bonne phrase / the right sentence
  la case / the box
Complétez ... / Complete ...
  avec la forme correcte du verbe / with the correct part of the verb
  avec les mots dans la case / with the words in the box
  la grille / the grid
  le tableau / the table
  les phrases / the sentences
  en français / in French
Corrigez ... / Correct ...
  les erreurs/les fautes / the mistakes
  les phrases fausses / the wrong sentences

Décrivez ... / Describe ...
Dites ... / Say ...
  pourquoi / why
Donnez ... / Give ...
  les renseignements / the information
  des conseils / some advice
  votre avis/opinion / your opinion

Écoutez ... / Listen ...
  la conversation / to the conversation
  l'exemple / to the example
Écrivez ... / Write ...
  le mot qui ne va pas avec les autres / the word which doesn't go with the others
  une phrase / a sentence
  la bonne lettre / the right letter
  les numéros qui correspondent / the numbers which correspond
  les détails / the details
  une petite description / a short description
  un article / an article
  une lettre / a letter
  une carte postale / a postcard
  un e-mail / an e-mail
  une réponse / a reply
  dans le bon ordre / in the correct order
  environ ... mots / about ... words
  votre avis avec des raisons / your opinion with reasons
Expliquez ... / Explain ...
  comment / how
  pourquoi / why

Faites correspondre ... / Match up ...
Faites ... / Write/Make up
  une description / a description
  une liste / a list
  un résumé / a summary
Finissez ... / Finish ...
  les phrases / the sentences

Identifiez ... / Identify ...
  les phrases correctes / the correct sentences

Indiquez ... / Indicate ...
  si les phrases sont vraies (V) ou fausses (F) ou pas mentionnées (PM) / if the sentences are true or false or not mentioned.
Lisez ... / Read ...
  l'histoire / the story
  la lettre / the letter
  les phrases suivantes / the following sentences
  le texte / the text

Mentionnez ... / Mention ...
Mettez ... / Put ...
  les mots/les images dans le bon ordre / the words/the pictures in the right order
  la bonne lettre dans la case / the right letter in the box

Notez ... / Note ...
  les différences / the differences
  deux/trois détails / two or three details
  les numéros qui correspondent / the numbers which correspond

Posez ... des questions / Ask ... some questions
Préparez ... / Prepare ...
  un dépliant / a leaflet

Qui est-ce? / Who is it?
Qui dit quoi? / Who says what?

Racontez ... / Talk about ...
  ce que vous avez fait / what you did
  les choses que vous avez faites / the things that you did
  vos impressions / your impressions
Regardez ... / Look at ...
  cette publicité / this publicity
  les images / the pictures
  la carte / the map
Remplissez ... / Fill in ...
  la grille/les blancs / the grid/the blanks
  en français / in French
Répondez ... / Answer ...
  à ce questionnaire / this questionnaire
  à la lettre / the letter
  à toutes les questions / all the questions

Soulignez ... / Underline ...
  la bonne réponse / the right answer

Travaillez à deux / Work in pairs
Trouvez ... / Find ...
  la bonne réponse à chaque question / the right answer to each question
  les erreurs / the mistakes
  la phrase qui correspond à chaque image / the sentence which goes with each picture
  le titre qui correspond à chaque texte / the title which goes with each text

Utilisez ... / Use ...
  les mots dans la case/la liste ci-dessous / the words in the box/list below

Vérifiez ... / Check ...
  les réponses / the answers
Vrai ou faux / True or false

D'autres expressions

À deux / In pairs
Chasse à l'intrus / Find the odd one out
Mots mêlés / Word search
Pour vous aider ... / To help you ...
Qu'est-ce que ça veut dire? / What does that mean?

Encore Tricolore 4

Lexique Informatique

When working on the computer

la barre d'espacement	the space bar
une base de données	database
le clavier numérique	the number keypad
le curseur	the cursor
un fichier	a file
une image	a picture
le menu	the menu
un tableur	spreadsheet
le texteur	the word processor
la touche entrée	the enter key
la touche de retour	the return key
la touche bi-fonction	the alt key
la touche contrôle	the control key
la touche d'effacement	the delete key
la touche de majuscule	the shift key
le tabulateur	the tab key
un virus	virus

Using the Internet

Tu as Internet?	Do you have the Internet?
visiter un site web	to look at a web site
surfer le Net	to surf the Net
une page web	web page
autonome	off line
un lien	link
en ligne	on-line
un moteur de recherche	search engine
un navigateur	browser
une recherche	search
faire une recherche pour …	to do a search for …
haut de la page	top of the page
un coup de cœur/un favori	favourite
un forum	discussion group
télécharger	to download
une liaison active	hot link

Problems

Ça ne marche pas.	It isn't working.
(L'imprimante) ne marche pas.	(The printer) isn't working.
On est tombé en panne.	It's crashed.
Je ne trouve pas mon fichier.	I can't find my file.
Il n'y a pas de papier.	There's no paper.
Le papier est coincé.	The paper has jammed.
Ce n'est pas le bon cédérom.	It's not the right CD-Rom.
Comment déplacer le curseur?	How do you move the cursor?

Parts of the computer and accessories

un ordinateur (portable)	a (laptop) computer
un cédérom	a CD-ROM
une disquette	a floppy disk
l'écran (m)	the screen
l'imprimante (f)	the printer
le clavier	the keyboard
les touches (f pl)	the keys
la souris	the mouse
un scanner	a scanner
le réseau	network

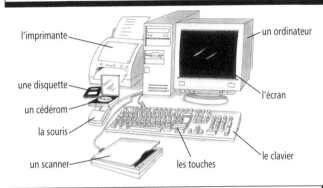

Sending and receiving e-mail messages

As-tu une adresse e-mail/ électronique?	Have you got e-mail?
Quelle est ton adresse e-mail?	What's your e-mail address?
Je regarde mes messages électroniques/e-mails.	I look at/I'm looking at my e-mails.
J'écris des e-mails.	I write /I'm writing e-mails.
Je tape des messages.	I type /I'm typing messages.
un rattachement/une pièce jointe	attachment

Useful verbs for using the computer

allumer l'ordinateur	to switch on the computer
appuyer sur la touche 'X'	to press the 'X' key
cliquer sur la souris	to click on the mouse
connecter	to log on
couper et coller	to cut and paste
déconnecter	to log off
déplacer le curseur	to move the cursor
effacer (un mot)	to delete (a word)
fermer une fenêtre	to close a window
fermer un fichier	to close a file
imprimer	to print
marquer le texte	to highlight the text
ouvrir une fenêtre	to open a window
ouvrir un fichier	to open a file
ouvrir le texteur	to open the word processor
regarder le clavier	to look at the keyboard
regarder l'écran	to look at the screen
retourner au menu	to return to the menu
sauvegarder le fichier	to save the file
taper le texte	to type the text
vérifier l'orthographe	to spell check

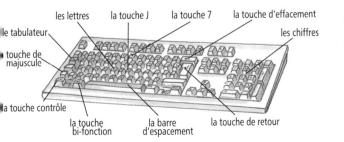

Encore Tricolore 4

G/6

Trois acrostiches

1 Sept questions et deux réponses

Verticalement
1 why? (8)

Horizontalement
1 perhaps (4-4)
2 how? (7)
3 when? (5)
4 because (5, 3)
5 who? (3)
6 which one? (6)
7 where? (2)
8 how many? (7)

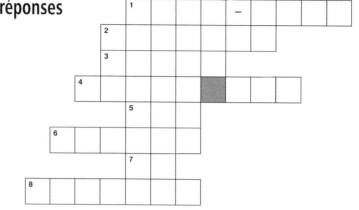

2 Quand?

Verticalement
1 next year (1'5, 9)

Horizontalement
1 the future (1'6)
2 formerly (9)
3 tomorrow (6)
4 last (Friday) (7)
5 recently (9)
6 yesterday (4)
7 later (4, 4)
8 the day after tomorrow (5-6)
9 once (3, 4)
10 at this moment (2, 2, 6)
11 the day before yesterday (5-4)
12 this morning (2, 5)
13 soon (7)
14 the next day (2, 9)
15 now (10)

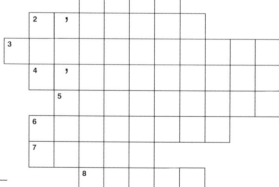

3 Des mots utiles

Verticalement
1 unfortunately (15)

Horizontalement
1 but (4)
2 first of all, at first (1'5)
3 sometimes (11)
4 usually (1'8)
5 however (9)
6 always (8)
7 after (5)
8 at last (5)
9 suddenly (7)
10 next, then (7)
11 with (4)
12 only (9)
13 often (7)
14 during (7)
15 everywhere (7)

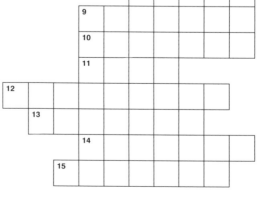

Encore Tricolore 4 nouvelle édition © Mascie-Taylor, Honnor, Nelson Thornes 2002

Encore Tricolore 4

Prefixes and suffixes

G/7

Prefixes (at the beginning of a word) and suffixes (at the end of a word) often give useful clues to the meaning of a word.

Prefixes (at the beginning of a word)

1 *re-* added to a verb gives the idea of 'again':
commencer (to begin) → *recommencer* (to begin again)

2 *in-/im-* added to an adjective gives the idea of 'not' or makes the adjective opposite in meaning:
connu (well known) → *inconnu* (unknown)
prévu (planned) → *imprévu* (unplanned, unexpected)

3 *dé-/dés-* is similar to the English prefix 'dis' and has the effect of changing the word into its opposite.
obéir (to obey) → *désobéir* (to disobey)

4 *sou-* or *sous-* often means 'under', 'below' or 'less':
une soucoupe (saucer); *le sous-titre* (sub-title)

5 *para-/pare-* gives the idea of 'against'
parapluie (umbrella – protection against rain); *pare*-choc (car bumper)

6 *pré-* is sometimes found at the beginning of a word and gives the sense of looking ahead or something that comes before:
les prévisions météorologiques (weather forecast);
un prénom (first name or name before surname)

Suffixes (at the end of a word)

1 *-aine* added to numbers gives the idea of approximately or about.
une quinzaine (about 15 days, a fortnight)
une douzaine (a dozen); *des centaines* (hundreds)

2 *-eur/-euse* added to a verb instead of the final *-e* or *-er* gives the idea of a person doing the action.
chanter (to sing) → *un chanteur/une chanteuse* (singer)
vendre (to sell) → *un vendeur/une vendeuse* (sales assistant)

3 *-ier/ière* and *-er/-ère* added to a noun in place of *-e* or *-erie* gives the idea of a person doing a particular job.
une ferme (farm) → *un fermier/une fermière* (farmer)
une boulangerie (bakery) → *un boulanger/une boulangère* (baker)

4 *-able* is sometimes added to the stem of a verb to give an adjective
laver (to wash) → *lavable* (washable)
porter (to carry) → *(un) portable* (portable, mobile (phone))

5 *-té* is sometimes added to adjectives to make a noun
beau (fine, beautiful) → *la beauté* (beauty)

6 *-ion*; *-ation* are often added to the stem of a verb to make a noun.
réparer (to repair) → *une réparation* (repair)
expliquer (to explain) → *une explication* (explanation)

1 Beginnings

Complete the list.

English	French
to do	faire
....	refaire
polite	poli
....	impoli
....	utile
useless	....
forgettable	oubliable
unforgettable	....
agreement	un accord
....	un désaccord
....	voir
to foresee	....

2 Endings

Complete the list.

English	French
about	une vingtaine
....	une cinquantaine
....	jouer
a	un joueur
grocer's shop	une épicerie
....	l'épicier
....	manger
....	mangeable
to break	casser
....	incassable
good	bon
....	la bonté
to continue	continuer
continuation	la ....

Encore Tricolore 4 nouvelle édition © Mascie-Taylor, Honnor, Nelson Thornes 2002

Encore Tricolore 4

G/8

English and French spelling patterns (1) – Reference

Cognates and false friends
Many words are written in the same way and have the same meaning as English words, although they may be pronounced differently. Here are some common ones:

une invention, la police, le bus, une ambulance

Other words are only slightly different and can easily be guessed, e.g.:

danser, le téléphone, l'âge, une difficulté

However, there are a few words which look as if they mean the same as in English, but don't, e.g. *des chips* (crisps). These are known as **false friends** (*les faux amis*).

Comparing English and French spellings – Reference

The following table sets out the main patterns that occur in English and French spelling.

English	French	English	French
Word ends in **-a** propagand**a**	ends in **-e** *la propagande*	Word includes **-oun-** pron**oun**ce	includes **-on-** *pron**on**ce*
Word ends in **-al** individu**al**	ends in **-el** *individuel*	Word ends in **-our, -or, -er** (with) vig**our** radiat**or** football**er**	ends in **-eur** *(avec) vigueur* *un radiateur* *un footballeur*
Word ends in **-ar, -ary** popul**ar** summ**ary**	ends in **-aire** *populaire* *le sommaire*	Word ends in **-ous** enorm**ous** seri**ous**	ends in **-e** or **-eux** *énorme* *sérieux*
Verb ends in **-ate** to calcul**ate**	ends in **-er** *calculer*	Word includes **-o-, -u-** g**o**vernment b**u**ddhist	includes **-ou-** *le g**ou**vernement* *b**ou**ddhiste*
Word ends in **-c, -ck, -ch, -k, -cal** electroni**c** atta**ck** epo**ch** ris**k** physi**cal** (education)	ends in **-que** *électronique* *une attaque* *une époque* *un risque* *(l'éducation) physique*	Word includes **s** intere**s**t ho**s**pital	includes circumflex accent *l'intérêt* *l'hôpital*
Word contains **d** (in) a**d**vance	**d** omitted *(en) avance*	Word includes **s** **s**chool **s**pace	includes **-é-** or **-es-** *une école* *l'espace*
Word begins with **dis-** **dis**courage **dis**agreement	begins with **dé-** or **dés-** *décourager* *un désaccord*	Word includes **-u-** f**u**nction	includes **-o-** *une fonction*
Word ends in **-e** futur**e**	final **e** omitted *le futur*	Word ends in **-ve** positi**ve**	ends in **-f** *positif*
Word has no final **-e** tent	word ends in **-e** *une tente*	Adverbs ending in **-ly** normal**ly**	ends in **-ment** *normalement*
Word ends in **-er** memb**er**	ends in **-e** or **-re** *un membre*	Word (noun) ends in **-y** quantit**y** entr**y**	ends in **-é, -ée, -e** *la quantité* *l'entrée*
Word ends in **-ing** interest**ing**	ends in **-ant** *intéressant*	Word (noun) ends in **-y** comed**y** (political) part**y**	ends in **-ie, -i** *une comédie* *le parti (politique)*
Present participles ending in **-ing** while watch**ing**	ends in **-ant** *en regardant*	verb infinitive to arrive to confirm	adds **-r, -er** *arriver* *confirmer*

Encore Tricolore 4

English and French spelling patterns (2) – Practice tasks

Pour vous aider à faire ces activités, consultez English and French spelling patterns (1) (feuille G/8).

1 C'est pareil en français

a *Écrivez le français.*

1 une ...   2 un ...   3 une ...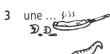

4 le ...   5 un ...   6 un ...

b *Trouvez deux mots dans chaque catégorie qui sont les mêmes en français qu'en anglais.*

1 Des sports
....
....
....

2 Des moyens de transport
....
....
....

3 Des fruits
....
....
....

2 Des faux amis

Trouvez les paires.

1	une librairie	a	big
2	une bibliothèque	b	bookshop
3	une pièce	c	car
4	un morceau	d	coach
5	assister à	e	coin, play, room
6	aider à	f	library
7	un car	g	piece
8	une voiture	h	to attend
9	large	i	to help
10	gros	j	wide

3 Comment ça s'écrit, en français?

Anglais	Français
a drama	un ....
orchestra	l' ....
official	....
to decorate	déc..........
to hesitate	hés..........
anniversary	l' ....
documentary	un ....
music	la ....
fantastic	....
adventure	une ....
disgusting	.... goûtant

4 Complétez les listes

Anglais	Français
....	blond
chocolate	du ....
uniform	un ....
....	le dentiste
list	une ....
order	un ....
amusing	....
while working	en ....

5 C'est quoi en anglais?

Anglais	Français
....	il annonce
....	une erreur
....	un acteur
....	précieux
....	un mouvement
....	la forêt
....	une éponge
....	étrange
....	la prononciation

6 Complétez les listes

Anglais	Français
active	....
....	exactement
rapidly	....
....	l'armée
quality	la ....
....	l'économie
geography	la ....
Italy	l' ....
to	réserver
to invite	....

Encore Tricolore 4

C'est masculin ou féminin?

C'est masculin

Endings normally masculine			Exceptions
-age	e.g.	from**age**, patin**age**, vis**age**	une cage, une image, une page, la plage
-eau	e.g.	cad**eau**, cout**eau**, morc**eau**	l'eau
-ement	e.g.	un vêt**ement**	
-in	e.g.	le lap**in**, le mat**in**, le tra**in**	la fin
-isme	e.g.	le cycl**isme**	
-o	e.g.	le pian**o**, le vél**o**	la météo, une radio
-oir	e.g.	un esp**oir**	

Names of days, months, seasons e.g. *le samedi, le printemps*
Names of languages e.g. *le français, le latin, le grec*
Names of metals e.g. *le fer*
Names of trees e.g. *le sapin*

C'est féminin

Endings normally feminine			Exceptions
-ade	e.g.	une promen**ade**, une limon**ade**	
-aine	e.g.	une quinz**aine**, une douz**aine**	
-aison	e.g.	la s**aison**, une r**aison**	
-ande	e.g.	une b**ande**, la comm**ande**	
-ée	e.g.	une journ**ée**, une ann**ée**	un lycée
-esse	e.g.	une adr**esse**, la vit**esse**	
-ette	e.g.	une assi**ette**, une fourch**ette**	un squelette
-ille	e.g.	une v**ille**, la ta**ille**	
-ise	e.g.	une val**ise**, une fra**ise**	
-tion	e.g.	une na**tion**, une conversa**tion**	
-te	e.g.	une tan**te**, une car**te**	
-ure	e.g.	la nat**ure**, la confit**ure**	

1 À vous de décider

Soulignez le bon mot.
1. Tu as (un/une) couteau?
2. Tu aimes (le/la) natation?
3. Qu'est-ce que tu vas faire l'année (prochain/prochaine)?
4. Tu veux (du/de la) fromage?
5. Je suis allé au cinéma, samedi (dernier/dernière).
6. Ces fraises sont (bons/bonnes).
7. J'ai perdu (mon/ma) chaussette.
8. (Le/La) matin, je me lève tôt, normalement.
9. Vous aimez faire (du/de la) cyclisme?
10. Il va apporter (son/sa) tente.
11. J'apprends (le/la) français depuis quatre ans.
12. Je vais acheter (du/de la) salade pour le déjeuner.

2 Trouvez le mot féminin

Dans chaque groupe, soulignez le mot féminin.
1. appartement, bateau, chaussure, dessin
2. cadeau, circulation, embouteillage, lendemain
3. coin, dortoir, piano, tomate
4. oreille, rideau, stage, vandalisme
5. chômage, drapeau, raison, tourisme
6. frigo, jardin, nourriture, soir

3 Trouvez le mot masculin

Dans chaque groupe, soulignez le mot masculin.
1. addition, bureau, confiture, pastille
2. château, cravate, équitation, pointure
3. boîte, éducation, serviette, trottoir
4. route, semaine, stylo, viande
5. chauffage, récréation, vanille, valise
6. côte, raisin, réservation, veste

Encore Tricolore 4

Tips for tests (1) Reading and vocabulary

Revising vocabulary and verbs

- Organise and list words in alphabetical order under topics. You could type these in different files and make an electronic phrase book on a computer.
- Use word shapes and spider diagrams to help you visualise words, e.g. write out weather words as though they are rays of the sun; write clothing words as though they are being worn by a stick figure.
- Write masculine words in one colour and feminine words in a different colour.
- Copy out a list of words in a different order e.g. starting in the middle – often we learn words at the beginning and end of lists more easily but tend to forget the ones in the middle.
- Copy out words without the vowels. Then try to recognise them.
- Type irregular verbs in an electronic verb table, using the table function of a word processor. Blank out parts of the verb and then see if you can remember the missing parts, later.
- Learn irregular adjectives and verbs in a phrase – the more ridiculous the better!
- Use memory aids, e.g. Mrs Van de Tramp (each letter stands for a different verb that takes être in the perfect tense).

Reading French

- When reading, look at the title and any pictures. These are often there to help with understanding. In a test, read the instructions carefully. They can often give you a clue to the subject matter.
- Use your knowledge of English. Many French words are the same or similar and have the same meaning e.g. *l'électricité*, *le gaz* – these are called cognates. But be aware that there are a few *faux amis* (false friends). These are words that look the same as an English word, but which have a different meaning, e.g. *le car* (coach), *le pain* (bread), *la veste* (jacket). (See also CM G/8.)
- Use the words that you already know to help you guess the meaning, e.g. if you know *vendre* (to sell), you could guess *un vendeur* or *une vendeuse* (sales assistant).
- Look at the beginnings and endings of words:
  - **re-** adds idea of 'again', e.g. *commencer* (to begin) → *recommencer* (to begin again)
  - **in/im-** adds idea of 'not', e.g. *connu* (well known) → *inconnu* (unknown)
  - **dé-/dés-** is often dis- in English, e.g. *obéir* (to obey); *désobéir* (to disobey)
  - **sou-** or **sous-** often means 'under', 'below', e.g. *souterrain* (underground)
  - **–able** is sometimes added to the stem of a verb to give an adjective → *laver* (to wash); *lavable* (washable)
- (See also CM G/8.)

- Use your knowledge of grammar:
- Spot the nouns. Look out for *un, une, le, la, l'* in front of the word.
- Is it singular or plural? Does the word end in -s or -x? Can you see *les, des, mes*, etc.?
- Try to pick out the verbs – look out for the endings: are any verbs in the present or perfect tense?
- Look out for negatives, e.g. *ne … pas* – they make a vital difference to the meaning!
- If you can't work out the meaning of a word easily, consider whether you need to understand it in order to grasp the general meaning of the text. Often the same thing is said again in a different way. Only a few words are really key words to understanding the text.

Skimming and scanning

- It is often a good idea to skim through the whole text to get a general idea of the story or the main points.
- You might be asked to give an overall impression of something you hear or read. In this case you don't need to understand every word, but you do need to read or listen right to the end before deciding on your answer.

Reading for detail

Sometimes when you are reading, you need to find out certain key pieces of information but you do not need to read through the whole passage. In that case, look quickly through the text till you spot what you need. (You can go back through the rest in more detail later if you want to, but sometimes you don't need to read everything.)

Here are some tips on what to do:

- Find the important words in the question and try to spot them in the text e.g.
  Question: *Qu'est-ce que Marie a perdu?*
  Extrait du texte:
  Charlotte a décidé de préparer ses affaires pour les vacances. Soudain, sous son lit, elle a trouvé une montre.
  'Tiens, Marie a perdu sa montre – c'est peut être ça!'
  Réponse: *Elle (Marie) a perdu sa montre.*
- Sometimes the question gives you a pointer to what you have to look for, e.g.
  Combien? look for a number
  Où? look for a place
  Qui? look for a person

Encore Tricolore 4

Tips for tests (2) Writing

Writing French in tests and exams

- Read the instructions carefully and any letters, job adverts or an outline plan, if given. You may be able to adapt some of the language used in your answer.
- If you do use any text from the question, double-check that you have spelt it correctly.
- Make sure that you answer any questions required by the task, e.g. *Comment est ta ville?* Give a full description of your town.
- Include all the information specified, e.g. *Parlez de vos impressions*. Give opinions and reasons where appropriate.
- Avoid using irrelevant material or 'padding'.
- For most questions, accuracy and spelling is important, so pay careful attention to these. (See list of common mistakes, below.)
- In a letter, use *tu* for informal letters to a pen friend and *vous* for a formal letter.
- For longer items, it is a good idea to do a rough plan – beginning, middle, end – and to jot down any words or phrases that you plan to use.
- To gain high marks, you need to use a variety of language, e.g. different tenses to refer to past, present and future, more complex sentences giving reasons for your opinions, using adjectives and comparisons, using linking words, etc.
- Allow time at the end to check what you have written. It is a good idea to have a set procedure for this and to check for one thing at a time, e.g.
- Check that you have answered all the questions and not missed any out and that your answers are neat and clear.
- Check verb endings.
- With the perfect tense, check that you have used the correct auxiliary verb (*avoir* or *être*); check the past participles, especially irregular ones. With verbs taking *être*, check that the past participle agrees (has an extra *e* or *s*) with feminine or plural subjects.
- Check that any adjectives used agree with the words described.

Common mistakes

Candidates regularly make mistakes with the following:

- using the wrong auxiliary verb (*j'ai* and *je suis*) + past participle, or leaving the auxiliary verb out altogether. Remember it is: *j'ai visité*, but *je suis allé(e)*. See *La Grammaire* for a list of verbs that take *être*.
- using the present tense instead of the perfect tense
- confusing *son/sa/ses* (his, her, its) and *leur/leurs* (their)
- translating I am + verb e.g. I am working by *je suis travailler*, instead of *je travaille*

  Remember that the present tense in French can be translated in three ways in English:

  Je travaille = I work/I am working/I do work

- not using the future tense after *quand*, when the meaning is in the future. The correct use is: *Quand je verrai mon ami, je lui rendrai ses CDs*. When I see my friend, I'll return his CDs.
- not making adjectives agree
- confusing *depuis* (for, since) and *pendant* (for, during), e.g. *J'apprends le français depuis cinq ans* = I have been learning French for five years.
- *Je l'ai attendu pendant une heure.* = I waited for him for an hour.
- confusing *il y a* (there is/there are) and *c'est* (it is). Use *il y a* with nouns, e.g. *il y a un café au coin de la rue*. Use *c'est* with an adjective or noun, e.g. *c'est intéressant, c'est une voiture rapide*.
- mistakes with gender
- omitting accents, especially on past participles. Remember that most regular -*er* verbs form a past participle ending in *é*, e.g. *j'ai regardé, on a travaillé*, etc.
- missing out the final 's' on plurals. You often don't hear this when you speak French, but you need to write it, e.g. **les magasins, des livres**
- writing *j'ai fatigué*. It should be *je suis fatigué*, but you use *avoir* with *froid, chaud, faim, soif*.
- misspelling of common words, e.g. *agent, beaucoup, campagne, collège, dernière, gagner, rencontrer, semaine, vingt*.

Encore Tricolore 4

G/13

How to enter accents

1 The 'ALT key' method
On most computers found in UK schools – PC, Macintosh and Acorn – foreign characters can be generated in any application by combining the ALT key with other keystrokes, e.g.

- on a Mac, **ALT + e** then e generates **é**
- on a PC, **ALT + 130** and **ALT + 0233** generate **é**.

The ALT codes for the PC for French are shown below in a table that has been designed to be photocopied for students to refer to when using computers.

2 The 'Toolbar' method
Add letters by clicking the required character on the toolbar with the mouse. One toolbar program is Patrick Smears' 'FrKeys' for the PC. Acorn computers come with '!Chars', which performs a similar function.

3 Microsoft® Word method
In *Microsoft® Word*, pressing **CTRL** + apostrophe then **e** generates **é**. Grave accents can be generated by pressing **CTRL** and then the key to the left of the number 1, then releasing both keys and typing the vowel to be accented. Circumflex accents are generated by pressing **CTRL + SHIFT + 6**, then releasing all three keys and typing c. A complete list of this method is available under the **Help** section (international characters) – this list might be printed out for students if this method is favoured. However, this method does not work with all programs.

How to type French accents using ALT codes
- Make sure the **Num Lock** light is on – if not, press the **Num Lock** key on the number pad to switch it on.
- Press and hold down the **ALT** key.
- Use the number pad to type in the ALT code for the relevant accented letter – either code number should work.

Accented letter	Code	Alternative Code	Accented letter	Code	Alternative Code
à	133	0224	Â	182	0194
â	131	0226	Ç	128	0199
ç	135	0231	È	212	0200
é	130	0233	É	144	0201
è	138	0232	Ê	210	0202
ê	136	0234	Ë	211	0203
ë	137	0235	Î	215	0206
î	140	0238	Ï	216	0207
ï	139	0239	Œ		0140
œ		0156	Ô	226	0212
ô	147	0244	Ù	235	0217
ù	151	0249	Û	234	0219
û	150	0251	«	174	0171
À	183	0192	»	175	0187

Acknowledgements

The authors and publisher would like to acknowledge the following for their use of copyright material:

Arromanches 360° (p. 154 'Arromanches 360° présente'); Bayard Jeunesse (p. 196 *Okapi* No. 583 avril 1996 'Médecins Sans Frontières'; p. 35 © O. Rey, *Okapi* No. 541 juin 1994 'La science au secours de la planète'; p. 35 © V. Sarano, *Okapi* No. 519 julllet 1994 'La méditerranée peut-elle être sauvée?'; p. 99 *Okapi* No. 521 août 1993 'Un très bon film'; p. 141 *Okapi* N° 561 'La Jarre'); Comité Français d'Education pour la Santé (p. 184 'Comment cesser de fumer?'); Croix Rouge Française (p. 194 'Êtes-vous bien dans votre assiette?'); Editions André Ballard (p. 99 Maurice Carême, 'Litanie des écoliers' from *Trésor des Comptines*); Editions Denoël (pp. 94 & 95 'Le Petit Nicolas', text and illustrations by Sempé et Goscinny © Editions Denoël); Editions Gallimard (p. 99 Jacques PRÉVERT, 'Le cancre' from *Paroles* © Editions GALLIMARD); France Soir (p. 165 'Une jeune auto-stoppeuse assassinée dans L'Aveyron' *France Soir* 20 août 1994); *Jeune et Jolie* octobre 1990 (p. 193 'Allô parents ici ados'); L'Hebdo des Juniors (p. 156 *Télérama Junior* 'Les 400 coups'); Médecins Sans Frontières (p. 196 'Médecins Sans Frontières'); *Science et Vie Junior* (p. 20 'Echanges').

Every effort has been made to trace copyright holders but the publisher will be pleased to make the necessary arrangements at the first opportunity if there are any omissions.

The authors and publisher would like to thank the following for their contribution to this book:
Tasha Goddard for editing the materials
Jonathan Mascie-Taylor
Susan Hotham and Wakefield Girls' High School
John Clancy and Kettlethorpe High School

Recorded by John Green tefl tapes with Jean-Pierre Blanchard, Marianne Borgo, Evelyne Celerien, Stephane Cornicard, Philippe Cruard, Marie-Virginie Dutrieu, Sebastian Dutrieu, Pamela Farbre, François Gould, Mathieu Korwin, Sebastian Korwin, François Lescurat, Stephanie Maio, Katherine Mamy, Daniel Pageon, Sophie Pageon, Carole Rousseau, Vanessa Seydoux, Philippe Smolokowski, Jean Tox and Geraldine Visser.